Das Rendezvousproblem

Hans Schabus

herausgegeben von / edited by Eckhard Schneider

Nicht einheitlich geregelte Feiertage in Deutschland

Heilige Drei Könige
Gesetzlicher Feiertag in Baden-Württemberg, Bayern und Sachsen-Anhalt.
Fronleichn
Gesetzliche
Thüringen.
Friedensfe
Gesetzliche
Mariä Himr
Gesetzliche
Reformatio
Gesetzliche
Allerheilige
Gesetzliche
Buß- und E
Gesetzliche

Tu-Bischwa
Purim (Losf
Pessach (F
Gedenktag
Jom Ha'azr
Lag Ba-Om
Jom Jerusc
Schawuot (
Tischa BeA
Rosch Has
Jom Kippur
Sukkot (Lau
Chanukka (

Frühlings-T
Sommerso
Herbst-Tag
Wintersonn

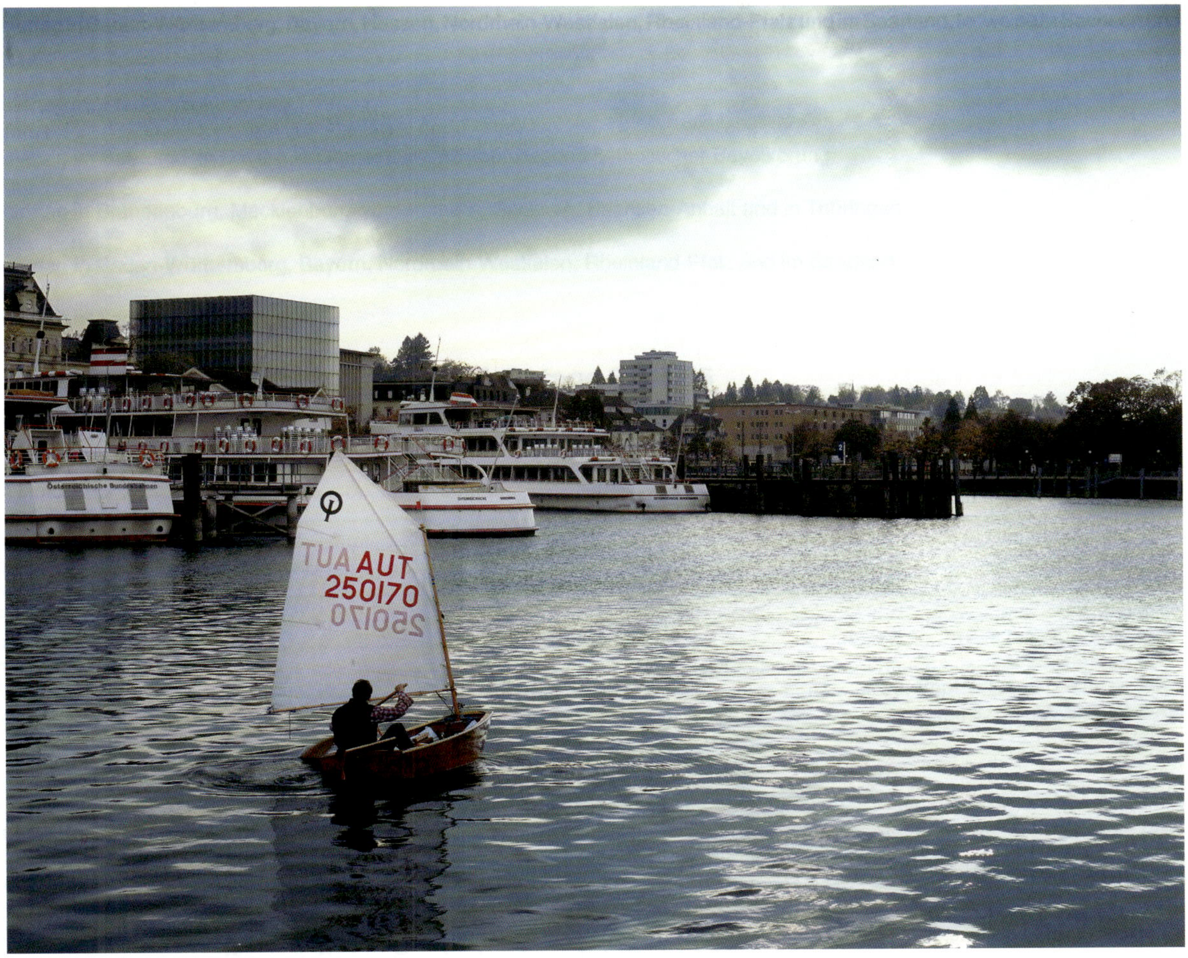

Bodensee, Bregenz, 9. November 2004

Jahr *Schalt-jahr	Ascher-mittwoch	Oster-sonntag	Christi-Himmelfahrt	Pfingst-sonntag	Fron-leichnam	Erster Advents-sonntag	1. Weih-nachtstag fällt auf
1990	28. Febr.	15. März	24. Mai	3. Juni	14. Juni	2. Dez.	Dienstag
1991	13. Febr.	31. März	9. Mai	19. Mai	30. Mai	1. Dez.	Mittwoch
* 1992	4. März	19. April	28. Mai	7. Juni	18. Juni	29. Nov.	Freitag
1993	24. Febr.	11. April	20. Mai	30. Mai	10. Juni	28. Nov.	Samstag
1994	16. Febr.	3. April	12. Mai	22. Mai	2. Juni	27. Nov.	Sonntag
1995	1. März	16. April	25. Mai	4. Juni	15. Juni	3. Dez.	Montag
* 1996	21. Febr.	7. April	16. Mai	26. Mai	6. Juni	1. Dez.	Mittwoch
1997	12. Febr.	30. März	8. Mai	18. Mai	29. Mai	30. Nov.	Donnerstag
1998	25. Febr.	12. April	21. Mai	31. Mai	11. Juni	29. Nov.	Freitag
1999	17. Febr.	4. April	13. Mai	23. Mai	3. Juni	28. Nov.	Samstag
* 2000	8. März	23. April	1. Juni	11. Juni	22. Juni	3. Dez.	Montag
2001	28. Febr.	15. April	24. Mai	3. Juni	14. Juni	2. Dez.	Dienstag
2002	13. Febr.	31. März	9. Mai	19. Mai	30. Mai	1. Dez.	Mittwoch
2003	5. März	20. April	29. Mai	8. Juni	19. Juni	30. Nov.	Donnerstag
* 2004	25. Febr.	11. April	20. Mai	30. Mai	10. Juni	28. Nov.	Samstag
2005	9. Febr.	27. März	5. Mai	15. Mai	26. Mai	27. Nov.	Sonntag
2006	1. März	16. April	25. Mai	4. Juni	15. Juni	3. Dez.	Montag
2007	21. Febr.	8. April	17. Mai	27. Mai	7. Juni	2. Dez.	Dienstag
* 2008	6. Febr.	23. März	1. Mai	11. Mai	22. Mai	30. Nov.	Donnerstag
2009	25. Febr.	12. April	21. Mai	31. Mai	11. Juni	29. Nov.	Freitag
2010	17. Febr.	4. April	13. Mai	23. Mai	3. Juni	28. Nov.	Samstag

Feiertage – Public Holidays – Jours fériés 2004

Belgien

1. 1.	Neujahr
11. 4.	Ostern
12. 4.	Ostermontag
1. 5.	Tag der Arbeit
20. 5.	Christi Himmelfahrt
30. 5.	Pfingsten
31. 5.	Pfingstmontag
21. 7.	Nationalfeiertag
15. 8.	Mariä Himmelfahrt
1. 11.	Allerheiligen
2. 11.	Allerseelen
11. 11.	Waffenstillstandstag
15. 11.	Königstag
25. 12.	Weihnachten
26. 12.	2. Weihnachtstag

Deutschland

1. 1.	Neujahr
6. 1.	Heilige Drei Könige*
9. 4.	Karfreitag
11. 4.	Ostern
12. 4.	Ostermontag
1. 5.	Maifeiertag
20. 5.	Christi Himmelfahrt
30. 5.	Pfingsten
31. 5.	Pfingstmontag
10. 6.	Fronleichnam*
8. 8.	Friedensfest*
15. 8.	Mariä Himmelfahrt*
3. 10.	Tag der Deutschen E
31. 10.	Reformationstag*
1. 11.	Allerheiligen*
17. 11.	Buß- und Bettag*
25. 12.	Weihnachten
26. 12.	2. Weihnachtstag

* nicht im ganzen Bundesgebi
gesetzlicher Feiertag

Frankreich

1. 1.	Neujahr
11. 4.	Ostern
12. 4.	Ostermontag
1. 5.	Tag der Arbeit
8. 5.	Tag der Befreiung
20. 5.	Christi Himmelfahrt
30. 5.	Pfingsten
31. 5.	Pfingstmontag

25. 12.	Weihnachten
26. 12.	2. Weihnachtstag

* kein gesetzlicher Feiertag

KUB 04

Kunsthaus Bregenz

Programmänderungen vorbehalten.

Programm 2004

Öffnungszeiten
Dienstag – Sonntag 10 – 18 Uhr
Donnerstag 10 – 21 Uhr
Während der Bregenzer Festspiele (21. Juli – 22. August 2004), täglich 10 – 21 Uhr

Eintrittspreise Erwachsene
6,– Euro, ermäßigt 4,50 Euro
Schüler 1,50 Euro
10% Ermäßigung für Ö1-Club-Mitglieder
Gruppen ab 15 Personen, pro Person 4,50 Euro
Familientarif (2 Eltern, 1 Kind) 10,– Euro
Gutschein 6,– Euro
Sonderführungen nach Vereinbarung
Führungen für Gruppen ab 15 Personen deutsch 4,– Euro; fremdsprachig 4,50 Euro pro Person
Führungspauschale für Gruppen unter 15 Personen deutsch 60,– Euro, fremdsprachig 70,– Euro pro Gruppe
Führungsbeitrag für Schüler 2,20 Euro
Öffentliche Führungen
Führungsbeitrag für öffentliche Führungen 3,– Euro
Veranstaltungen
Workshop für Kinder oder Kinderkunst am Samstag 4,– Euro
KUB + Kaffee 6,– Euro
Künstlerfrühstück 14,– Euro
Vortrag 5,– Euro, ermäßigt 3,50 Euro
Architekturvortrag 8,– Euro, ermäßigt 6,– Euro

Information und Anmeldung zu Führungen
Cornelia Marlovits
DW -18
c.marlovits@kunsthaus-bregenz.at

Anfragen
Margit Müller-Schwab
DW -9
m.mueller-schwab@kunsthaus-bregenz.at

Kunsthaus Bregenz
Karl Tizian Platz
A-6900 Bregenz
Telefon
(+43-55 74) 4 85 94-0
Telefax
(+43-55 74) 4 85 94-8
E-Mail
kub@kunsthaus-bregenz.at
Web
www.kunsthaus-bregenz.at

Direktor
Eckhard Schneider

Kurator
Rudolf Sagmeister

Kommunikatio
Birgit Albers
DW -13
b.albers@kuns
Assistentin
Melanie Büche

Kunstvermittl
Winfried Nußba
DW -17
w.nussbaumm
kunsthaus-bre

Publikationen
Regina Ahlbor
Ab Juli 2004 Ka
DW -16
r.sievers@kuns

Editionen
Winfried Nußbaummüller
Caroline Schneider

Assistentin des Direktors
Cornelia Marlovits

Sekretariat
Margit Müller-Schwab

Administration
Ute Denkenberger
Telefon (+43-55 74) 5 31 06-19
ute.denkenberger@kuges.at

Technik
Markus Unterkircher (Leiter)
Markus Tembl
Stefan Vonier

Copyright

Konzeption
Eckhard Schneider

Text
B. Albers, R. Ahlborn-Sievers, K. Rieker, W. Nußbaummüller, E. Schneider, R. Sagmeister

Redaktion
Birgit Albers

Übersetzung
Kimi Lum

Lektorat

© Hélène Binet | Thomas Demand/VG Bildkunst Bonn | David Heald | Matthias Herrmann/Secession, Wien | Jenny Holzer/VBK, Wien, 2004 | Attilio Maranzano | Miro Kuzmanovic | Rudolf Sagmeister/KUB | SFH Bildkommunikation | Santiago Sierra | Markus Tretter

Basiskonzept Grafik Design
Clemens Theobert Schedler
Büro für konkrete Gestaltung

Gestalterische Ausführung
Dalpra & Partner, Götzis

Druck
Hämmerle Druck

Mit freundlicher Unterstützung von

HÄMMERLE

DMG Sponsor der KUB Arena

Hypo Landesbank Haussponsor des Kunsthaus Bre

Kunsthaus Bregenz

Feiertage – Public Holidays – Jours fériés 2004

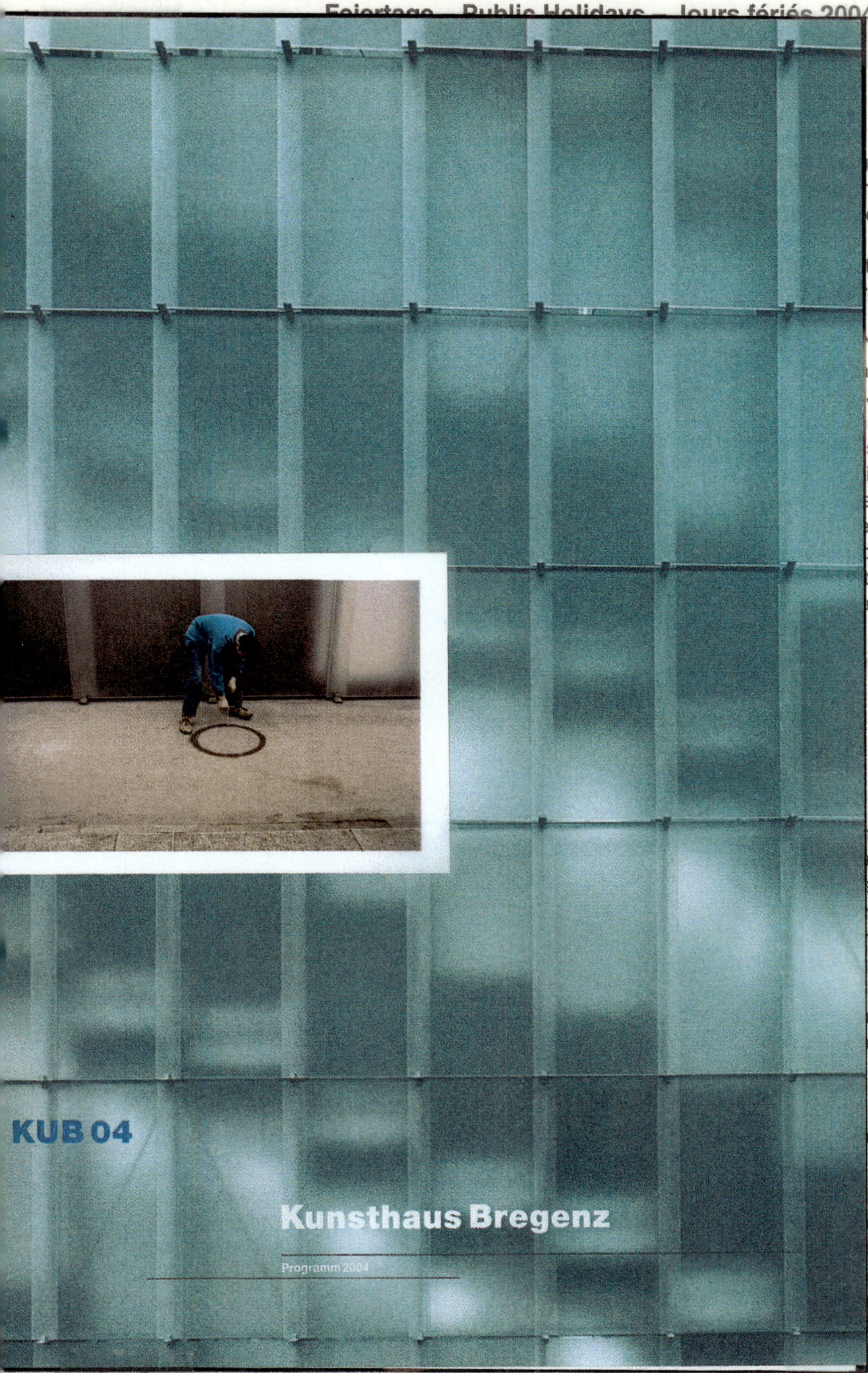

e*
n*
erstag*
tag*
beit
am*
Jakobus*
melfahrt*
spanität,
iertag
en
rfassung
pfängnis
ten
an*
ur in Madrid
tag
g
eiertag
ham
nmelfahrt
en
nabhängigkeit
ten
ten
on
ten
naler Frauentag
rbeit und Fest des Frühlings
rbeit und Fest des Frühlings
ieges
eklaration über Staats-souveränität der Russischen Föderation

26. 12. Stephanstag*

* nicht in allen Kantonen Feiertag
weitere reg. Feiertage nicht aufgeführt

7. 11. Jahrestag der Großen Oktoberrevolution
12. 12. Tag der Verfassung der Russischen Föderation

Ferienplanung 2004

Land	Weihn. 2003	Winter	Frühjahr	Pfingsten	Sommer	Herbst	Weihn. 2004/05
Baden-Württemberg	22. 12.–05. 01.	8. 4.	13. 04.–16. 04.	24. 05.–05. 06.	[illegible]	[illegible]	–
Bayern	24. 12.–07. 01.	23. 02.–27. 02.	05. 04.–17. 04.	01. 06.–12. 06.	02. 08.–13. 09.	[illegible]	–
Berlin	22. 12.–02. 01.	02. 02.–07. 02.	05. 04.–16. 04.	21. 05.	24. 06.–07. 08.	04. 10.–16. 10.	23. 12.–31. 12.
Brandenburg	22. 12.–02. 01.	02. 02.–07. 02.	07. 04.–16. 04.	21. 05.	24. 06.–07. 08.	04. 10.–16. 10.	23. 12.–31. 12.
Bremen	22. 12.–06. 01.	02. 02.–03. 02.	29. 03.–14. 04.	01. 06.	08. 07.–18. 08.	11. 10.–23. 10.	23. 12.–08. 01.
Hamburg	22. 12.–03. 01.	30. 01.	08. 03.–20. 03.	17. 05.–22. 05.	24. 06.–04. 08.	04. 10.–16. 10.	22. 12.–31. 12.
Hessen	22. 12.–10. 01.	–	05. 04.–17. 04.	–	19. 07.–27. 08.	18. 10.–30. 10.	23. 12.–11. 01.
Meckl.-Vorpommern	22. 12.–03. 01.	02. 02.–13. 02.	05. 04.–14. 04.	28. 05.–01. 06.	26. 06.–06. 08.	18. 10.–23. 10.	22. 12.–03. 01.
Niedersachsen	22. 12.–06. 01.	02. 02.–03. 02.	29. 03.–14. 04.	21. 05., 01. 06.	08. 07.–18. 08.	11. 10.–23. 10.	23. 12.–07. 01.
Nordrhein-Westfalen	22. 12.–06. 01.	23. 02.	05. 04.–17. 04., 19. 04.	01. 06.–02. 06.	22. 07.–04. 09.	18. 10.–30. 10.	24. 12.–07. 01.
Rheinland-Pfalz	22. 12.–07. 01.	–	01. 04.–16. 04.	–	19. 07.–27. 08.	18. 10.–29. 10.	22. 12.–07. 01.
Saarland	22. 12.–06. 01.	23. 02.–24. 02.	05. 04.–20. 04.	21. 05., 11. 06.	19. 07.–28. 08.	11. 10.–23. 10.	23. 12.–04. 01.
Sachsen	22. 12.–03. 01.	09. 02.–20. 02.	08. 04.–16. 04.	–	10. 07.–20. 08.	11. 10.–23. 10.	23. 12.–01. 01.
Sachsen-Anhalt	22. 12.–05. 01.	12. 02.–21. 02.	05. 04.–08. 04.	21. 05.–28. 05.	08. 07.–18. 08.	18. 10.–23. 10.	22. 12.–31. 12.
Schleswig-Holstein	22. 12.–03. 01.	–	15. 03.–27. 03.	–	28. 06.–07. 08.*	04. 10.–16. 10.*	23. 12.–05. 01.
Thüringen	22. 12.–03. 01.	09. 02.–21. 02.	05. 04.–16. 04.	28. 05.–01. 06.	08. 07.–18. 08.	11. 10.–23. 10.	22. 12.–31. 12.

* Auf den Inseln Sylt, Föhr, Amrum und Helgoland sowie auf den Halligen enden die Sommerferien eine Woche früher. Die Herbstferien beginnen dort bereits am 27. 09. 2004.

What's he building in there?
What the hell is he building in there?
He has subscriptions to those magazines…
He never waves when he goes by
He's hiding something from the rest of us…
He's all to himself…
I think I know why…
He took down the tire swing from the peppertree
He has no children of his own you see…
He has no dog and he has no friends and his lawn is dying…
And what about all those packages he sends.
What's he building in there?
With that hook light on the stairs.
What's he building in there…
I'll tell you one thing
He's not building a playhouse for the children
What's he building in there?

Now what's that sound from under the door?
He's pounding nails into a hardwood floor…
And I swear to god I heard someone moaning low…
And I keep seeing the blue light of a T.V. show…
He has a router and a table saw…
And you won't believe what Mr. Sticha saw
There's poison underneath the sink of course…
But there's also enough formaldehyde to choke a horse…
What's he building in there: What the hell is he building in there?
I heard he has an ex-wife in some place called Mayor's Income, Tennessee
And he used to have a consulting business in Indonesia…
But what is he building in there?
What the hell is he building in there?

He has no friends but he gets a lot of mail
I'll bet he spent a little time in jail…
I heard he was up on the roof last night signaling with a flashlight
And what's that tune he's always whistling…
What's he building in there?
What's he building in there?

Tom Waits, *What's He Building?*
Aus / From: *Mule Variations*, Epitaph, 1999

Immerwährender Kalender

Jahre								Monate											
1885–1980				1981–2050				J	F	M	A	M	J	J	A	S	O	N	D
85		25	53	81		09	37	4	0	0	3	5	1	3	6	2	4	0	2
86		26	54	82		10	38	5	1	1	4	6	2	4	0	3	5	1	3
87		27	55	83		11	39	6	2	2	5	0	3	5	1	4	6	2	4
88		28	56	84		12	40	0	3	4	0	2	5	0	3	6	1	4	6
89	01	29	57	85		13	41	2	5	5	1	3	6	1	4	0	2	5	0
90	02	30	58	86		14	42	3	6	6	2	4	0	2	5	1	3	6	1
9[illegible]	[illegible]	[illegible]	[illegible]	[illegible]		[illegible]	[illegible]	[illegible]	[illegible]	[illegible]	3	5	1	3	6	2	4	0	2
9																			
9																			
9																			
9																			
9																			
9																			
9																			
9																			
0																			

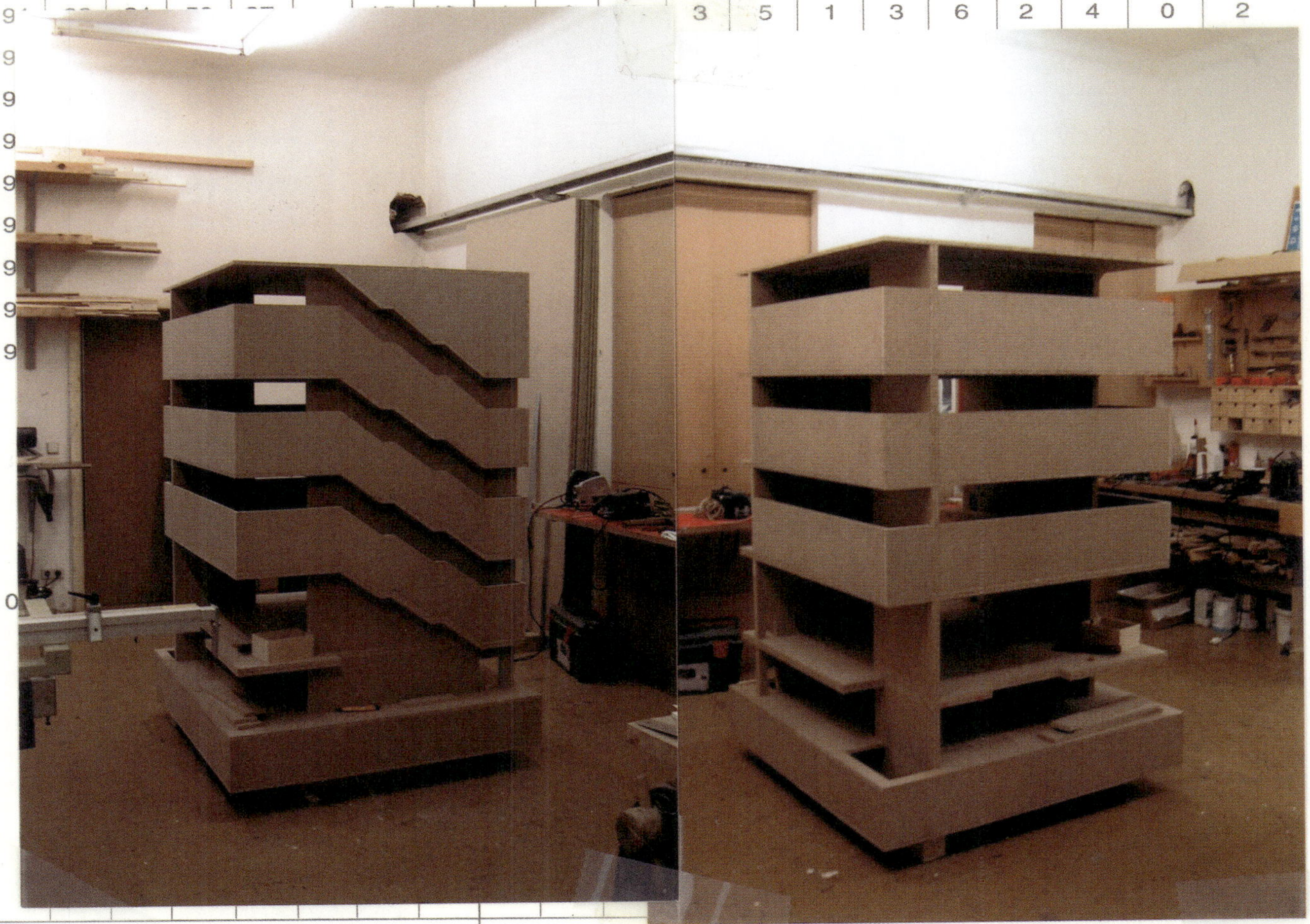

Wochentage							
Mo		2	9	16	23	30	37
Di		3	10	17	24	31	
Mi		4	11	18	25	32	
Do		5	12	19	26	33	
Fr		6	13	20	27	34	
Sa		7	14	21	28	35	
So	1	8	15	22	29	36	

Beispiel: Auf welchen Wochentag fiel der 25. Juli 1957?

Lösung: Man gehe von der Jahrestafel aus und suche für das Jahr 1957 in der Monatstafel unter Juli die zugehörige Monatskennzahl (1) – zuzüglich der Zahl des gesuchten Wochentages (25) ergibt sich die Schlüsselzahl (1 + 25 = 26), für die man in der Wochentagstafel den Donnerstag als den gesuchten Wochentag findet.

Januar 2004
January
Janvier

1	Do	D, A, CH, GB, F, E, I, NL, PL, RUS 1. Woche
2	Fr	GB, RUS
3	Sa	
4	**So**	
5	Mo	2. Woche
6	Di	D (tw.), A, I
7	Mi	RUS
8	Do	
9	Fr	
10	Sa	
11	**So**	
12	Mo	3. Woche

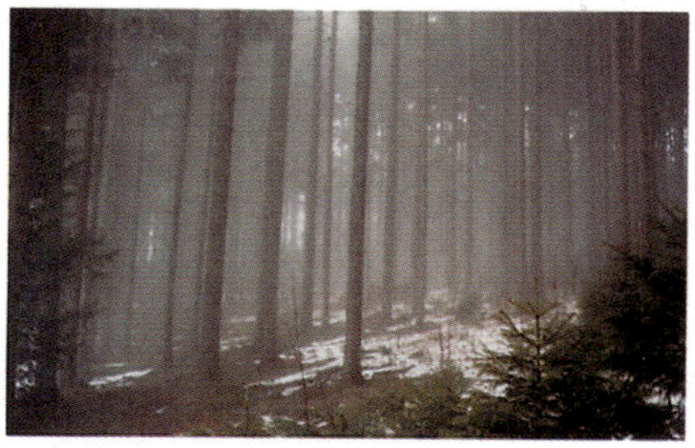

18	**So**	
19	Mo	4. Woche
20	Di	
21	Mi	
22	Do	
23	Fr	
24	Sa	
25	**So**	
26	Mo	5. Woche
27	Di	
28	Mi	
29	Do	
30	Fr	
31	Sa	

20/21 Arbeitstage 1.–31. Tag

Februar 2004
February
Février

1	**So**	
2	Mo	6. Woche
3	Di	
4	Mi	
5	Do	
6	Fr	
7	Sa	
8	**So**	
9	Mo	7. Woche
10	Di	
11	Mi	
12	Do	
13	Fr	
14	Sa	
15	**So**	
16	Mo	8. Woche
17	Di	
18	Mi	
19	Do	
20	Fr	
21	Sa	
22	**So**	
23	Mo	9. Woche

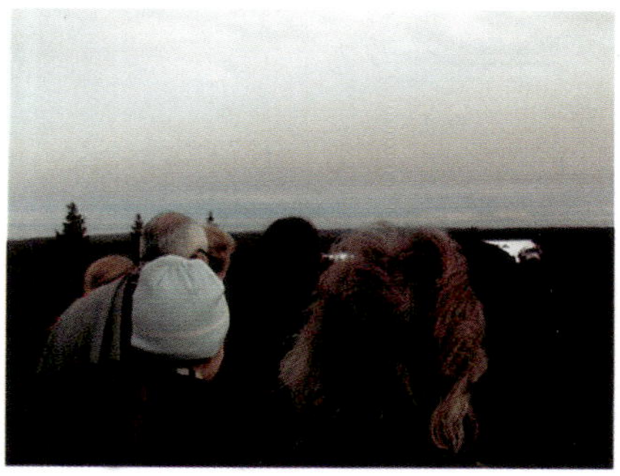

20 Arbeitstage 32.–60. Tag

März 2004
March
Mars

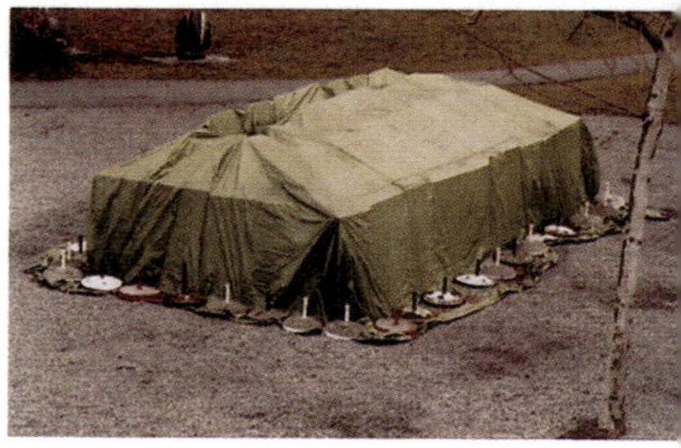

7	**So**	

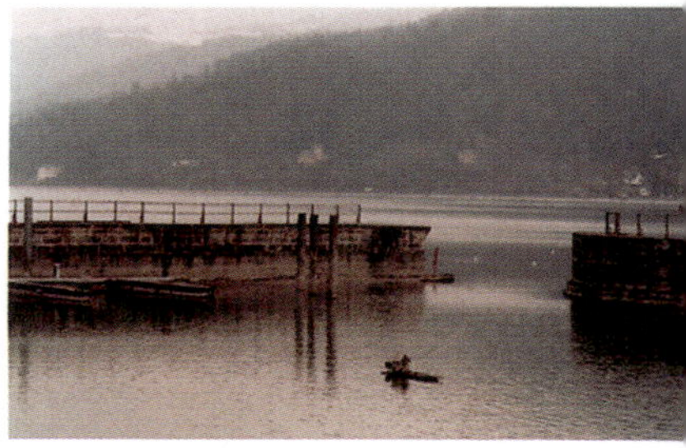

13	Sa	
14	**So**	
15	Mo	12. Woche
16	Di	
17	Mo	GB
18	Do	
19	Fr	
20	Sa	
21	**So**	
22	Mo	13. Woche
23	Di	
24	Mi	
25	Do	
26	Fr	
27	Sa	
28	**So**	
29	Mo	14. Woche
30	Di	
31	Mi	

23 Arbeitstage 61.–91. Tag

April 2004
April
Avril

1	Do	
2	Fr	
3	Sa	
4	**So**	
5	Mo	15. Woche
6	Di	
7	Mi	
8	Do	
9	Fr	D, CH (tw.), GB, E, NL
10	Sa	
11	**So**	D, A, CH, F, I, PL, NL
12	Mo	D, A, CH (tw.), GB, F, I, PL, NL 16. Woche
13	Di	
14	Mi	
15	Do	
16	Fr	

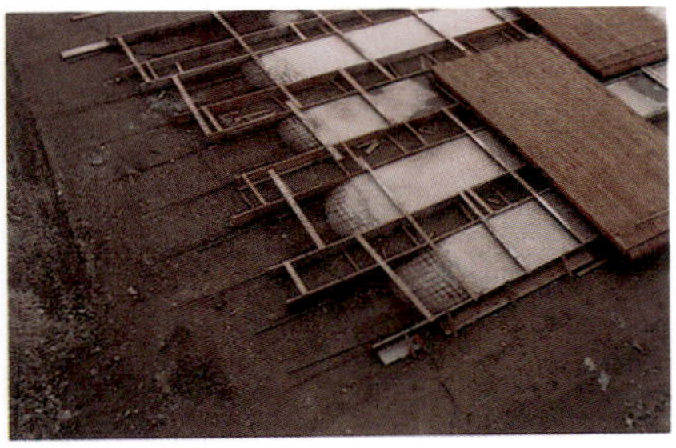

23	Fr	
24	Sa	
25	**So**	I
26	Mo	18. Woche
27	Di	
28	Mi	
29	Do	
30	Fr	NL

20 Arbeitstage 92.–121. Tag

Mai 2004
May
Mai

1	Sa	D, A, CH (tw.), F, E, I, PL, RUS
2	**So**	RUS
3	Mo	PL, GB 19. Woche
4	Di	

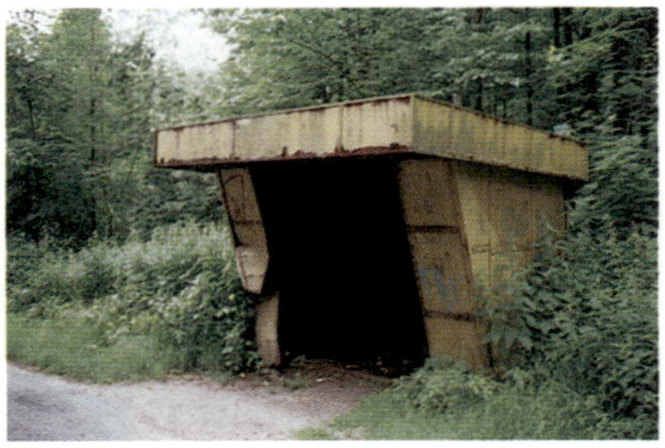

11	Di	
12	Mi	
13	Do	
14	Fr	
15	Sa	
16	**So**	
17	Mo	21. Woche
18	Di	
19	Mi	
20	Do	D, A, CH, F, NL
21	Fr	
22	Sa	
23	**So**	
24	Mo	22. Woche
25	Di	
26	Mi	
27	Do	
28	Fr	
29	Sa	
30	**So**	D, A, CH, F, NL
31	Mo	D, A, CH (tw.), F, NL, GB 23. Woche

19 Arbeitstage 122.–152. Tag

Juni 2004
June
Juin

1	Di	
2	Mi	
3	Do	
4	Fr	
5	Sa	
6	**So**	
7	Mo	24. Woche
8	Di	
9	Mi	
10	Do	D (tw.), A, CH (tw.), PL
11	Fr	
12	Sa	RUS
13	**So**	
14	Mo	25. Woche
15	Di	
16	Mi	
17	Do	
18	Fr	
19	Sa	

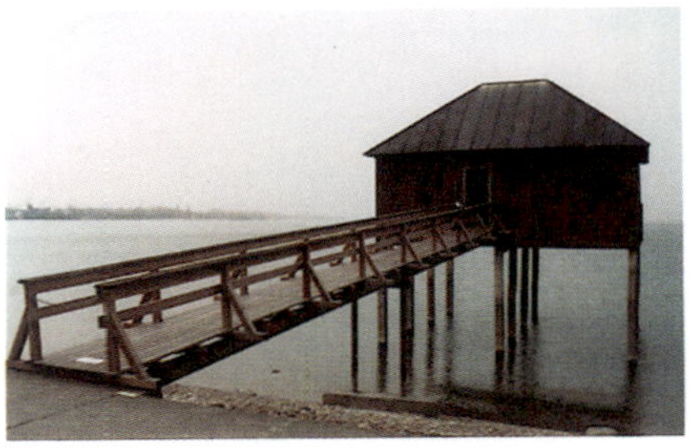

26	Sa	
27	**So**	
28	Mo	27. Woche
29	Di	
30	Mi	

21/22 Arbeitstage 153.–182. Tag

Juli 2004
July
Juillet

1	Do		
2	Fr		
3	Sa		
4	**So**		
5	Mo		28. Woche
6	Di		
7	Mi		
8	Do		
9	Fr		
10	Sa		
11	**So**		
12	Mo	GB	29. Woche

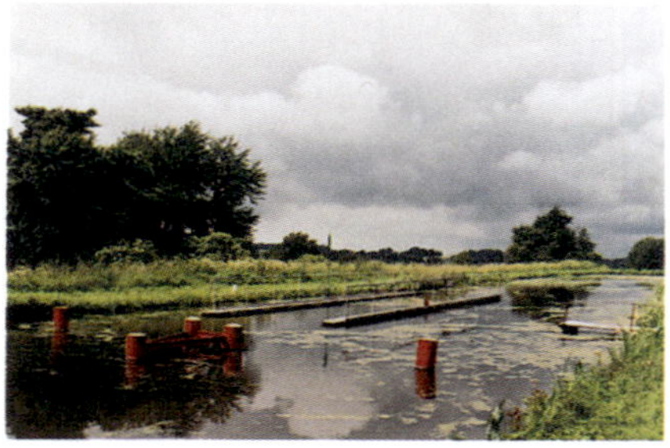

18	**So**		
19	Mo		30. Woche
20	Di		
21	Mi		
22	Do		
23	Fr		
24	Sa		
25	**So**		
26	Mo		31. Woche
27	Di		
28	Mi		
29	Do		
30	Fr		
31	Sa		

22 Arbeitstage 183.–213. Tag

August 2004
August
Août

1	**So**	CH	
2	Mo	GB	32. Woche
3	Di		
4	Mi		
5	Do		
6	Fr		
7	Sa		
8	**So**		
9	Mo		33. Woche
10	Di		
11	Mi		
12	Do		
13	Fr		
14	Sa		
15	**So**	D (tw.), A, CH (tw.), F, PL, I	
16	Mo		34. Woche
17	Di		
18	Mi		
19	Do		
20	Fr		
21	Sa		
22	**So**		
23	Mo		35. Woche

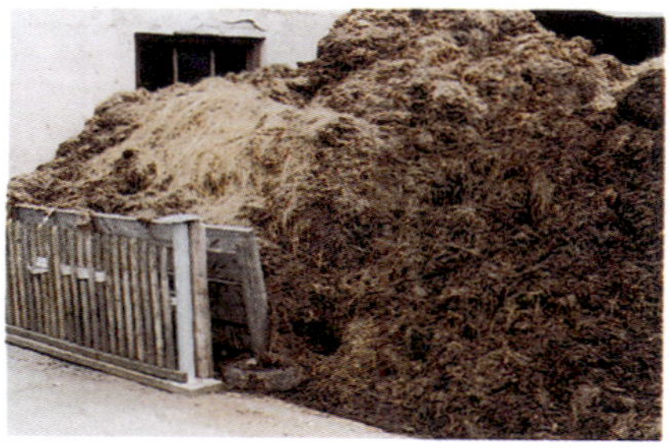

29	**So**		
30	Mo	GB	36. Woche
31	Di		

22 Arbeitstage 214.–244. Tag

September 2004
September

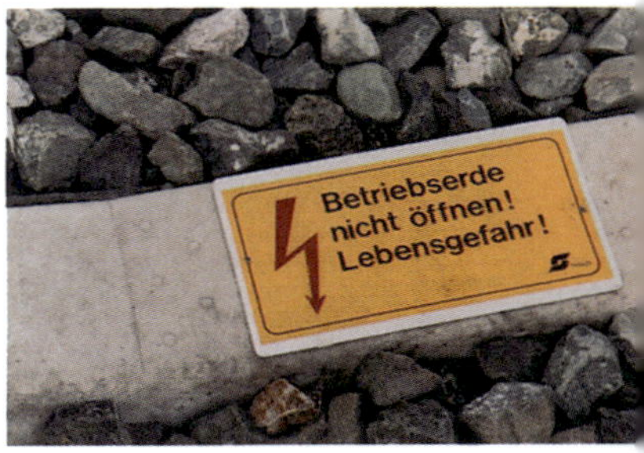

6	Mo		37. Woche
7	Di		
8	Mi		
9	Do		
10	Fr		
11	Sa		
12	**So**		
13	Mo		38. Woche
14	Di		
15	Mi		
16	Do		
17	Fr		
18	Sa		
19	**So**		
20	Mo		39. Woche
21	Di		
22	Mi		
23	Do		
24	Fr		
25	Sa		
26	**So**		
27	Mo		40. Woche
28	Di		
29	Mi		
30	Do		

22 Arbeitstage 245.–274. Tag

Oktober 2004
October
Octobre

1	Fr	
2	Sa	
3	**So**	D
4	Mo	41. Woche
5	Di	
6	Mi	
7	Do	
8	Fr	
9	Sa	
10	**So**	
11	Mo	42. Woche
12	Di	E
13	Mi	

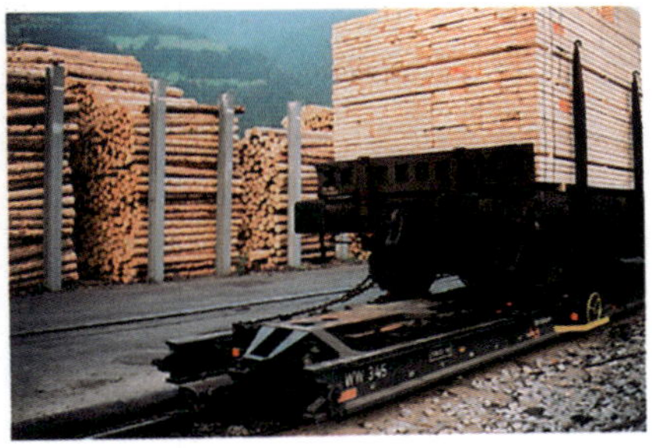

20	Mi	
21	Do	
22	Fr	
23	Sa	
24	**So**	
25	Mo	44. Woche
26	Di	A
27	Mi	
28	Do	
29	Fr	
30	Sa	
31	**So**	D (tw.)

21 Arbeitstage 275.–305. Tag

November 2004
November
Novembre

1	Mo	D (tw.), A, CH (tw.), F, E, PL, I 45. Woche
2	Di	
3	Mi	
4	Do	
5	Fr	
6	Sa	
7	**So**	RUS
8	Mo	46. Woche
9	Di	
10	Mi	
11	Do	F, PL
12	Fr	
13	Sa	
14	**So**	
15	Mo	47. Woche
16	Di	
17	Mi	D (tw.)
18	Do	
19	Fr	
20	Sa	
21	**So**	
22	Mo	48. Woche
23	Di	
24	Mi	
25	Do	
26	Fr	
27	Sa	
28	**So**	
29	Mo	49. Woche
30	Di	

21/22 Arbeitstage 306.–335. Tag

Dezember 2004
December
Décembre

1	Mi	
2	Do	
3	Fr	
4	Sa	
5	**So**	
6	Mo	E 50. Woche
7	Di	

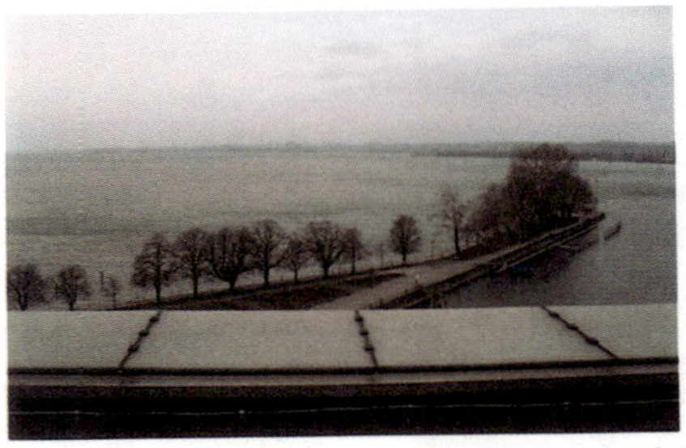

13	Mo	51. Woche
14	Di	
15	Mi	
16	Do	
17	Fr	
18	Sa	
19	**So**	
20	Mo	52. Woche
21	Di	
22	Mi	
23	Do	
24	Fr	
25	Sa	D, A, CH, GB, F, E, I, PL, NL
26	**So**	

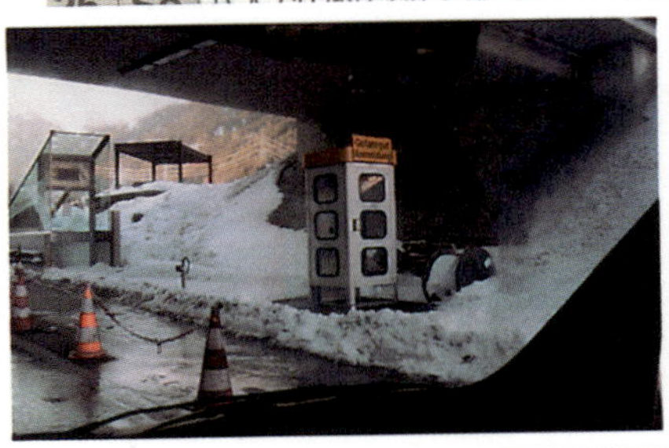

23 Arbeitstage 336.–366. Tag

Montag / Monday / Lundi / Poniedziałek / Понедельник **29.** Dezember / Dezember / Décembre / Grudzień / Декабрь	Dienstag / Tuesday / Mardi / Wtorek / Вторник **30.** Dezember / Dezember / Décembre / Grudzień / Декабрь	Mittwoch / Wednesday / Mercredi / Środa / Среда **31.** Dezember / Dezember / Décembre / Grudzień / Декабрь	Donnerstag / Thursday / Jeudi / Czwartek / Четверг **1.** Januar / January / Janvier / Styczeń / Январь
			Neujahr - **D - A - CH** New Year - **GB** Nouvel An - **F** Nowy Rok - **PL** Новый год - **RUS**
363 – 2	364 – 1	365 – 0	1 – 365
7	7	7	7
14	14	14	14
15			
16			
17			
18			
19			
20	20	20	20
21	21	21	21

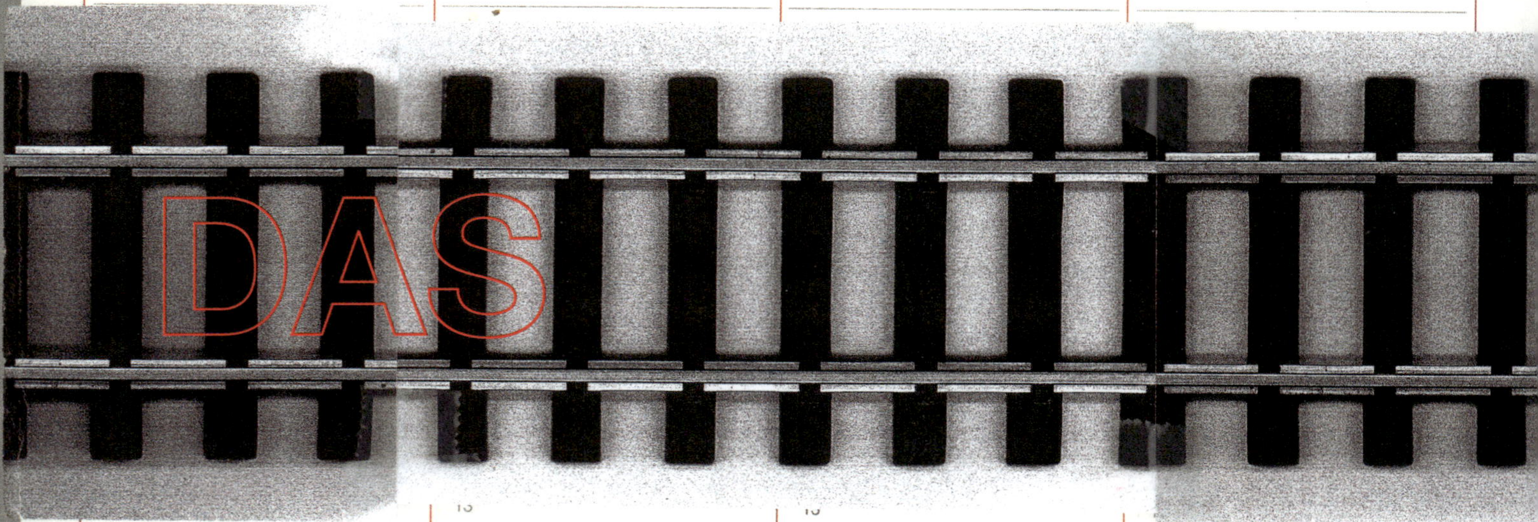

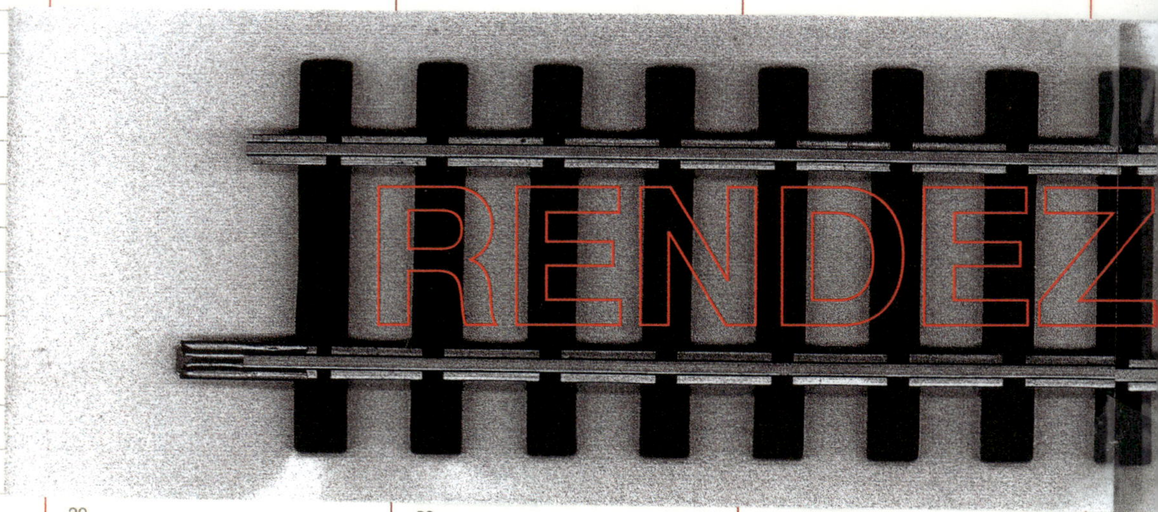

Freitag Friday Vendredi Piątek Пятница	**2.**	Januar January Janvier Styczeń Январь	Samstag Saturday Samedi Sobota Суббота	**3.**	Januar January Janvier Styczeń Январь	Sonntag Sunday Dimanche Niedziela Воскресение	**4.**	Januar January Janvier Styczeń Январь	1. Woche Week Semaine Tydzień Неделя

New Year (Scot.) - **GB**
Новый год - **RUS** 2 – 364

3 – 363

4 – 362

7

7

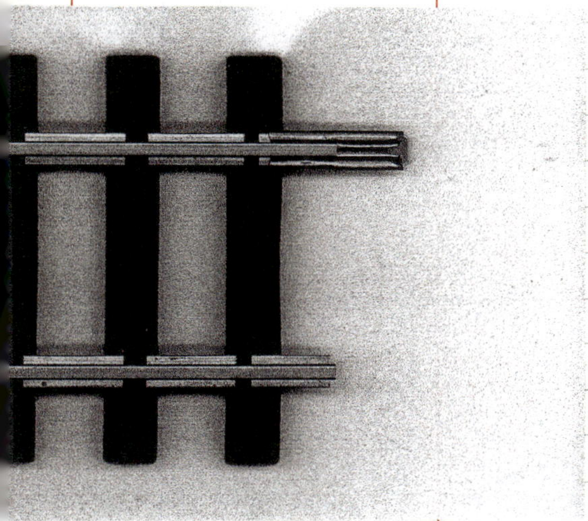

14

14

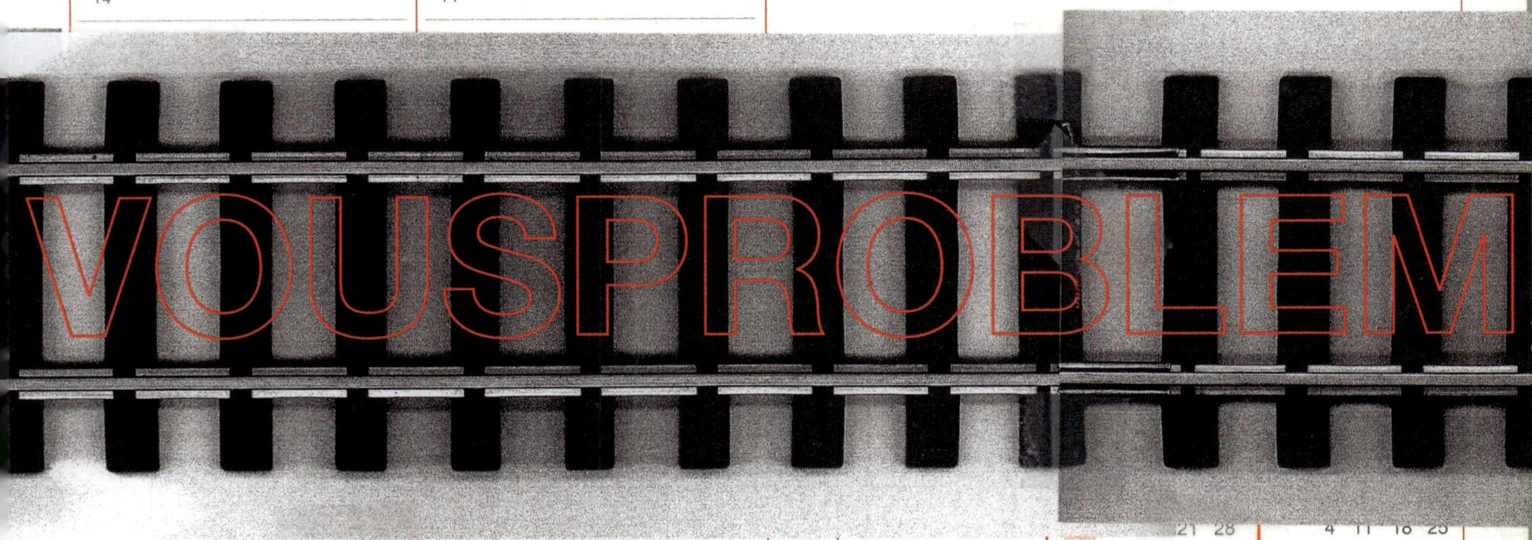

Do	4	11	18	25
Fr	5	12	19	26
Sa	6	13	20	27
So	**7**	**14**	**21**	**28**

21 AT

			21	28
1	8	15	22	29
2	9	16	23	30
3	10	17	24	31
4	**11**	**18**	**25**	

20/21 AT

	4	11	18	25
	5	12	19	26
	6	13	20	27
	7	14	21	28
1	**8**	**15**	**22**	**29**

20 AT

21

21

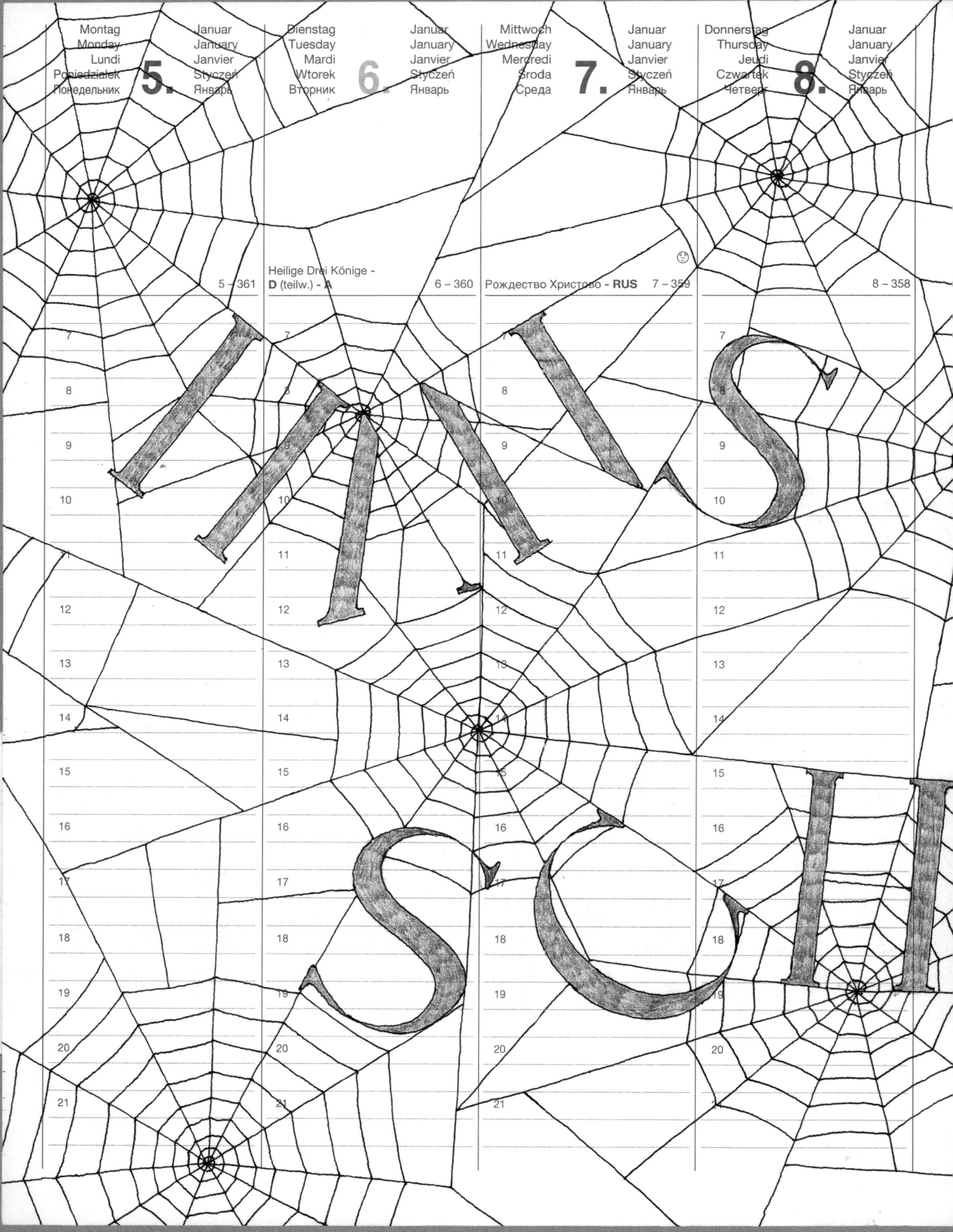

Montag Monday Lundi Poniedziałek Понедельник **5.** Januar January Janvier Styczeń Январь	Dienstag Tuesday Mardi Wtorek Вторник **6.** Januar January Janvier Styczeń Январь	Mittwoch Wednesday Mercredi Środa Среда **7.** Januar January Janvier Styczeń Январь	Donnerstag Thursday Jeudi Czwartek Четверг **8.** Januar January Janvier Styczeń Январь
5 – 361	Heilige Drei Könige - **D** (teilw.) - **A** 6 – 360	Рождество Христово - **RUS** 7 – 359	8 – 358

7
8
9
10
11
12
13
14
15
16
17
18
19
20
21

Freitag
Friday
Vendredi
Piątek
Пятница
9.
Januar
January
Janvier
Styczeń
Январь

9 – 357

7
8
9
10
11
12
13
14
15
16
17
18
19
20
21

Samstag
Saturday
Samedi
Sobota
Суббота
10.
Januar
January
Janvier
Styczeń
Январь

10 – 356

7
8
9
10
11
12
13
14
15
16
17
18
19
20
21

Sonntag
Sunday
Dimanche
Niedziela
Воскресение
11.
Januar
January
Janvier
Styczeń
Январь

11 – 355

2.
Woche
Week
Semaine
Tydzień
Неделя

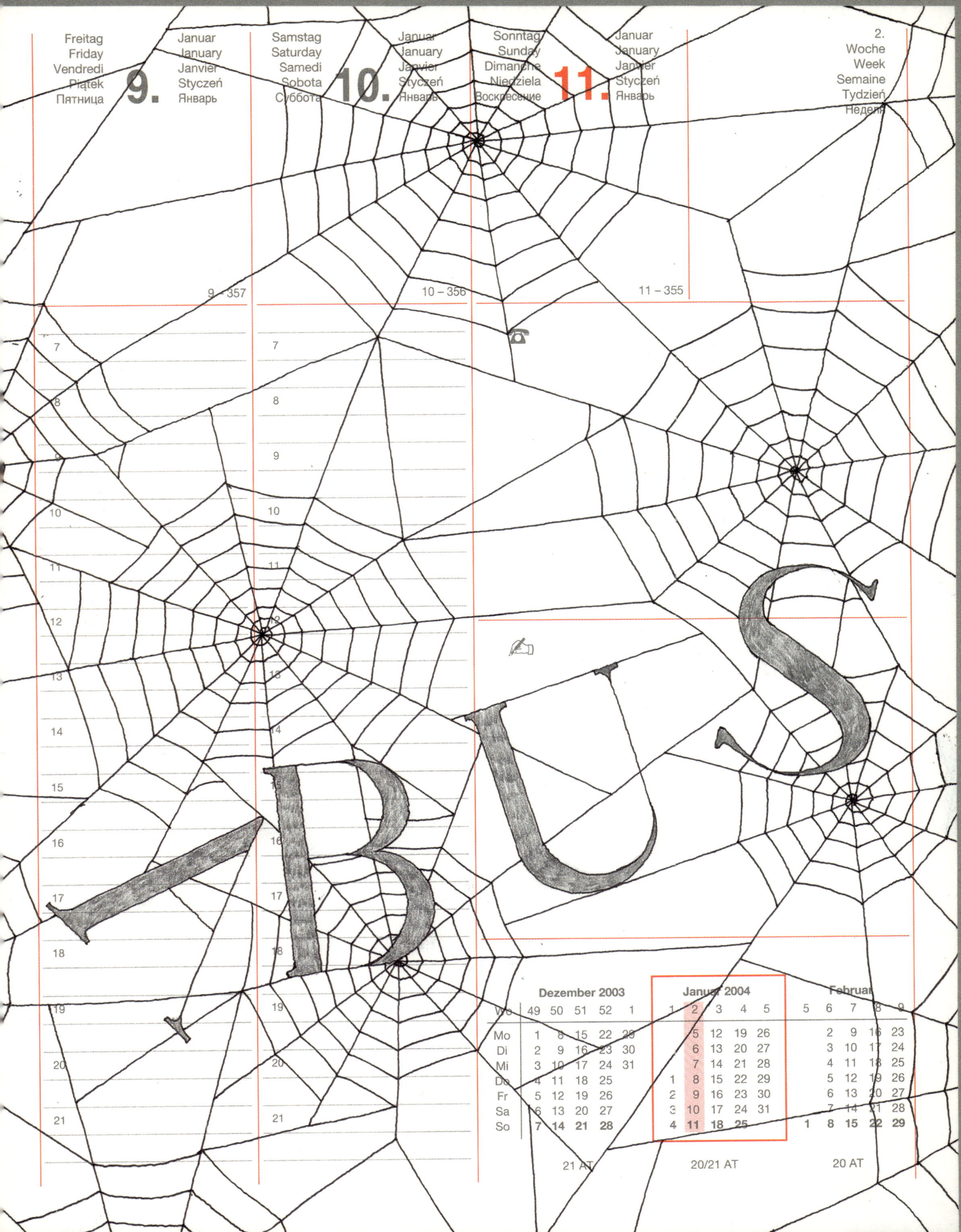

Wo	Dezember 2003					Januar 2004					Februar				
	49	50	51	52	1	1	2	3	4	5	5	6	7	8	9
Mo	1	8	15	22	29		5	12	19	26		2	9	16	23
Di	2	9	16	23	30		6	13	20	27		3	10	17	24
Mi	3	10	17	24	31		7	14	21	28		4	11	18	25
Do	4	11	18	25		1	8	15	22	29		5	12	19	26
Fr	5	12	19	26		2	9	16	23	30		6	13	20	27
Sa	6	13	20	27		3	10	17	24	31		7	14	21	28
So	**7**	**14**	**21**	**28**		**4**	**11**	**18**	**25**		**1**	**8**	**15**	**22**	**29**

21 AT
20/21 AT
20 AT

Montag
Monday
Lundi
Poniedziałek
Понедельник
12.
Januar
January
Janvier
Styczeń
Январь

12 – 354

7

8

9

10

11

12

13

14

15

16

17

18

19

20

21

Dienstag
Tuesday
Mardi
Wtorek
Вторник
13.
Januar
January
Janvier
Styczeń
Январь

13 – 353

7

8

9

10

11

12

13

14

15

16

17

18

19

20

21

Mittwoch
Wednesday
Mercredi
Środa
Среда
14.
Januar
January
Janvier
Styczeń
Январь

14 – 352

7

8

9

10

11

12

13

14

15

16

17

18

19

20

21

Donnerstag
Thursday
Jeudi
Czwartek
Четверг
15.
Januar
January
Janvier
Styczeń
Январь

15 – 351

7

8

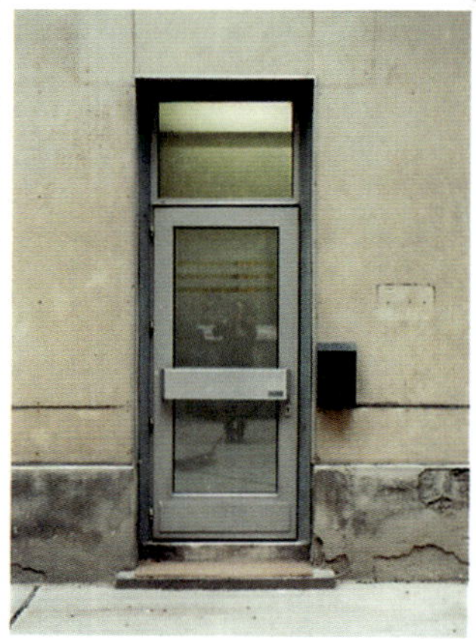

14

15

16

17

18

19

20

21

Freitag
Friday
Vendredi
Piątek **16.** Januar
January
Janvier
Styczeń

Samstag
Saturday
Samedi
Sobota **17.** Januar
January
Janvier
Styczeń
Январь

17 – 349

Sonntag
Sunday
Dimanche
Niedziela
Воскресение **18.** Januar
January
Janvier
Styczeń
Январь

18 – 343

3.
Woche
Week
Semaine
Tydzień
Неделя

Der Tunnel

Eine Erzählung
1952
Neufassung 1978

☎

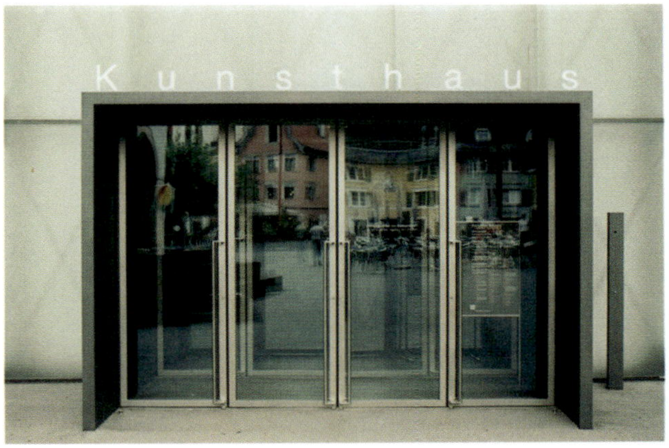

14

15

16

17

18

19

20

21

Friedrich Dürrenmatt, *Der Tunnel*
Aus: *Der Hund, Der Tunnel, Die Panne, Erzählungen*, Diogenes, Zürich 1998, S. 19–34
Für den Originaltext:

Friedrich Dürrenmatt. *Der Tunnel* [The Tunnel]
From: *Der Hund, Der Tunnel, Die Panne, Erzählungen*. Zurich: Diogenes, 1998, pp. 19–34
For the original text:

14

16

17

18

19

20

21

	Dezember 2003					Januar 2004					Februar				
Wo	49	50	51	52	1	1	2	3	4	5	5	6	7	8	9
Mo	1	8	15	22	29		5	12	19	26		2	9	16	23
Di	2	9	16	23	30		6	13	20	27		3	10	17	24
Mi	3	10	17	24	31		7	14	21	28		4	11	18	25
Do	4	11	18	25		1	8	15	22	29		5	12	19	26
Fr	5	12	19	26		2	9	16	23	30		6	13	20	27
Sa	6	13	20	27		3	10	17	24	31		7	14	21	28
So	**7**	**14**	**21**	**28**		**4**	**11**	**18**	**25**		**1**	**8**	**15**	**22**	**29**
	21 AT					20/21 AT					20 AT				

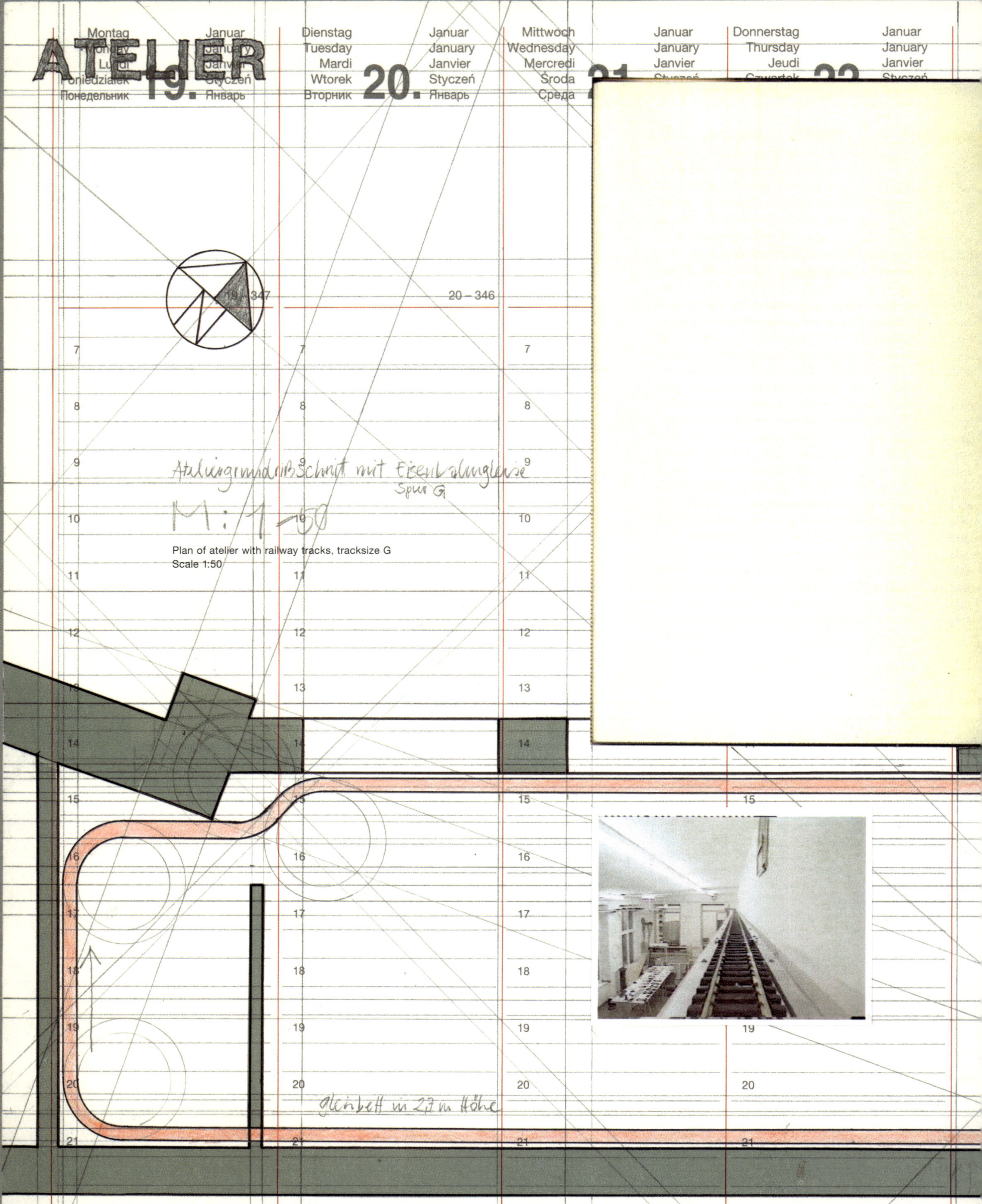

Plan of atelier with railway tracks, tracksize G
Scale 1:50

Track bed at 2.7 m height

Freitag Friday Vendredi Piątek 23. Januar January Janvier Styczeń

Samstag Saturday Samedi Sobota 24. Januar January Janvier Styczeń Январь

Sonntag Sunday Dimanche Niedziela Воскресение 25. Januar January Janvier Styczeń Январь

4. Woche Week Semaine Tydzień Неделя

Ein Vierundzwanzigjähriger, fett, damit das Schreckliche hinter den Kulissen, welches er sah (das war seine Fähigkeit, vielleicht seine einzige), nicht allzu nah an ihn herankomme, der es liebte, die Löcher in seinem Fleisch, da doch gerade durch sie das Ungeheuerliche hereinströmen konnte, zu verstopfen, derart, daß er Zigarren rauchte (Ormond Brasil 10) und über seiner Brille eine zweite trug, eine Sonnenbrille, und in den Ohren Wattebüschel: Dieser junge Mann, noch von seinen Eltern abhängig und mit nebulosen Studien auf einer Universität beschäftigt, die mit einer zweistündigen Bahnfahrt zu erreichen war, stieg eines Sonntagnachmittags in den gewohnten Zug, Abfahrt siebzehnuhrfünfzig, Ankunft neunzehnuhrsiebenundzwanzig, um anderentags ein Seminar zu besuchen, das zu schwänzen er schon entschlossen war. Die Sonne schien an einem wolkenlosen Himmel, als er seinen Wohnort verließ. Es war Sommer. Der Zug hatte sich zwischen den Alpen und dem Jura fortzubewegen, an reichen Dörfern und kleineren Städten vorbei, später an einem Fluß entlang, und tauchte denn auch nach noch nicht ganz zwanzig Minuten Fahrt, gerade nach Burgdorf, in einen kleinen Tunnel. Der Zug war überfüllt. Der Vierundzwanzigjährige war vorne eingestiegen und hatte sich mühsam nach hinten durchgearbeitet, schwitzend und einen leicht vertrottelten Eindruck erweckend. Die Reisenden saßen dicht gedrängt,

24 342 25 341

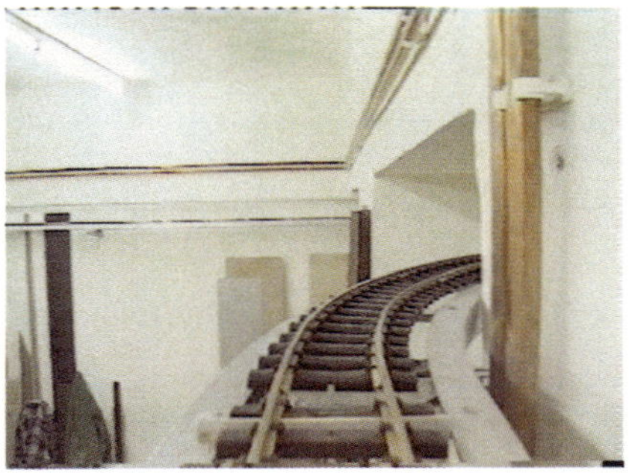

11,38

15 16 17 18 19 20 21

	Dezember 2003					Januar 2004					Februar				
Wo	49	50	51	52	1	1	2	3	4	5	5	6	7	8	9
Mo	1	8	15	22	29		5	12	19	26		2	9	16	23
Di	2	9	16	23	30		6	13	20	27		3	10	17	24
Mi	3	10	17	24	31		7	14	21	28		4	11	18	25
Do	4	11	18	25		1	8	15	22	29		5	12	19	26
Fr	5	12	19	26		2	9	16	23	30		6	13	20	27
Sa	6	13	20	27		3	10	17	24	31		7	14	21	28
So	**7**	**14**	**21**	**28**		**4**	**11**	**18**	**25**		**1**	**8**	**15**	**22**	**29**

21 AT 20/21 AT 20 AT

Montag
Monday
Lundi
Poniedziałek
Понедельник
26.
Januar
January
Janvier

Dienstag
Tuesday
Mardi
27.
Januar
January
Janvier

Mittwoch
Wednesday
Mercredi
Środa
Среда
28.
Januar
January
Janvier

Donnerstag
Thursday
Jeudi
29.
Januar
January
Janvier

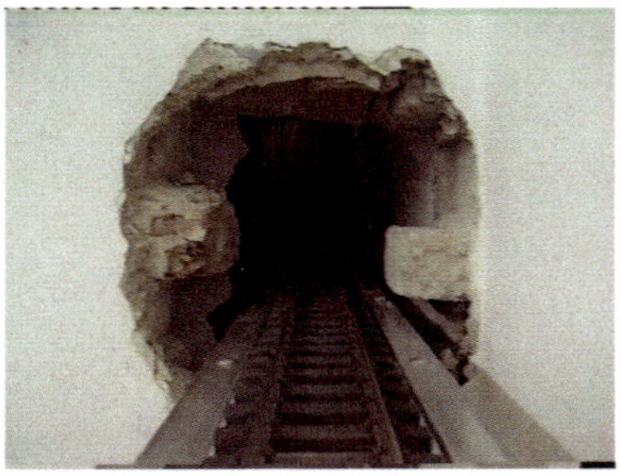

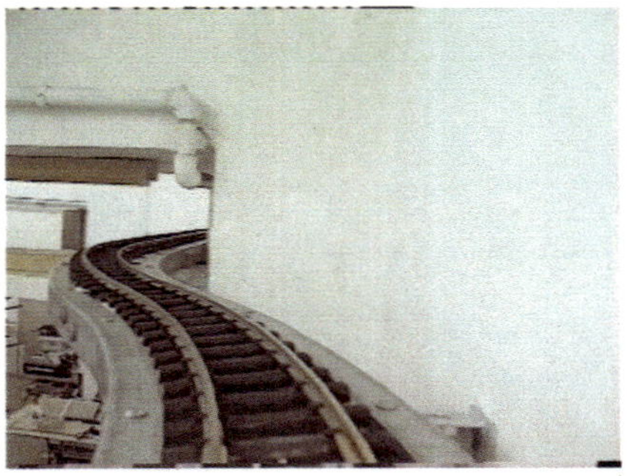

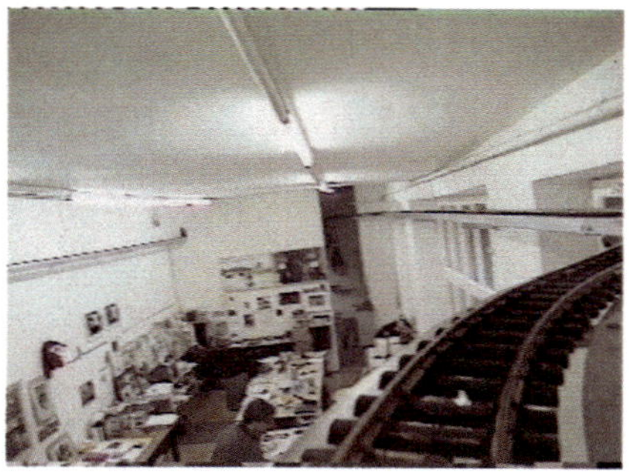

Filmstills aus *Passagier*, 2000, DVD, 66:50 min.
Filmstills from *Passenger*, 2000, DVD, 66.50 min.

viele auf Koffern, auch die Coupés der zweiten Klasse waren besetzt, nur die erste Klasse schwach belegt. Als sich der junge Mann endlich durch das Wirrwarr der Familien, Rekruten, Studenten und Liebespaare gekämpft hatte, bald, vom Zug hin und her geschleudert, gegen diesen fallend und bald gegen jenen, gegen Bäuche und Brüste torkelnd, fand er im hintersten Wagen Platz, so viel sogar, daß er in diesem Abteil der dritten Klasse – in der es sonst Wagen mit Coupés selten gibt – eine ganze Bank für sich allein hatte: Im geschlossenen Raume saß ihm einer gegenüber, noch dicker als er, der mit sich selber Schach spielte, und in der Ecke der gleichen Bank, gegen den Korridor zu, ein rothaariges Mädchen, das einen Roman las. So saß er schon am Fenster und hatte eben eine Ormond Brasil 10 in Brand gesteckt, als der Tunnel kam, der ihm länger als sonst zu dauern schien. Er war diese Strecke schon manchmal gefahren, fast jeden Samstag und Sonntag seit einem Jahr, und hatte den Tunnel eigentlich gar nie beachtet, sondern immer nur geahnt. Zwar hatte er ihm einige Male die volle Aufmerksamkeit schenken wollen, doch hatte er, wenn er kam, jedes Mal an etwas anderes gedacht, so daß er das kurze Eintauchen in die Finsternis nicht bemerkte, denn der Tunnel war eben gerade vorbei, wenn er, entschlossen, ihn zu beachten, aufschaute, so schnell durchfuhr ihn der Zug und so kurz war der kleine Tunnel. So hatte er denn auch jetzt die Sonnenbrille nicht abgenommen, als sie einfuhren, da er nicht an den Tunnel dachte. Die Sonne hatte eben noch mit voller Kraft geschienen, und die Landschaft, durch die sie fuhren (die Hügel und Wälder, die fernere Kette des Jura und die Häuser des Städtchens), war wie von Gold gewesen, so sehr hatte sie im

7 8 9 10 11 12 13 14 15 16 17 18 19 20 21

Abendlicht geleuchtet, so sehr, daß ihm die nun schlagartig einsetzende Dunkelheit des Tunnels bewußt wurde, der Grund wohl auch, warum ihm die Durchfahrt länger vorkam. Es war völlig finster im Abteil, da der Kürze des Tunnels wegen die Lichter nicht in Funktion gesetzt waren, denn jede Sekunde mußte sich ja in der Scheibe der erste fahle Schimmer des Tages zeigen, sich blitzschnell ausweiten und mit voller, goldener Helle gewaltig hereinbrechen; als es jedoch immer noch dunkel blieb, nahm er die Sonnenbrille ab. Das Mädchen zündete sich in diesem Augenblick eine Zigarette an, offenbar ärgerlich, daß es im Roman nicht weiterlesen konnte, wie er im rötlichen Aufflammen des Streichholzes zu bemerken glaubte; seine Armbanduhr mit dem leuchtenden Zifferblatt zeigte zehn nach sechs. Er lehnte sich in die Ecke zwischen der Coupéwand und der Scheibe und beschäftigte sich mit seinen verworrenen Studien, die ihm niemand recht glaubte, mit dem Seminar, in das er morgen mußte und in das er nicht gehen würde (alles, was er tat, war nur ein Vorwand, hinter der Fassade seines Tuns Ordnung zu erlangen, nicht die Ordnung selber, nur die Ahnung einer Ordnung, angesichts des Schrecklichen, gegen das er sich mit Fett polsterte, Zigarren in den Mund steckte, Wattebüschel in die Ohren), und wie er wieder auf das Zifferblatt schaute, war es viertel nach sechs und immer noch der Tunnel. Das verwirrte ihn. Zwar leuchteten nun die Glühbirnen auf, es wurde hell im Coupé, das rote Mädchen konnte in seinem Roman weiterlesen, und der dicke Herr spielte wieder mit sich selber Schach, doch draußen, jenseits der Scheibe, in der sich nun das ganze Abteil spiegelte, war immer noch der Tunnel. Er trat in den Korridor, in welchem ein hochge-

Der Standard, 15. März 2003

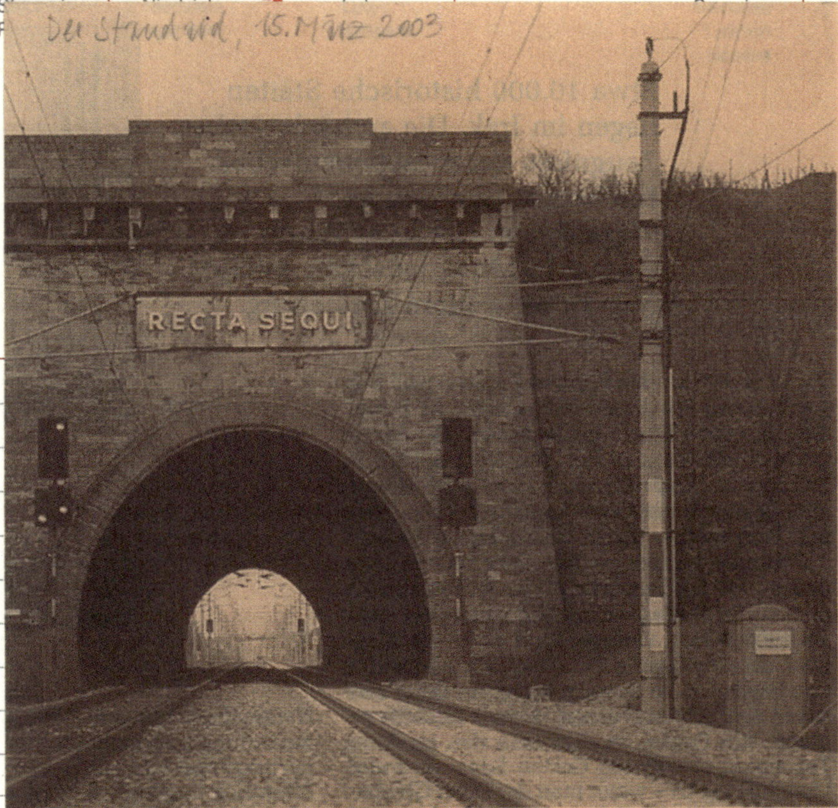

…ie durch die Bahn verfestigt …Damen“ durften erst an der …eilnehmen. Die Verknüpfung …ik und Kultur als zwei Berei…t als gegensätzlich und inkom…en werden“, steht für Dinhobl … Wechselwirkungen zwischen

Am Eisenbahntunnel von Gumpoldskirchen, dem ersten erbauten Zugtunnel des Kaiserreiches, verewigte Bauleiter Matthias Ritter von Schönerer im Jahr 1841 seinen Leitspruch: Der Geraden folgen!
Foto: Günther Dinhobl

In 1841 construction supervisor Matthias Ritter von Schönerer engraved his motto, “Follow the straight line!”, on the railway tunnel at Gumpoldskirchen, the first ever railway tunnel of the Austro-Hungarian empire.

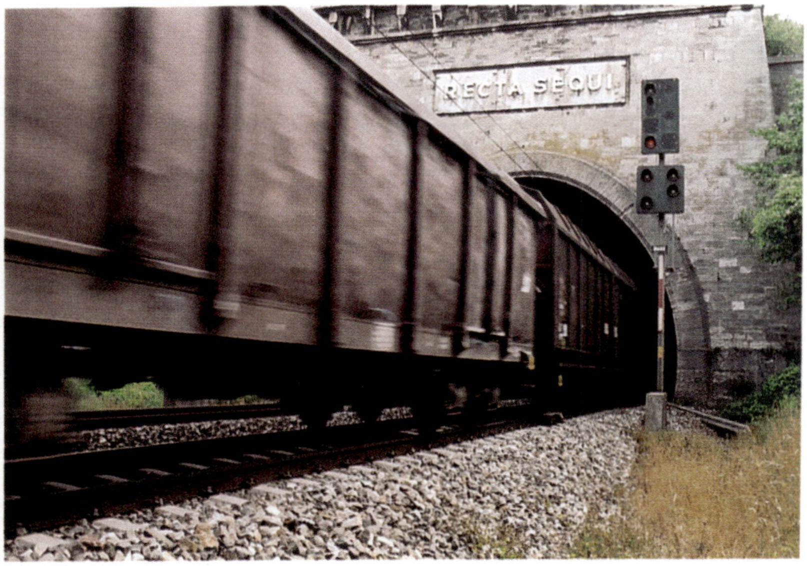

Dezember 2003

9	50	51	52	1
1	8	15	22	29
2	9	16	23	30
3	10	17	24	31
4	11	18	25	
5	12	19	26	
6	13	20	27	
7	**14**	**21**	**28**	

21 AT

Januar 2004

1	2	3	4	5
	5	12	19	26
	6	13	20	27
	7	14	21	28
1	8	15	22	29
2	9	16	23	30
3	10	17	24	31
4	**11**	**18**	**25**	

20/21 AT

Februar

5	6	7	8	9
	2	9	16	23
	3	10	17	24
	4	11	18	25
	5	12	19	26
	6	13	20	27
	7	14	21	28
1	**8**	**15**	**22**	**29**

20 AT

Montag Monday Lundi Poniedziałek Понедельник	**2.**	Februar February Février Luty Февраль	Dienstag Tuesday Mardi Wtorek Вторник	**3.**	Februar February Février Luty Февраль	Mittwoch Wednesday Mercredi Środa Среда	**4.**	Februar February Février	Donnerstag Thursday Jeudi	**5.**	Februar February Février

33 – 333

34 – 332

01 *Montagegerüst für den Bau der Trisannabrücke*, S. 119
02 *Plan des Wäldlitobel-Viaduktes mit Leergerüst*, S. 116
Aus: Lothar Beer, *Die Geschichte der Bahnen in Vorarlberg*, Bd. 1, Hecht Verlag, Hard 1989

01 *Construction scaffolding for the Trisanna Bridge*, p. 119
02 *Plan drawing of the Wäldlitobel viaduct with scaffolding in between the piers*, p. 116
From: Lothar Beer. *Die Geschichte der Bahnen in Vorarlberg*. Hard: Hecht, 1989, vol. 1

wachsener Mann in einem hellen Regenmantel auf und ab ging, ein schwarzes Halstuch umgeschlagen. Wozu auch bei diesem Wetter, dachte er und schaute in die anderen Coupés dieses Wagens, wo man Zeitung las und miteinander schwatzte. Er trat wieder zu seiner Ecke und setzte sich, der Tunnel mußte nun jeden Augenblick aufhören, jede Sekunde; auf der Armbanduhr war es nun beinahe zwanzig nach; er ärgerte sich, den Tunnel vorher so wenig beachtet zu haben, dauerte er doch nun schon eine Viertelstunde und mußte, gerade weil der Zug offenbar in höchster Geschwindigkeit fuhr, ein bedeutender Tunnel sein, einer der längsten Tunnel in der Schweiz. Es war daher wahrscheinlich, daß er einen falschen Zug genommen hatte, wenn ihm im Augenblick auch nicht erinnerlich war, daß sich zwanzig Minuten Bahnfahrt von seinem Wohnort entfernt ein so langer und bedeutender Tunnel befand. Er fragte deshalb den dicken Schachspieler, ob der Zug nach Zürich fahre, was der bestätigte. Er habe gar nicht gewußt, daß diese Strecke einen so beträchtlichen Tunnel aufweise, entgegnete der junge Mann, doch der Schachspieler antwortete, etwas ärgerlich, da er in irgendeiner schwierigen Überlegung zum zweiten Mal unterbrochen worden war, in der Schweiz gebe es eben viele Tunnel, außerordentlich viele, er reise zwar zum ersten Mal in diesem Lande, doch falle dies sofort auf, auch habe er in einem statistischen Jahrbuch gelesen, kein Land besitze so viele Tunnel wie die Schweiz. Er müsse sich nun entschuldigen, wirklich, es tue ihm schrecklich leid, da er sich mit einem wichtigen Problem der Nimzowitsch-Verteidigung beschäftige und nicht mehr abgelenkt werden dürfe. Der Schachspieler hatte höflich, aber bestimmt geantwortet; daß von ihm

01

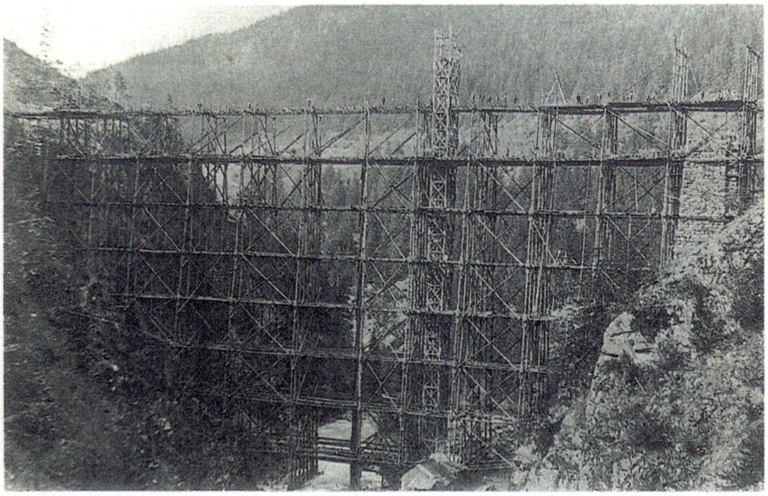

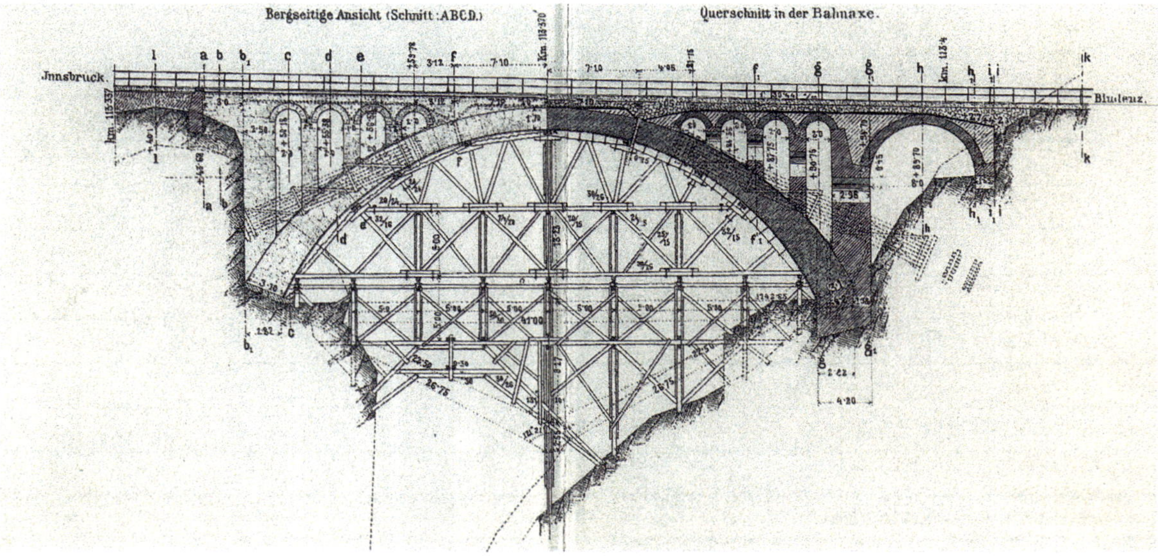

02

Freitag
Friday
Vendredi
Piatek

6.

Februar
February
Février
Luty

Samstag
Saturday
Samedi
Sobota

7.

Februar
February
Février
Luty
Февраль

Sonntag
Sunday
Dimanche
Niedziela
Воскресение

8.

Februar
February
Février
Luty
Февраль

6.
Woche
Week
Semaine
Tydzień
Неделя

keine Antwort zu erwarten war, sah der junge Mann ein. Er war überzeugt, daß seine Fahrkarte zurückgewiesen werden würde; auch als der Schaffner, ein blasser, magerer Mann, nervös, wie es den Eindruck machte, gegenüber dem Mädchen, dem er zuerst die Fahrkarte abnahm, bemerkte, es müsse in Olten umsteigen, gab der Vierundzwanzigjährige noch nicht alle Hoffnung auf, so sehr war er überzeugt, in den falschen Zug gestiegen zu sein. Er werde wohl nachzahlen müssen, er sollte nach Zürich, sagte er denn, ohne die Ormond Brasil 10 aus dem Munde zu nehmen, und reichte dem Schaffner das Billet hin. Der Herr sei im rechten Zug, antwortete der, als er die Fahrkarte geprüft hatte. »Aber wir fahren doch durch einen Tunnel!« rief der junge Mann ärgerlich und recht energisch aus, entschlossen, nun die verwirrende Situation aufzuklären. Man sei eben an Herzogenbuchsee vorbeigefahren und nähere sich Langenthal, sagte der Schaffner. »Es stimmt, mein Herr, es ist jetzt zwanzig nach sechs.« Aber man fahre seit zwanzig Minuten durch einen Tunnel, beharrte der junge Mann auf seiner Feststellung. Der Schaffner sah ihn verständnislos an. »Es ist der Zug nach Zürich«, sagte er, und schaute nun auch nach dem Fenster. »Zwanzig nach sechs«, sagte er wieder, jetzt etwas beunruhigt, wie es schien, »bald kommt Olten, Ankunft achtzehnuhrsiebenunddreißig. Es wird schlechtes Wetter gekommen sein, ganz plötzlich, daher die Nacht, vielleicht ein Sturm, ja, das wird es sein.« »Unsinn«, mischte sich nun der Mann, der sich mit dem Problem der Nimzowitsch-Verteidigung beschäftigte, ins Gespräch, ärgerlich, weil er immer noch sein Billet hinhielt, ohne vom Schaffner beachtet zu werden, »Unsinn, wir fahren durch einen Tunnel. Man kann deutlich den

38 – 328

39 – 327

☎

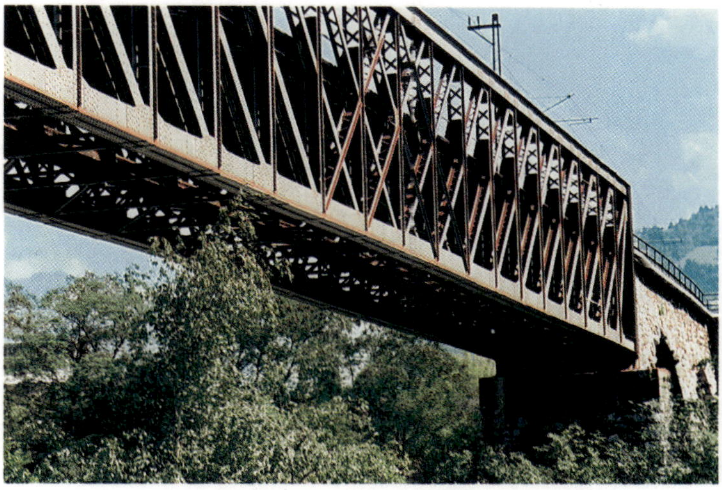

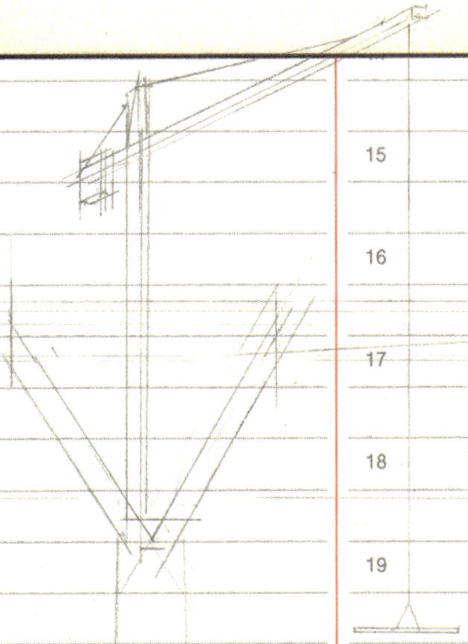

15
16
17
18
19
20
21

15
16
17
18
19
20
21

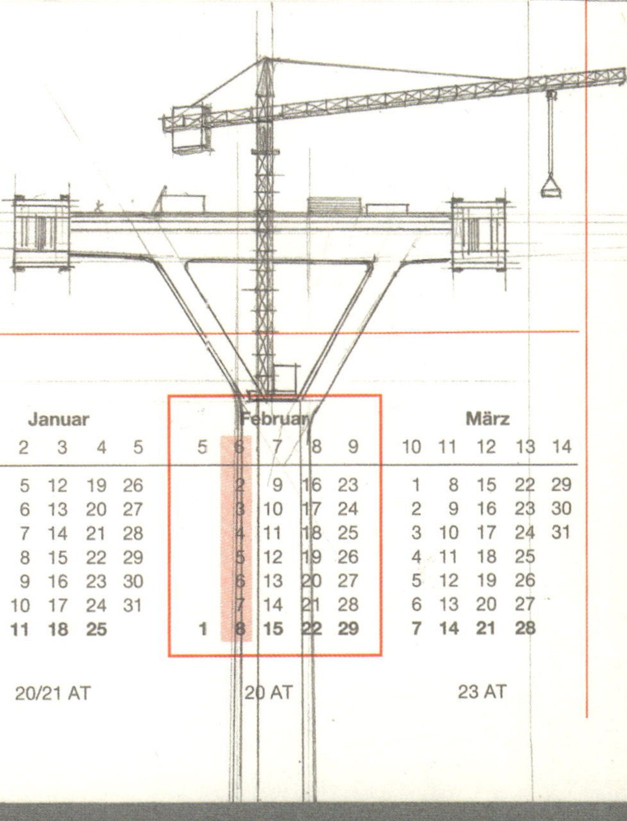

Wo	1	2	3	4	5	5	6	7	8	9	10	11	12	13	14
	Januar					Februar					März				
Mo		5	12	19	26		2	9	16	23	1	8	15	22	29
Di		6	13	20	27		3	10	17	24	2	9	16	23	30
Mi		7	14	21	28		4	11	18	25	3	10	17	24	31
Do	1	8	15	22	29		5	12	19	26	4	11	18	25	
Fr	2	9	16	23	30		6	13	20	27	5	12	19	26	
Sa	3	10	17	24	31		7	14	21	28	6	13	20	27	
So	**4**	**11**	**18**	**25**		**1**	**8**	**15**	**22**	**29**	**7**	**14**	**21**	**28**	

20/21 AT — 20 AT — 23 AT

Freivorbau
Free cantilever bridge construction

Montag Monday Lundi Poniedziałek Понедельник 9 Februar February Février Luty

Dienstag Tuesday Mardi Wtorek 10 Februar February Février Luty

Mittwoch Wednesday Mercredi Środa 11 Februar February Février

Donnerstag Thursday Jeudi 12 Februar February Février

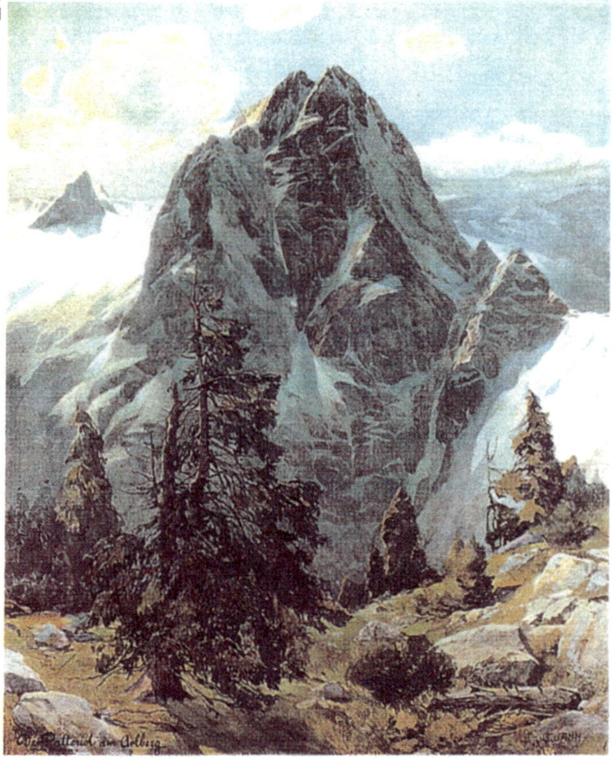

01

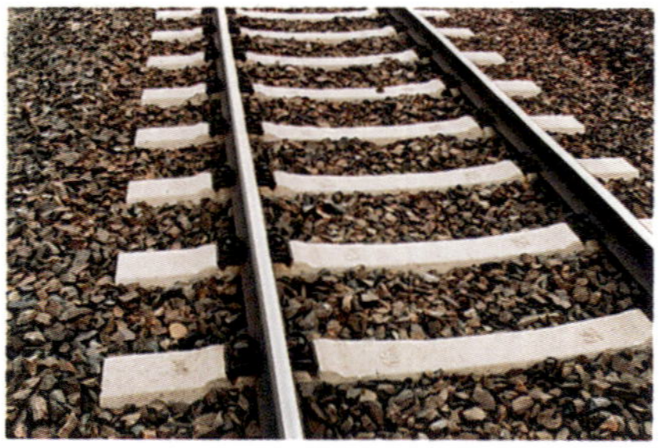

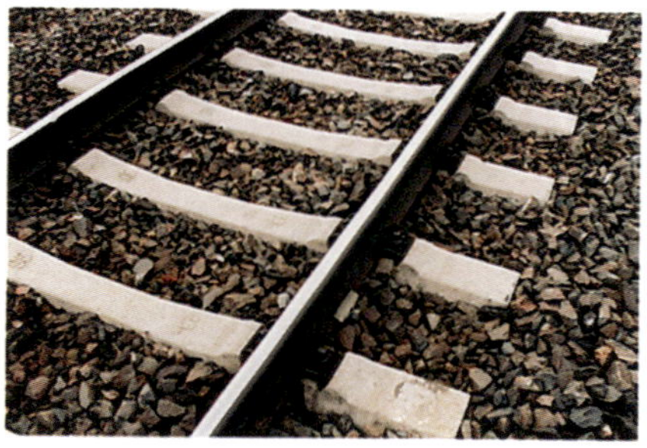

7 8 9 10 11 12 13 14 15 16 17 18 19 20 21

Fels sehen, Granit wie es scheint. In der Schweiz gibt es die meisten Tunnel der ganzen Welt. Ich habe es in einem statistischen Jahrbuch gelesen.« Der Schaffner, indem er endlich die Fahrkarte des Schachspielers entgegennahm, versicherte aufs neue, fast flehentlich, der Zug fahre nach Zürich, worauf der Vierundzwanzigjährige den Zugführer verlangte. Der sei vorne im Zug, sagte der Schaffner, im übrigen fahre der Zug nach Zürich, jetzt sei es sechsuhrfünfundzwanzig, und in zwölf Minuten werde er nach dem Sommerfahrplan in Olten anhalten, er fahre jede Woche diesen Zug dreimal. Der junge Mann machte sich auf den Weg. Das Gehen fiel ihm noch schwerer im überfüllten Zug als vorher, als er die gleiche Strecke umgekehrt gegangen war; der Zug mußte überaus schnell fahren; auch war das Getöse, das er dabei verursachte, entsetzlich; so steckte er sich seine Wattebüschel denn wieder in die Ohren, nachdem er sie beim Betreten des Zuges entfernt hatte. Die Menschen, an denen er vorbeikam, verhielten sich ruhig, in nichts unterschied sich der Zug von anderen Zügen, in denen er an den Sonntagnachmittagen gefahren war, und niemand fiel ihm auf, der beunruhigt gewesen wäre. In einem Wagen mit Zweitklaß-Abteilen stand ein Engländer am Fenster des Korridors und tippte freudestrahlend mit der Pfeife, die er rauchte, an die Scheibe. »Simplon«, sagte er. Auch im Speisewagen war alles wie sonst, obwohl kein Platz frei war und der Tunnel doch einem der Reisenden oder der Bedienung, die Wienerschnitzel und Reis servierte, hätte auffallen können. Den Zugführer, den er an der roten Tasche erkannte, fand der junge Mann am Ausgang des Speisewagens. »Sie wünschen?« fragte der Zugführer, der ein großgewachsener, ruhiger Mann war, mit einem sorg-

01 *Detail aus Reiseführer der k.k. österreichischen Staatsbahnen für die Route Wien–Arlberg–London*
Aus: Lothar Beer, *Die Geschichte der Bahnen in Vorarlberg*, Bd. 1, Hecht Verlag, Hard 1989, S. 222

01 *Detail from tourist guide published by the royal-imperial Austrian State Railways on the line Vienna–Arlberg–London*
From: Lothar Beer. *Die Geschichte der Bahnen in Vorarlberg*. Hard: Hecht, 1989, vol. 1, p. 222

Freitag
Friday
Vendredi

Februar
February
Février

Samstag
Saturday
Samedi

Februar
February
Février

Sonntag
Sunday
Dimanche

Februar
February
Février

7.
Woche
Week
Semaine
…dzień
…деля

fältig gepflegten schwarzen Schnurrbart und einer randlosen Brille. »Wir sind in einem Tunnel, seit fünfundzwanzig Minuten«, sagte der junge Mann. Der Zugführer schaute nicht nach dem Fenster, wie der Vierundzwanzigjährige erwartet hatte, sondern wandte sich zum Kellner. »Geben Sie mir eine Schachtel Ormond 10«, sagte er, »ich rauche die gleiche Sorte wie der Herr da«; doch konnte ihn der Kellner nicht bedienen, da man diese Zigarre nicht besaß, so daß denn der junge Mann, froh, einen Anknüpfungspunkt zu haben, dem Zugführer eine Brasil anbot. »Danke«, sagte der, »ich werde in Olten kaum Zeit haben, mir eine zu verschaffen, und so tun Sie mir denn einen großen Gefallen. Rauchen ist wichtig. Darf ich Sie nun bitten, mir zu folgen?« Er führte den Vierundzwanzigjährigen in den Packwagen, der vor dem Speisewagen lag. »Dann kommt noch die Maschine«, sagte der Zugführer, als sie den Raum betraten, »wir befinden uns an der Spitze des Zuges.« Im Packraum brannte ein schwaches, gelbes Licht, der größte Teil des Wagens lag im Ungewissen, die Seitentüren waren verschlossen, und nur durch ein kleines vergittertes Fenster drang die Finsternis des Tunnels. Koffer standen herum, viele mit Hotelzetteln beklebt, einige Fahrräder und ein Kinderwagen. Der Zugführer hängte seine rote Tasche an einen Haken. »Was wünschen Sie?« fragte er aufs neue, schaute jedoch den jungen Mann nicht an, sondern begann in einem Heft, das er der Tasche entnommen hatte, Tabellen auszufüllen. »Wir befinden uns seit Burgdorf in einem Tunnel«, antwortete der Vierundzwanzigjährige entschlossen, »einen derartigen Tunnel gibt es auf dieser Strecke nicht, ich fahre sie jede Woche hin und zurück, ich kenne die Strecke.« Der Zugführer schrieb weiter.

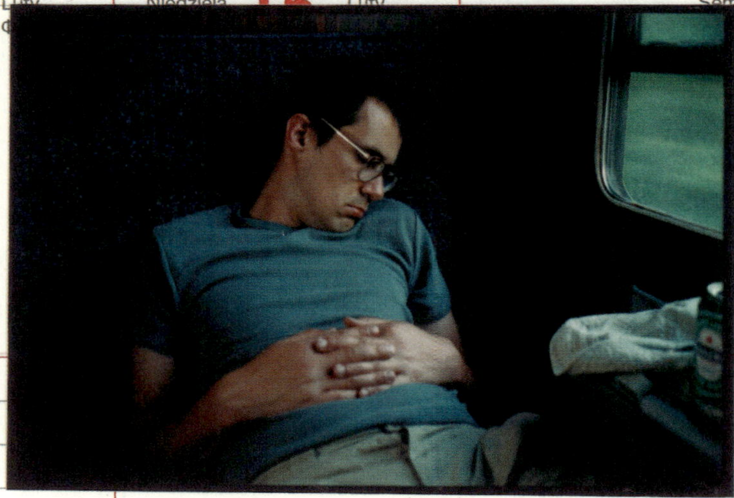

15

16

17

18

19

20

21

15

16

17

18

19

20

21

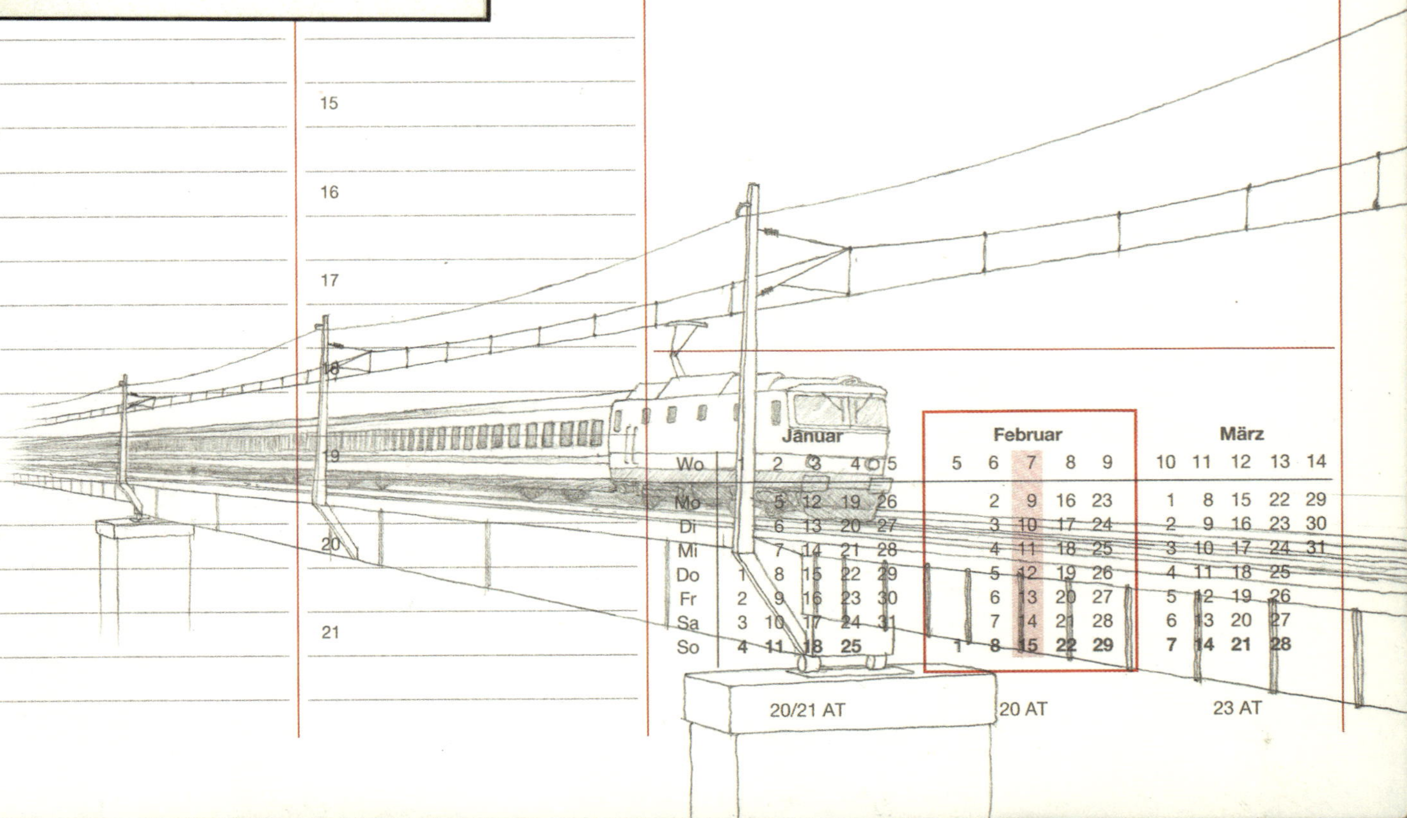

Januar						Februar					März				
Wo	1	2	3	4	5	5	6	7	8	9	10	11	12	13	14
Mo		5	12	19	26		2	9	16	23	1	8	15	22	29
Di		6	13	20	27		3	10	17	24	2	9	16	23	30
Mi		7	14	21	28		4	11	18	25	3	10	17	24	31
Do	1	8	15	22	29		5	12	19	26	4	11	18	25	
Fr	2	9	16	23	30		6	13	20	27	5	12	19	26	
Sa	3	10	17	24	31		7	14	21	28	6	13	20	27	
So	4	11	18	25		1	8	15	22	29	7	14	21	28	

20/21 AT

20 AT

23 AT

Montag Monday Lundi Poniedziałek Понед… | Februar February Février Luty | 16

Dienstag Tuesday Mardi Wtorek | Februar February Février Luty | 17

Mittwoch Wednesday Mercredi Środa | Februar February Février Luty | 18

Donnerstag Thursday Jeudi Czwartek | Februar February Février Luty | 19

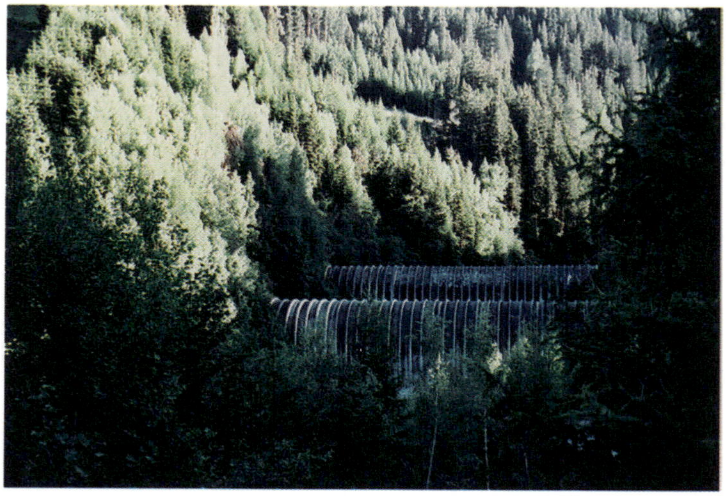

»Mein Herr«, sagte er endlich und trat nah an den jungen Mann heran, so nah, daß sich die beiden Leiber fast berührten, »mein Herr, ich habe Ihnen wenig zu sagen. Wie wir in diesen Tunnel geraten sind, weiß ich nicht, ich besitze dafür keine Erklärung. Doch bitte ich Sie zu bedenken: Wir bewegen uns auf Schienen, der Tunnel muß also irgendwohin führen. Nichts beweist, daß am Tunnel etwas nicht in Ordnung ist, außer natürlich, daß er nicht aufhört.« Der Zugführer, die Ormond Brasil immer noch ohne zu rauchen zwischen den Lippen, hatte überaus leise gesprochen, jedoch mit so großer Würde und so deutlich und bestimmt, daß seine Worte vernehmbar waren, trotz der Wattebüschel und obgleich im Packwagen das Tosen des Zuges um vieles stärker war als im Speisewagen. »Dann bitte ich Sie, den Zug anzuhalten«, begehrte der junge Mann ungeduldig, »ich verstehe kein Wort von dem, was Sie sagen. Wenn etwas nicht stimmt mit diesem Tunnel, dessen Vorhandensein Sie selber nicht erklären können, haben Sie den Zug anzuhalten.« »Den Zug anhalten?« antwortete der andere langsam, gewiß, daran habe er auch schon gedacht, worauf er das Heft schloß und in die rote Tasche zurücksteckte, die an ihrem Haken hin und her schwankte, dann steckte er die Ormond sorgfältig in Brand. Ob er die Notbremse ziehen solle, fragte der junge Mann und wollte nach dem Haken der Bremse über seinem Kopf greifen, torkelte jedoch im selben Augenblick nach vorne, wo er an die Wand prallte. Ein Kinderwagen rollte auf ihn zu, und Koffer rutschten heran; seltsam schwankend kam auch der Zugführer mit vorgestreckten Händen durch den Packraum. »Wir fahren abwärts«, sagte der Zugführer und lehnte sich neben dem Vierundzwanzigjährigen an

7

8

9

10

11

12

13

14

15

16

17

18

19

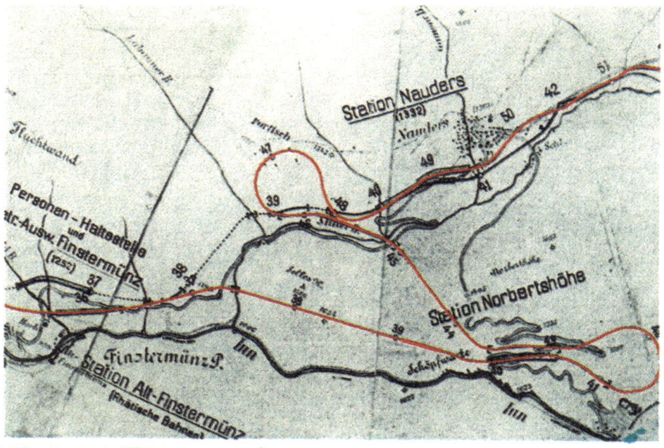

01

20

21

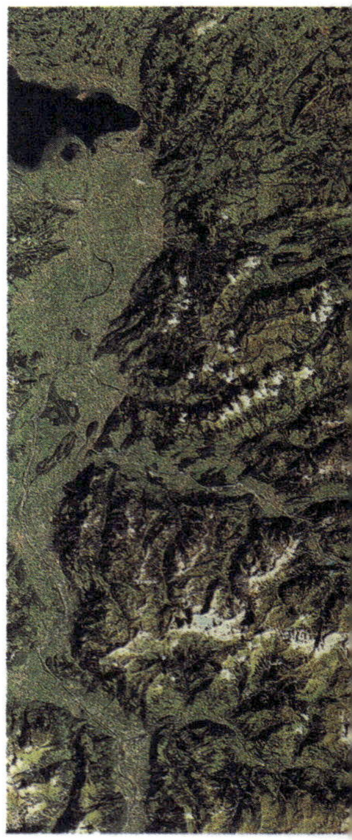

02

Freitag
Friday
Vendredi

Februar
February
Février

Samstag
Saturday
Samedi

Februar
February
Février
Luty
■ Февраль

Sonntag
Sunday
Dimanche
Niedziela
Воскресение

22.

Februar
February
Février
Luty
Февраль

8.
Woche
Week
Semaine
Tydzień
Неделя

die Vorderwand des Wagens, doch kam der erwartete Aufprall des rasenden Zuges am Fels nicht, dieses Zerschmettern und Ineinanderschachteln der Wagen, der Tunnel schien vielmehr wieder eben zu verlaufen. Am andern Ende des Wagens öffnete sich die Türe. Im grellen Licht des Speisewagens sah man Menschen, die einander zutranken, dann schloß sich die Türe wieder. »Kommen Sie in die Lokomotive«, sagte der Zugführer und schaute dem Vierundzwanzigjährigen nachdenklich und, wie es plötzlich schien, drohend ins Gesicht, dann schloß er die Türe auf, neben der sie an der Wand lehnten: Mit solcher Gewalt jedoch schlug ihnen ein sturmartiger, heißer Luftstrom entgegen, daß sie von der Wucht des Orkans aufs neue gegen die Wand taumelten; gleichzeitig erfüllte ein fürchterliches Getöse den Packwagen. »Wir müssen zur Maschine hinüberklettern«, schrie der Zugführer dem jungen Mann ins Ohr, auch so kaum vernehmbar, und verschwand dann im Rechteck der offenen Türe, durch die man die hellerleuchteten, hin und her schwankenden Scheiben der Zugmaschine sah. Der Vierundzwanzigjährige folgte entschlossen, wenn er auch den Sinn der Kletterei nicht begriff. Die Plattform, die er betrat, besaß auf beiden Seiten ein Eisengeländer, woran er sich klammerte, doch war nicht der ungeheure Luftzug das Entsetzliche, der sich milderte, wie der junge Mann sich der Maschine zubewegte, sondern die unmittelbare Nähe der Tunnelwände, die er zwar nicht sah, da er sich ganz auf die Maschine konzentrieren mußte, die er jedoch ahnte, durchzittert vom Stampfen der Räder und vom Pfeifen der Luft, so daß ihm war, als rase er mit Sterngeschwindigkeit in eine Welt aus Stein. Der Lokomotive entlang lief ein schmales Band und darüber als

52 – 314

53 – 313

01 *Der große Höhenunterschied zwischen den Stationen Finstermünz und Nauders wurde durch den Bau von Kehrschleifen überwunden*, S. 194
02 *Das westlichste österreichische Bundesland aus der Satellitenperspektive in rd. 700 km Höhe*, S. 17
03 *Stationsanlage auf der Arlberg-Westseite in Langen mit Lageplan der Baustelleneinrichtungen*, S. 105
04 *Längenprofil der Vorarlberger Bahn zwischen Bregenz und Lauterach*, S. 66
Aus: Lothar Beer, *Die Geschichte der Bahnen in Vorarlberg*, Bd. 1, Hecht Verlag, Hard 1989

01 *The great elevation difference between the stations of Finstermünz and Nauders was negotiated by constructing loop turnings*, p. 194
02 *Satellite view of the western-most Austrian federal state seen from a distance of about 700 km*, p. 17
03 *Station plan of Arlberg West in Langen, including the construction site installations*, p. 105
04 *Longitudinal profile of the Vorarlberg railway line between Bregenz and Lauterach*, p. 66
From: Lothar Beer. *Die Geschichte der Bahnen in Vorarlberg*. Hard: Hecht, 1989, vol. 1

14

14

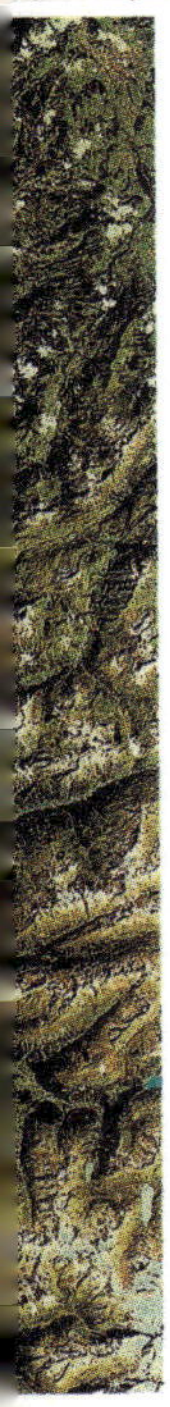

15
16
17
18
19

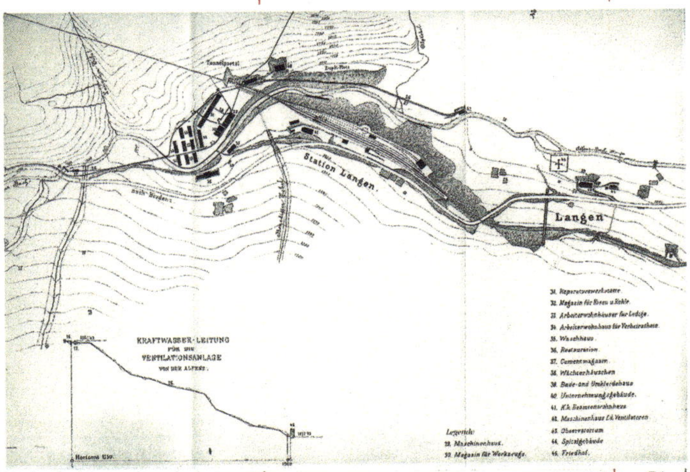

20 03

20

21

21

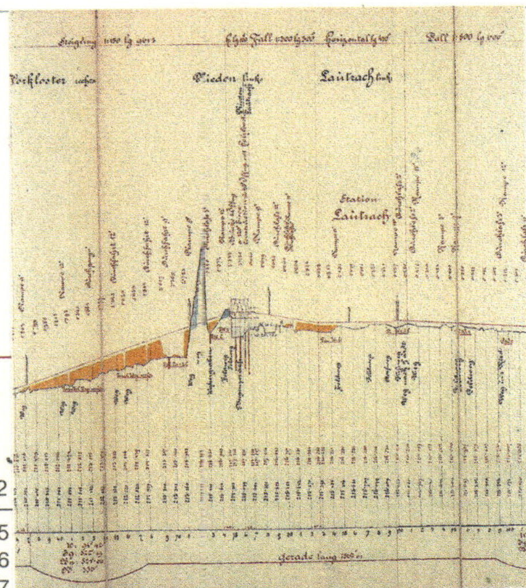

04

März

		1	2							12	13	14	
		5								15	22	29	
Di		6								16	23	30	
Mi		7								17	24	31	
Do	1	8	15	22	29		5	12	19	26	4	11	18	25
Fr	2	9	16	23	30		6	13	20	27	5	12	19	26
Sa	3	10	17	24	31		7	14	21	28	6	13	20	27
So	**4**	**11**	**18**	**25**		**1**	**8**	**15**	**22**	**29**	**7**	**14**	**21**	**28**

20/21 AT 20 AT 23 AT

Montag
Monday
Lundi
Poniedziałek
Понедельник
23.
Februar
February
Février
Luty
Февраль

54 – 312

7
8
9
10
11
12
13
14
15
16
17
18
19
20
21

Dienstag
Tuesday
Mardi
Wtorek
Вторник
24.
Februar
February
Février
Luty
Февраль

Fastnacht 55 – 311

7
8
9
13
14
15
16
17
18
19
20
21

Mittwoch
Wednesday
Mercredi
Środa
Среда
25.
Februar
February
Février

Aschermittwoch

7
8
13
14
15
16
17
18
19
20
21

Donnerstag
Thursday
Jeudi
Czwartek
26.
Februar
February
Février

14
15
16
17
18
19
20
21

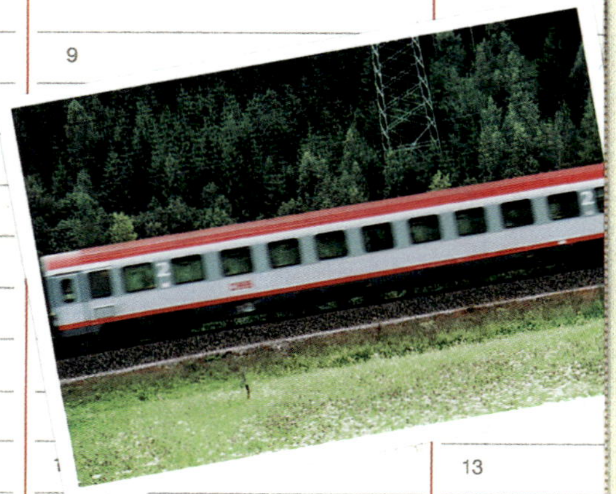

Geländer eine Stange, die sich in immer gleicher Höhe über dem Band um die Maschine herumkrümmte: Dies mußte der Weg sein; den Sprung, den es zu wagen galt, schätzte er auf einen Meter. So gelang es ihm denn auch, die Stange zu fassen. Er schob sich, gegen die Lokomotive gepreßt, dem Band entlang; fürchterlich wurde der Weg erst, als er auf die Längsseite der Maschine gelangte, nun voll der Wucht des brüllenden Orkans ausgesetzt und drohenden Felswänden, die, hell erleuchtet von der Maschine, heranfegten. Nur der Umstand, daß ihn der Zugführer durch eine kleine Türe ins Innere der Maschine zog, rettete ihn. Erschöpft lehnte sich der junge Mann gegen den Maschinenraum, worauf es mit einem Male still wurde, denn die Stahlwände der riesenhaften Lokomotive dämpften, als der Zugführer die Türe geschlossen hatte, das Tosen so sehr ab, daß es kaum mehr zu vernehmen war. »Die Ormond Brasil haben wir auch verloren«, sagte der Zugführer. »Es war nicht klug, vor der Kletterei eine anzuzünden, aber sie zerbrechen leicht, wenn man keine Schachtel mit sich führt, bei ihrer länglichen Form.« Der junge Mann war froh, nach der bedenklichen Nähe der Felswände auf etwas gelenkt zu werden, das ihn an die Alltäglichkeit erinnerte, in der er sich noch vor wenig mehr denn einer halben Stunde befunden hatte, an diese immergleichen Tage und Jahre (immergleich, weil er nur auf diesen Augenblick hinlebte, der nun erreicht war, auf diesen Augenblick des Einbruchs, auf dieses plötzliche Nachlassen der Erdoberfläche, auf den abenteuerlichen Sturz ins Erdinnere). Er holte eine der braunen Schachteln aus der rechten Rocktasche und bot dem Zugführer erneut eine Zigarre an, selber steckte er sich auch eine in den Mund, und vor-

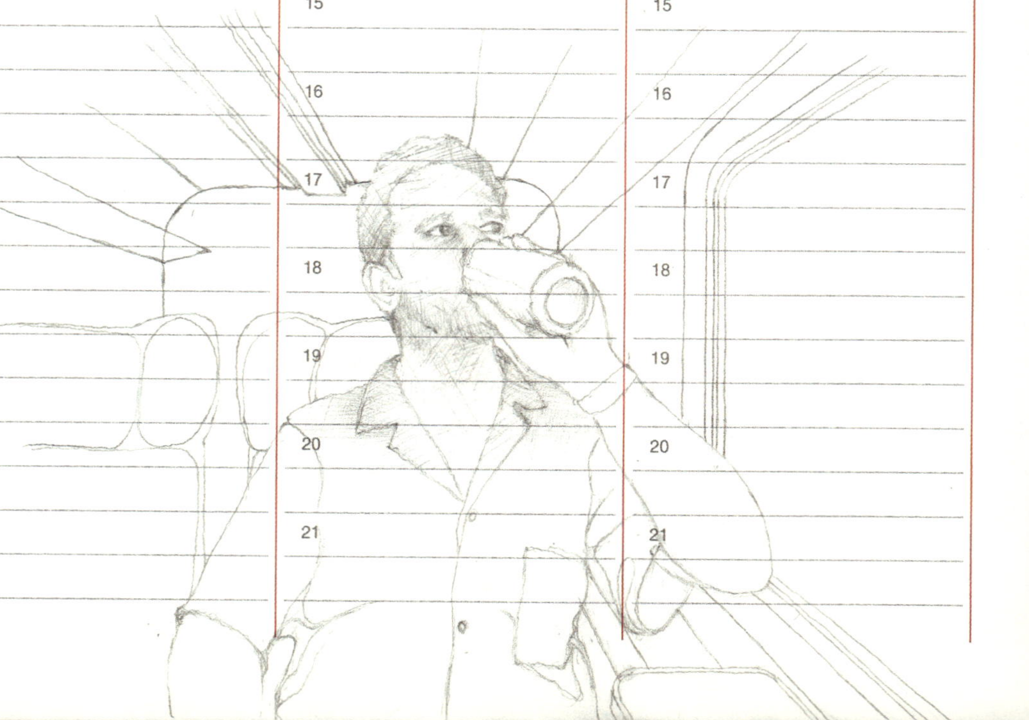

Freitag Friday Vendredi Piatek 27. Februar February Février Luty

Samstag Saturday Samedi Sobota 28. Februar February Février Luty Февраль

Sonntag Sunday Dimanche Niedziela Воскресение **29.** Februar February Février Luty Февраль

9. Woche Week Semaine Tydzień Неделя

sichtig nahmen sie Feuer, das der Zugführer bot. »Ich schätze diese Ormond sehr«, sagte der Zugführer, »nur muß einer gut ziehen, sonst gehen sie aus«, Worte, die den Vierundzwanzigjährigen mißtrauisch machten, weil er spürte, daß der Zugführer auch nicht gern an den Tunnel dachte, der draußen immer noch dauerte (immer noch war die Möglichkeit, er könnte plötzlich aufhören, wie ein Traum mit einem Mal aufzuhören vermag). »Achtzehnuhrvierzig«, sagte er, indem er auf seine Uhr mit dem leuchtenden Zifferblatt schaute, »jetzt sollten wir doch schon in Olten sein«, und dachte dabei an die Hügel und Wälder, die doch noch vor kurzem waren, goldüberhäuft in der sinkenden Sonne. So standen sie und rauchten, an die Wand des Maschinenraumes gelehnt. »Keller ist mein Name«, sagte der Zugführer und zog an seiner Brasil. Der junge Mann gab nicht nach. »Die Kletterei auf der Maschine war nicht ungefährlich«, bemerkte er, »wenigstens für mich, der ich dergleichen nicht gewohnt bin, und so möchte ich denn wissen, wozu Sie mich hergebracht haben.« Er wisse es nicht, antwortete Keller, er habe sich nur Zeit zum Überlegen schaffen wollen. »Zeit zum Überlegen«, wiederholte der Vierundzwanzigjährige. »Ja«, sagte der Zugführer, so sei es, rauchte dann wieder weiter. Die Maschine schien sich von neuem nach vorne zu neigen. »Wir können ja in den Führerraum gehen«, schlug Keller vor, blieb jedoch immer noch unschlüssig an der Maschinenwand stehen, worauf der junge Mann den Korridor entlangschritt. Wie er die Türe zum Führerraum geöffnet hatte, blieb er stehen. »Leer«, sagte er zum Zugführer, der nun auch herankam, »der Führerstand ist leer.« Sie betraten den Raum, schwankend durch die ungeheure Geschwindig-

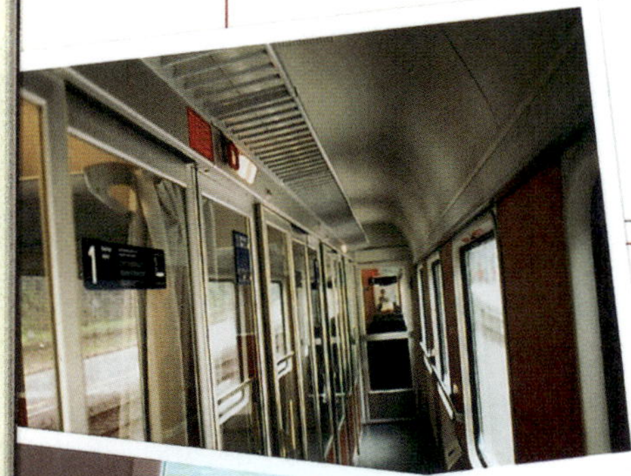

-306

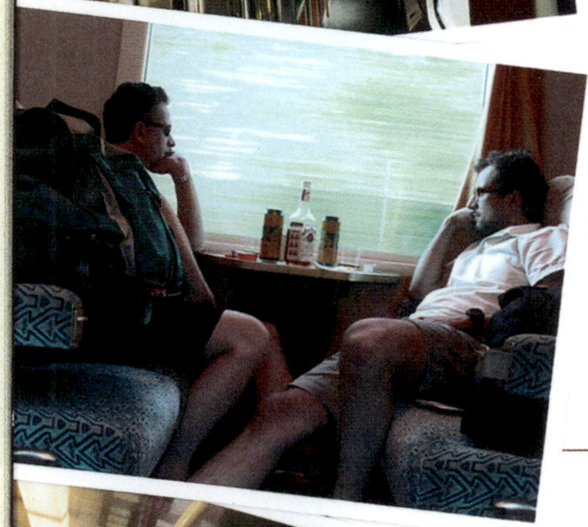

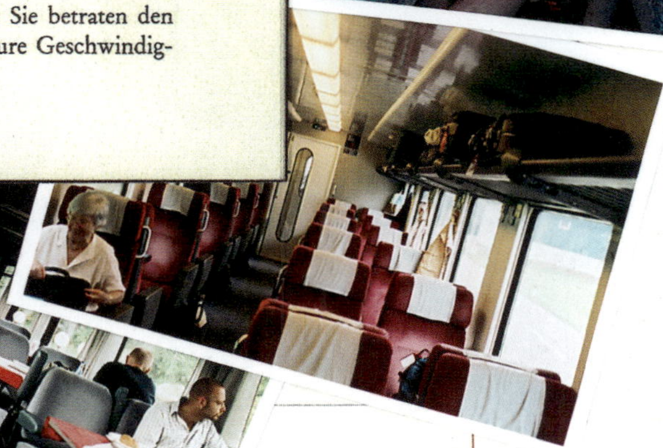

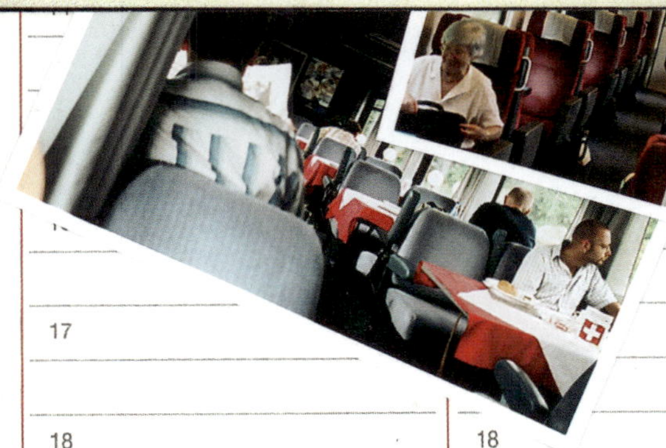

17

18 18

19 19

20 20

21 21

Wo	Januar 1	2	3	4	5	Februar 5	6	7	8	9	März 10	11	12	13	14
Mo		5	12	19	26		2	9	16	23	1	8	15	22	29
Di		6	13	20	27		3	10	17	24	2	9	16	23	30
Mi		7	14	21	28		4	11	18	25	3	10	17	24	31
Do	1	8	15	22	29		5	12	19	26	4	11	18	25	
Fr	2	9	16	23	30		6	13	20	27	5	12	19	26	
Sa	3	10	17	24	31		7	14	21	28	6	13	20	27	
So	**4**	**11**	**18**	**25**		**1**	**8**	**15**	**22**	**29**	**7**	**14**	**21**	**28**	

20/21 AT 20 AT 23 AT

Montag
Monday
Lundi
Poniedziałek
Понедельник
1.
März
March
Mars
Marzec
Март

61 – 305

Dienstag
Tuesday
Mardi
Wtorek
Вторник
2.
März
March
Mars
Marzec
Март

62 – 304

Mittwoch
Wednesday
Mercredi
Środa
Среда
3.
März
March
Mars
Marzec

Donnerstag
Thursday
Jeudi
Czwartek
4.
März
March
Mars
Marzec

7
8
9
10
11
12
13
14
15
16
17
18
19
20
21

keit, mit der die Maschine, den Zug mit sich reißend, immer weiter in den Tunnel hineinraste. »Bitte«, sagte der Zugführer und drückte einige Hebel nieder, zog auch die Notbremse. Die Maschine gehorchte nicht. Sie hätten alles getan, sie anzuhalten, gleich als sie die Änderung in der Strecke bemerkt hätten, versicherte Keller, doch sei die Maschine immer weitergerast. »Sie wird immer weiterrasen«, antwortete der Vierundzwanzigjährige und wies auf den Geschwindigkeitsmesser. »Hundertfünfzig. Ist die Maschine je hundertfünfzig gefahren?« »Höchstens hundertfünf«, entgegnete der Zugführer. »Eben«, stellte der junge Mann fest. »Eben. Die Schnelligkeit nimmt zu. Jetzt zeigt der Messer Hundertachtundfünfzig. Wir fallen.« Er trat an die Scheibe, doch konnte er sich nicht aufrecht halten, sondern wurde mit dem Gesicht auf die Glaswand gepreßt, so abenteuerlich war nun die Geschwindigkeit. »Der Lokomotivführer?« schrie er und starrte nach den Felsmassen, die in das grelle Licht der Scheinwerfer hinaufstürzten, ihm entgegen, die auf ihn zurasten, und über ihm, unter ihm und zu beiden Seiten des Führerraums verschwanden. »Abgesprungen«, schrie Keller zurück, der nun mit dem Rücken gegen das Schaltbrett gelehnt auf dem Boden saß. »Wann?« fragte der Vierundzwanzigjährige hartnäckig. Der Zugführer zögerte ein wenig und mußte sich seine Ormond aufs neue anzünden, die Beine, da sich der Zug immer stärker neigte, in der gleichen Höhe wie sein Kopf. »Schon nach fünf Minuten«, sagte er dann. »Es war sinnlos, noch eine Rettung zu versuchen. Der im Packraum ist auch abgesprungen.« »Und Sie«, fragte der Vierundzwanzigjährige. »Ich bin der Zugführer«, antwortete der andere, »auch habe ich immer ohne Hoffnung gelebt.« »Ohne

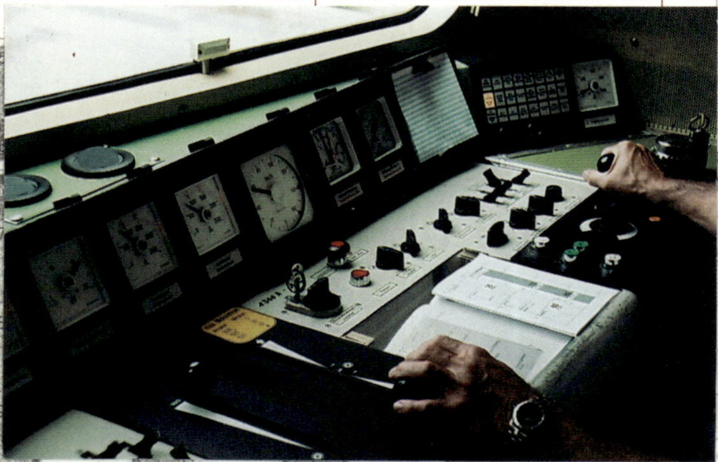

Freitag
Friday
Vendredi
Piatek
5.
März
March
Mars
Marzec

Samstag
Saturday
Samedi
Sobota
6.
März
March
Mars
Marzec
Март

66 – 300

Sonntag
Sunday
Dimanche
Niedziela
Воскресение
7.
März
March
Mars
Marzec
Март

67 – 299

10.
Woche
Week
Semaine
Tydzień
Неделя

Hoffnung«, wiederholte der junge Mann, der nun geborgen auf der Glasscheibe des Führerstandes lag, das Gesicht über den Abgrund gepreßt. »Wir saßen noch in unseren Abteilen und wußten nicht, daß schon alles verloren war«, dachte er. »Es hatte sich noch nichts verändert, wie es schien, doch hatte uns in Wahrheit der Schacht nach der Tiefe zu schon aufgenommen.« Er müsse nun zurück, schrie der Zugführer, »in den Wagen wird die Panik ausgebrochen sein. Alles wird sich nach hinten drängen.« »Gewiß«, antwortete der Vierundzwanzigjährige und dachte an den dicken Schachspieler und an das Mädchen mit seinem Roman und dem roten Haar. Er reichte dem Zugführer seine übrigen Schachteln Ormond Brasil 10. »Nehmen Sie«, sagte er, »Sie werden Ihre Brasil beim Hinüberklettern doch wieder verlieren.« Ob er denn nicht zurückkomme, fragte der Zugführer, der sich aufgerichtet hatte und mühsam den Trichter des Korridors hinaufzukriechen begann. Der junge Mann sah nach den sinnlosen Instrumenten, nach diesen lächerlichen Hebeln und Schaltern, die ihn im gleißenden Licht der Kabine silbern umgaben. »Zweihundertzehn«, sagte er. »Ich glaube nicht, daß Sie es bei dieser Geschwindigkeit schaffen, hinaufzukommen in die Wagen über uns. »Es ist meine Pflicht«, schrie der Zugführer. »Gewiß«, antwortete der Vierundzwanzigjährige, ohne seinen Kopf nach dem sinnlosen Unternehmen des Zugführers zu wenden. »Ich muß es wenigstens versuchen«, schrie der Zugführer noch einmal, nun schon weit oben im Korridor, sich mit Ellbogen und Schenkeln gegen die Metallwände stemmend, doch wie sich die Maschine weiter hinabsenkte, um nun in fürchterlichem Sturz dem Innern der Erde entgegenzurasen, so daß der Zugführer

15
16
17
18
19
20
21

	Februar					März					April				
Wo	5	6	7	8	9	10	11	12	13	14	14	15	16	17	18
Mo		2	9	16	23	1	8	15	22	29		5	12	19	26
Di		3	10	17	24	2	9	16	23	30		6	13	20	27
Mi		4	11	18	25	3	10	17	24	31		7	14	21	28
Do		5	12	19	26	4	11	18	25		1	8	15	22	29
Fr		6	13	20	27	5	12	19	26		2	9	16	23	30
Sa		7	14	21	28	6	13	20	27		3	10	17	24	
So	**1**	**8**	**15**	**22**	**29**	**7**	**14**	**21**	**28**		**4**	**11**	**18**	**25**	

20 AT

23 AT

20 AT

Montag Monday Lundi Poniedziałek Понедельник	8.	März March Mars Marzec Март	Dienstag Tuesday Mardi Wtorek Вторник	9.	März March Mars Marzec Март	Mittwoch Wednesday Mercredi Środa Среда	10.	März March Mars Marzec	Donnerstag Thursday Jeudi Czwartek	11.	März March Mars Marzec
Межд. женский день - **RUS**		68 – 298			69 – 297						

7 8 9 10 11 12 13 14 15 16 17 18 19 20 21

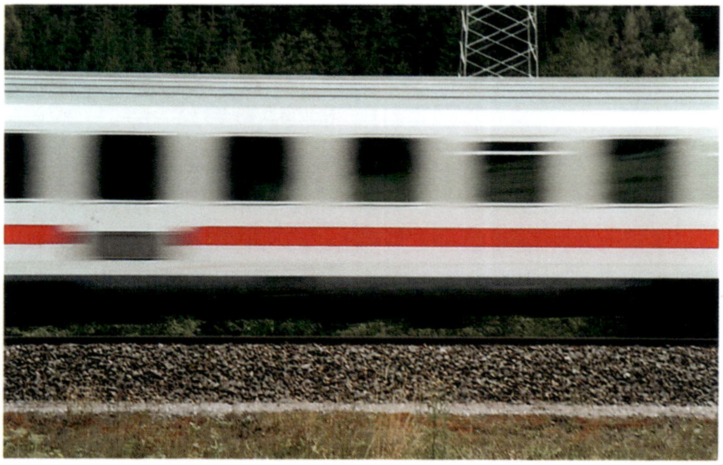

in seinem Schacht direkt über dem Vierundzwanzigjährigen hing, der am Grunde der Maschine auf dem silbernen Fenster des Führerraumes lag, das Gesicht nach unten, ließ seine Kraft nach. Der Zugführer stürzte auf das Schaltbrett und kam blutüberströmt neben den jungen Mann zu liegen, dessen Schultern er umklammerte. »Was sollen wir tun?« schrie der Zugführer durch das Tosen der ihnen entgegenschnellenden Tunnelwände hindurch dem andern ins Ohr, der mit seinem fetten Leib, der jetzt nutzlos war und nicht mehr schützte, unbeweglich auf der Glasscheibe des Führerstandes klebte und den Abgrund unter ihm in seine nun zum ersten Mal weit geöffneten Augen sog. »Was sollen wir tun?« schrie der Zugführer noch einmal, worauf der Vierundzwanzigjährige, ohne sein Gesicht vom Schauspiel abzuwenden, während die zwei Wattebüschel durch den ungeheuren Luftzug, der nun plötzlich hereinbrach, pfeilschnell nach oben in den Schacht über ihnen fegten, mit einer gespensterhaften Heiterkeit antwortete: »Nichts.«

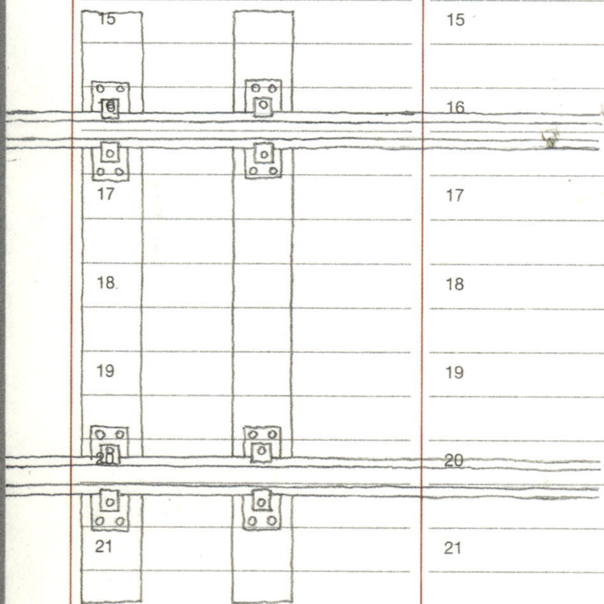

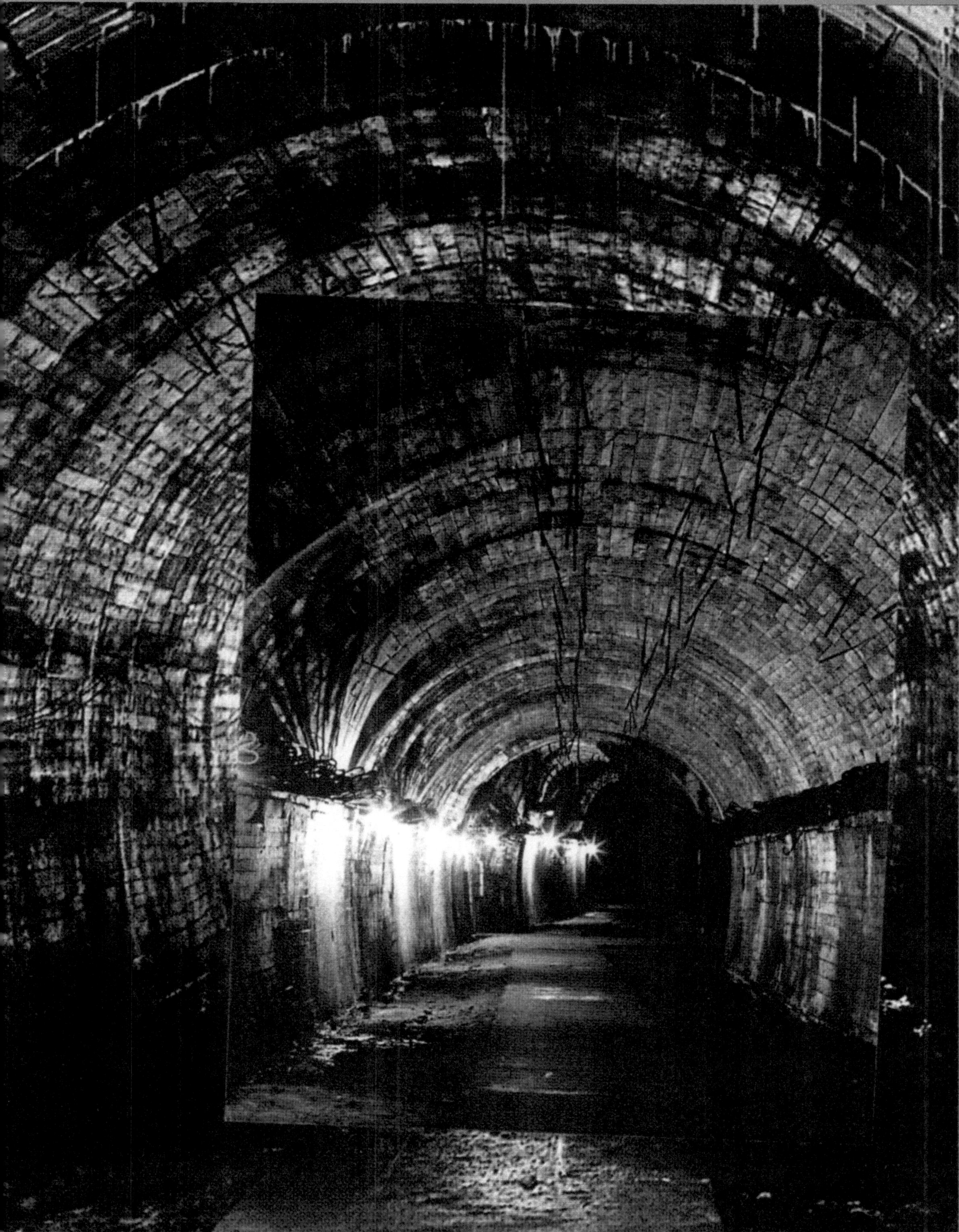

A 24-year-old man, fat, who in order to prevent the horror he saw behind the scenes from coming too close (that was his ability, perhaps his only ability), liked to stop up the holes in his flesh, since it was through them that the monstrousness could stream in, and did so by smoking cigars, Ormond Brasil 10, and by wearing a pair of sunglasses over his regular glasses, and wads of cotton in his ears; this young man, still dependent on his parents, had enrolled in some nebulous course of study at a university that could be reached by railroad in two hours, boarded his usual train one Sunday afternoon, time of departure 5:50 p.m., time of arrival 7:27 p.m., in order on the following day to attend a seminar which he had already decided to cut. The sun was shining in a cloudless sky when he left his place of residence. It was summer. The train ran between the Alps and the Jura mountains, past rich villages and small towns, then alongside a river, and after a little less than twenty minutes, shortly after Burgdorf, it dipped into a small tunnel. The train was overcrowded. Having entered in front, the 24-year-old man laboriously worked his way through the crowds to the back, sweating and making a somewhat befuddled impression. The travelers were crowd together; many of them sat on suitcases. The second-class compartments were filled up as well; only the first class cars were sparsely booked. When the young man had finally struggled through the tangle of families, recruits, students and lovers, constantly tossed back and forth by the train, thrown against one body and then another, lurching against stomachs and breasts, he found some room in the last car, indeed so much room that in this third-class section—where cars with compartments are rarely found—he had a whole bench to himself. Directly opposite him in the closed chamber sat a man who was even fatter than he, playing chess by himself, and in the corner of the same bench, near the corridor, sat a red-haired girl who was reading a novel. Thus he was already sitting by the window and had just lit an Ormond Brasil 10 when the tunnel came, which seemed to last longer than usual. He had traveled this line many times before, almost every Saturday and Sunday for the past year, and had sensed the tunnel's presence but never really taken note of it. A few times he had intended to give it his full attention, but each time it came, he would be thinking of something else and not catch the brief dip into darkness, and when he'd remember to look, determined to notice this time, the tunnel had already passed: that's how short the tunnel was and how quickly the train passed through it. It was no different now: once again he had not taken off his sunglasses when they entered, since he wasn't thinking of the tunnel. Just a moment before, the sun had been shining with full intensity, and the landscape through which they were traveling (the hills and forests, the distant Jura mountains, and the houses of the small town) had looked like gold, so brightly had everything shone in the evening light. So brightly that now he became conscious of the abrupt change to darkness. Probably that was the reason why the passage through the tunnel seemed longer to him, it was completely dark in the compartment, since, due to the tunnel's shortness, the lights had not been turned on; for any second, the first glimmer of day would surely appear in the window, and widen with lightning swiftness, and burst in mightily, with a full, golden radiance; but when the darkness continued, he took off his sun-glasses. At the same moment, the girl lit a cigarette, evidently annoyed that she couldn't go on reading her novel, or so it appeared to him in the reddish flare of the match; his wrist-watch with the phosphorescent dial showed ten after six. He leaned back into the corner between the wall of the compartment and the window and busied himself with his confused studies, which no one quite believed in, with the seminar he had to attend the next day and which he would stay away from (everything he did was just a pretext for achieving order behind the facade of his activities, not the order itself, just the sense of a possible order, in the face of the horror against which he padded himself with fat, stuck cigars in his mouth, stuffed wads of cotton in his ears), and when he looked back at his watch, it was six fifteen and they were still in the tunnel. This confused him. Although the lights went on in the compartment and the red-haired girl was able to continue reading and the fat man resumed his chess match against himself, outside, beyond the window-pane, in which the whole compartment was now mirrored, the tunnel was still there. He stepped into the corridor, where a tall man in a lightcolored rain-coat was walking to and fro, a black scarf wrapped around his neck. Why would he do that in this weather, he thought and looked into the other compartments of the car, where people were reading newspapers and chatting. He went back to his corner and sat down. The tunnel had to end at any moment, any second; his wristwatch indicated almost six twenty; he was annoyed at himself for not having ever noticed the tunnel, which had been going on for fifteen minutes already and was evidently a very significant tunnel, considering the speed at which the train was running—probably one of the longest tunnels in Switzerland. It seemed rather likely, therefore, that he had taken the wrong train, even though for the moment he couldn't remember a tunnel of this length and importance just twenty minutes away from his home town by rail. So he asked the fat chess player whether this was the train to Zurich, which he confirmed. The young man replied that he'd had no idea there was such a sizeable tunnel on this route, but the chess player retorted, somewhat angrily, since this was the second time he had been interrupted in the middle of a difficult calculation, that there are lots of tunnels in Switzerland, a very large number of them indeed, and that even though this was his first visit to this country, it was something one noticed right away; and besides, he had read in a statistical year-book that there were more tunnels in Switzerland than in any other country. But now, he said, he must ask to be left undisturbed, he was really very sorry, but he had to give all his attention on to an important problem in the Nimzovich defense. The chess player had replied politely but unequivocally; the young man realized he could not expect an answer from him. He was certain his ticket would not be accepted and when the conductor, a pale, gaunt man, remarked, rather nervously it seemed, to the girl, whose ticket he had taken before anyone else's, that she had to change trains in Olten, the twenty-four-year-old man still did not abandon hope, so firmly convinced was he that he had boarded the wrong train. "I'm sure I owe something, I was heading for Zurich," he said without taking the Ormond Brasil 10 out of his mouth, and handed the conductor his ticket. "You're in the right train, sir," the conductor replied after examining the ticket. "But we're driving through a tunnel!" the young man exclaimed with annoyance and quite forcefully, for now he was determined to clear up this bewildering situation. The conductor said that they had just passed Herzogenbuchsee and were approaching Langenthal. "It's true, sir, it's twenty past six now." "But we have been driving through a tunnel for the past twenty minutes," the young man insisted. The conductor seemed not to understand. "This is the train to Zurich," he said, looking in the direction of the window himself now. "Twenty after six," he said again, somewhat uneasily this time, it seemed; "Olten's coming up soon, time of arrival six-thirty-seven p.m. There must have been bad weather all of a sudden, that would account for the night. Maybe a storm, yes, I'm sure that's it." "Nonsense." The introjection came from the man occupied with the problem of the Nimzovich defense, who was annoyed because he was still holding out his ticket without the conductor's taking any notice. "Nonsense, we are driving through a tunnel. You can see the rock wall clearly. Looks like granite. There are more tunnels in Switzerland than anywhere in the world. I read it in a statistical year-book." The conductor, finally taking the chessplayer's ticket, assured the passengers again, almost pleadingly, that the train was heading for Zurich, whereupon the twenty-four-year-old man demanded to speak to the head conductor. He was at the front of the train, the conductor said, and besides the train was heading for Zurich, it was six twenty-five now, and in twelve minutes they'd be stopping in Olten, according to the summer schedule; he traveled on this train three times every week. The young man set out toward the front of the train. He found it even harder to walk in the crowded train than he had earlier, going in the opposite direction. The train must have been driving at great speed, for it was making a fearsome thundering noise, he had removed the cotton wads from his ears when he entered the train; now he replaced them. The people he passed behaved calmly. The train was in no way different from other trains he had taken on Sunday afternoons, and he could see no signs of alarm anywhere. In a second-class car, an Englishman stood in the corridor by the window, tapping the pipe he was smoking against the glass with a radiant smile on his face, "Simplon," he said. In the dining car, too, everything was normal, even though all the seats were taken and any one of the travelers or the waiters serving cutlets and rice could have noticed the tunnel. The young man found the head conductor, whom he recognized by his red pouch, at the exit of the dining car. "May I help you?" asked the head conductor, a tall, calm man with a carefully tended black moustache and rimless eyeglasses. "We have been in a tunnel for the past twenty-five minutes," said the young man. The head conductor did not look at the window, as the twenty-four-year-old man had expected; he turned to the waiter instead. "Give me a box of Ormond 10," he said. "I smoke the same brand as that gentleman there." But that brand of cigars was not available, so the young man, happy to have found a point of contact, offered the head conductor a Brasil. "Thanks," said the head conductor, "I'll hardly have a moment in Olten to buy one, so you're doing me a big favor. Smoking is important. May I ask you to follow me?" He led the twenty-four-year-old man into the baggage car, which was in front of the dining car. "After this comes the engine," said the head conductor as they entered the room. "We're at the head of the train." A feeble yellow light was burning in the baggage car. The greater part of the car was only vaguely discernible. The side doors were locked, and the darkness outside only penetrated through a small barred window. There were suitcases standing about, many of them with hotel stickers pasted on them, and some bycicles and a baby carriage. The head conductor hung his red pouch on a hook. "May I help you?" he asked again, without looking at the young man; he began instead to fill out schedules in a ledger he had taken from his bag. "We've been in a tunnel since Burgdorf," replied the twenty-four-year-old man with determination. "There is no such tunnel on this line, I know the route, I take it both ways every week." The head conductor kept writing. "Sir," he finally said, stepping up close to the young man, so close that their bodies nearly touched, "Sir, there is not much I can tell you. I don't know how we got into this tunnel, I have no explanation for it, but I ask you to consider that we are moving on tracks. The tunnel therefore must lead somewhere. There is no evidence of there being anything wrong with the tunnel, except of course that it doesn't end." The head conductor, still holding the Ormond Brasil 10 between his lips without smoking, had spoken extremely softly, but with such dignity and so clearly and emphatically that his words were audible, despite the wads of cotton and even though the roaring sound of the train was many times louder here than in the dining car. "In that case I must ask you to please stop the train," said the young man impatiently. "I don't understand a word you're saying. If something's not right about this tunnel, the existence of which you yourself can't explain, then it's your duty to stop the train." "Stop the train?" the head conductor slowly replied. "That has certainly crossed my mind too." Whereupon he closed his ledger and put it back into the red pouch, which was swinging back forth on its hook. Then he carefully lit his Ormond. "Should I pull the emergency brake?" the young man asked and was about to reach for the brake handle above his head when he lurched forward and banged into the wall. A baby carriage rolled toward him, valises came sliding along, and the head conductor, too, staggered strangely through the baggage car with his arms stretched out before him. "We're going downhill," the head conductor said, leaning against the front wall of the car next to the twenty-four-year-old man, but the anticipated crash of the racing train against the wall, the telescoping of jammed, crumpled cars, did not happen. Instead the tunnel appeared to resume a level course. The door at the other end of the car opened. In the glaring light of the dining car they could see people raising glasses to each other; then the door closed again. "Come into the engine room," said the head conductor and looked into the twenty-four-year-old man's face with a pensive and, it seemed all of a sudden, threatening expression. Then he unlocked the door next to which they were leaning against the wall. A hurricane-like, hot blast of air struck against them with such force that they staggered against the wall. At the same time a terrifying tumult filled the baggage car. "We have to climb over to the engine," the head conductor screamed into the young man's ear, still scarcely audible, and disappeared in the rectangle of the open door, through which one could see the brightly lit window panes of the locomotive swinging back and forth. The twenty-four-year-old man followed with determination, even though he couldn't see what the sense of this climbing was. He clung to one of the iron railings that were attached to either side of the platform he had stepped on, but the terrifying thing was not the horrendous wind, which abated as the young man approached the engine, but the close proximity of the walls of the tunnel, which he couldn't see, since he had fully to concentrate on the engine, but which he could sense as he stood there, quivering, penetrated by the pounding of the wheels and the whistling of the air, so that he felt as if he were tearing with the speed of stars through a world of stone.

A narrow strip ran along the side of the locomotive, and above it an iron railing curved around the engine, always at the same height from the strip: This must be the way, he concluded he would have to risk a leap of about three feet. And so he succeeded in grasping hold of the railing, and inched his way along the strip, with his body pressed against the locomotive; but this gradual advance did not become truly terrifying until he had reached the side of the engine, where he was now fully exposed to the impact of the roaring hurricane and the menacing walls of stone, which came sweeping in, brightly lit by the engine. It was the head conductor who saved him by pulling him through a little door into the engine room. Exhausted, the young man leaned against a wall of the room, where, all of a sudden, it became quiet, for as soon as the head conductor shut the door, the steel walls of the giant locomotive muted the racket so that it could hardly be heard. "We lost the Ormond Brasil as well," said the head conductor. "It wasn't smart to light one before all that climbing, but they break easily if you don't have a box with you, an account of their length." After the perilous proximity of the stone walls, the young man was glad to be distracted by something that reminded him of the normalcy of his condition less than half an hour ago, of those changeless years and days (changeless because he had only been living toward this moment which he had now reached, this moment of caving in, of the earth's surface suddenly giving way, of plunging precipitously to the bowels of the earth). He pulled one of the brown boxes from his right coat pocket and offered the head conductor another cigar, put one in his own mouth as well, the head conductor offered a light, and carefully they both drew on the flume. "I think very highly of this Ormond," said the head conductor, "but you have to draw hard, otherwise they go out." Words that made the twenty-four-year-old man suspicious, because he sensed that the head conductor didn't like to think of the tunnel either, which was still continuing outside. It was still conceivable that it would suddenly end, as a dream can suddenly end. "Six forty p.m.," said the young man after looking at the luminous dial of his watch. "We're supposed to be in Olten by now." And he thought of the hills and forests that had still been there recently, with gold heaped all over them by the setting sun. Thus they stood, smoking, leaning against the wall of the engine room. "Keller's my name," said the head conductor, drawing on his Brasil. The young man did not relent. "All that climbing around the engine was rather dangerous," he remarked, "at least for someone like me who isn't used to it. So I'd like to know why you brought me here." The head conductor replied that he didn't know, that he had only wanted to give himself time to think. "Time to think," repeated the twenty-four-year-old man. "Yes," said the head conductor, "that's it," and continued smoking. The engine seemed to tilt forward again. "We could go into the engineer's cabin," Keller suggested; however, he remained standing irresolutely by the engine wall. Thereupon the young man walked down the corridor, when he opened the door to the engineer's cabin, he stood still. "Empty," he said. Now the head conductor came too. "The engineer's cabin is empty," the young man repeated. They entered the room, tottering due to the enormous speed with which the engine dashed further and further into the tunnel, tearing the train along with it. "Please," said the head conductor, pressing down several levers. He also pulled the emergency brake, but the engine did not obey. "It'll keep on racing," said the twenty-four-year-old man, pointing to the speedometer. "Ninety. Has this engine ever done ninety?" "No more than sixty-five," replied the head conductor. "Exactly," said the young man. "Exactly. The speed is increasing. It's pointing to a hundred and twelve now, we're falling." He stepped up to the window, but was unable to hold himself upright, his face pressed against the glass, due to the fantastic speed of their descent. "The engineer?" he shouted, staring at the masses of rock that plummeted upward in the glaring arc lights, zooming toward him and vanishing above and beneath him and on both sides of the engineer's cabin. "Jumped off," Keller shouted back. He was sitting on the floor now, leaning against the switchboard. "When?" asked the twenty-four-year-old man stubbornly. The head conductor hesitated a little and had to light another Ormond, his legs level with his head, since the train was tilting more and more steeply. "Five minutes after it started," he said then. "A rescue was out of the question by then. The man in the baggage-room jumped off too." "And you?" asked the twenty-four-year-old man. "I am the head conductor. Besides, I have always lived without hope." "Without hope," repeated the young man, who now lay snug against the glass pane of the engineer's cabin, his face pressed over the abyss. "We were still sitting in our compartments and had no idea it was all over," he thought. "It seemed as if nothing had changed yet, but actually the tube leading down had already swallowed us up." "I have to go back," the head conductor shouted now, "they're probably panicking in the cars, trying to climb back as far as possible." "Certainly," replied the twenty-four-year-old man, thinking of the fat chess player and the girl with the novel and the red hair. He offered the head conductor his remaining boxes of Ormond Brazil 10. "Take them," he said. "You'll just lose your Brasil again while climbing back." "Aren't you coming along?" the head conductor asked. He had raised himself up and began with a great effort to crawl up the funnel of the corridor. The young man looked at the meaningless instruments, at the ridiculous silver levers and switches surrounding him in the glaring light of the cabin. "A hundred and thirty," he said. "I don't think you'll be able to reach the cars above us at this speed." "It's my duty," the head conductor shouted. "Certainly," the twenty-four-year-old man replied, without turning his head to witness the head conductor's senseless undertaking. "I must at least try," shouted the head conductor, who was far above in the corridor by now, pressing his thighs and elbows against the metal walls for support, but as the locomotive tilted down further, plunging straight toward the earth's care with terrifying speed, so that the head conductor found himself dangling directly over the twenty-four-year-old man, who was lying face down at the bottom of the engine on the silver window of the engineer's cabin, his strength gave way. The head conductor dropped and fell onto the switchboard. There he lay bleeding profusely, next to the young man, gripping his shoulders. "What shall we do?" the head conductor shouted once more into the young man's ear, through the roar of the tunnel walls as they whizzed toward them, while the young man, his fat body useless and no longer a protection, lay glued to the window of the engineer's cabin, sucking in the abyss with his eyes, which he had opened wide for the first time. "What shall we do?" screamed the head conductor again: to which, without turning his face from the spectacle as the two wads of cotton were blown upward, swift as arrows, by the monstrous draught that burst in of a sudden, the twenty-four-year-old man replied with ghostly serenity: "Nothing."

Friedrich Dürrenmatt. *The Tunnel*
Übersetzung / Translation: Joel Agee

Freitag / Friday / Vendredi / Piątek / Пятница **26.** März / March / Mars / Marzec / Март

86 – 280

7
8
9
10
11
12
13
14
15
16
17
18
19
20
21

Samstag / Saturday / Samedi / Sobota / Суббота **27.** März / March / Mars / Marzec / Март

87 – 279

7
8
9
10
11
12
13
14
15
16
17
18
19
20
21

Sonntag / Sunday / Dimanche / Niedziela / Воскресение **28.** März / March / Mars / Marzec / Март

13. Woche / Week / Semaine / Tydzień / Неделя

Beginn der Sommerzeit 88 – 278

☎

✍

Wo	Februar 5	6	7	8	9	März 10	11	12	13	14	April 14	15	16	17	18
Mo		2	9	16	23	1	8	15	22	29		5	12	19	26
Di		3	10	17	24	2	9	16	23	30		6	13	20	27
Mi		4	11	18	25	3	10	17	24	31		7	14	21	28
Do		5	12	19	26	4	11	18	25		1	8	15	22	29
Fr		6	13	20	27	5	12	19	26		2	9	16	23	30
Sa		7	14	21	28	6	13	20	27		3	10	17	24	
So	**1**	**8**	**15**	**22**	**29**	**7**	**14**	**21**	**28**		**4**	**11**	**18**	**25**	

20 AT | 23 AT | 20 AT

KUB TUNNEL - BAULOS NORD

KUB tunnel, construction section (subsection) North

Montag 29. März · Dienstag 30. März · Mittwoch 31. März · Donnerstag 1. April

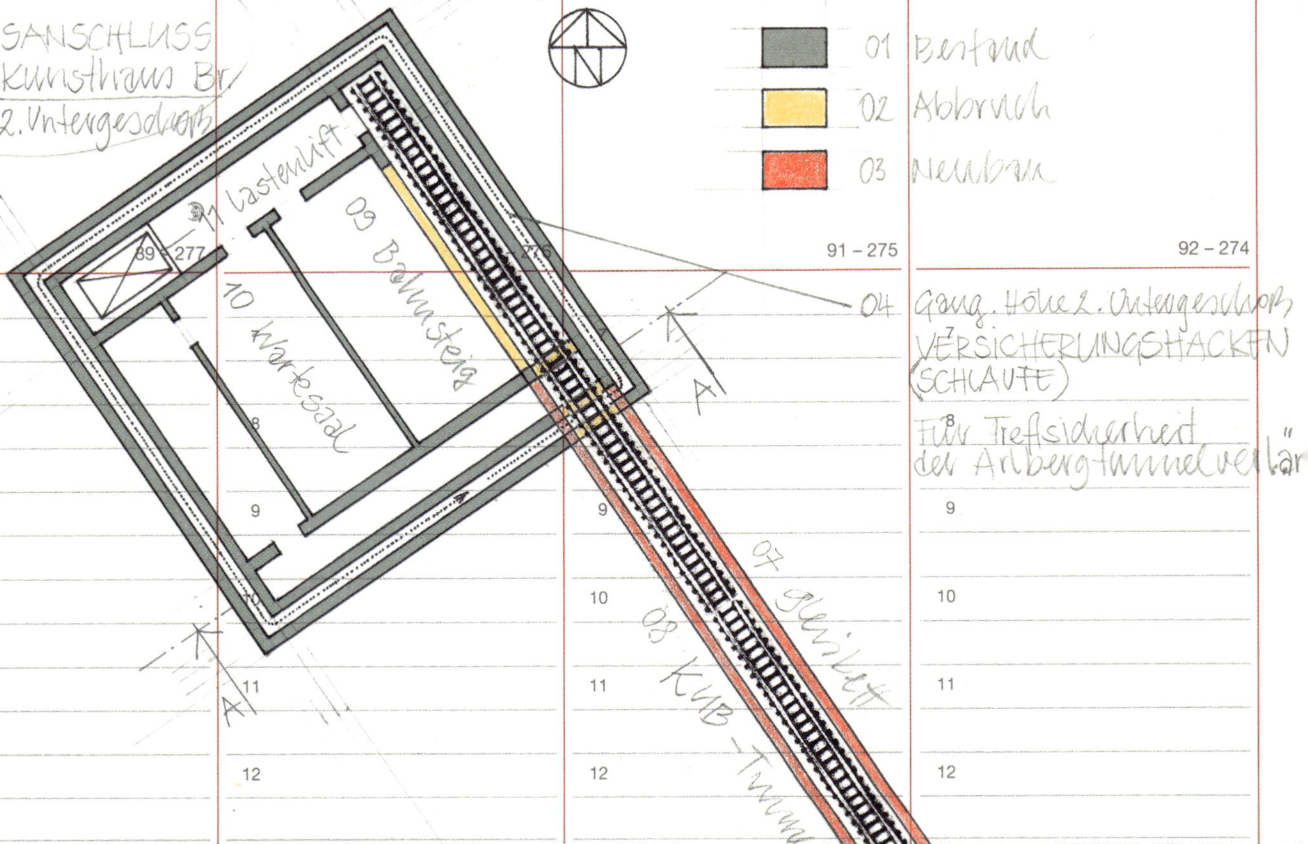

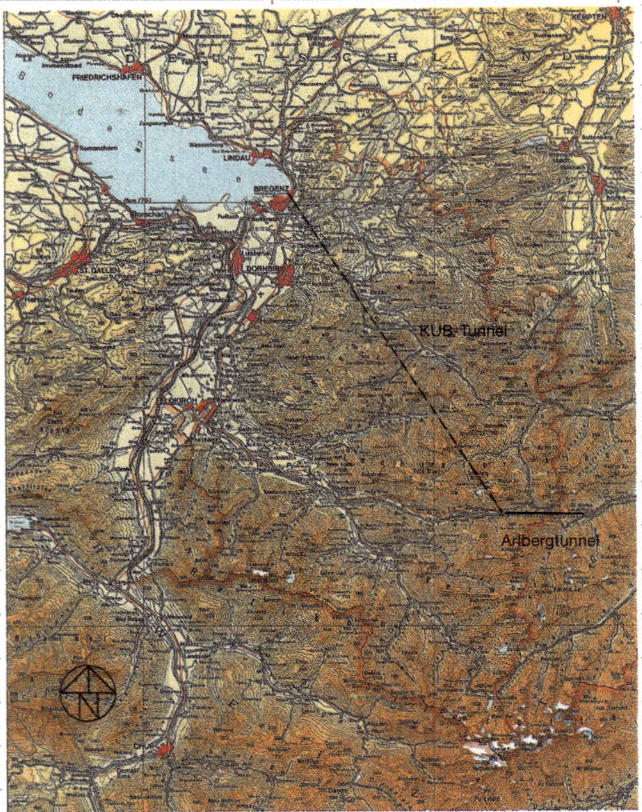

Karte von Vorarlberg
Aus: Lothar Beer, *Die Geschichte der Bahnen in Vorarlberg*, Bd. 1, Hecht Verlag, Hard 1989, S. 20

Map of Vorarlberg
From: Lothar Beer. *Die Geschichte der Bahnen in Vorarlberg*. Hard: Hecht, 1989, vol. 1, p. 20

Freitag		April	Samstag		April	Sonntag		April	14.
Friday		April	Saturday		April	Sunday		April	Woche
Vendredi	**2.**	Avril	Samedi	**3.**	Avril	Dimanche	**4.**	Avril	Week
Piątek		Kwiecień	Sobota		Kwiecień	Niedziela		Kwiecień	Semaine
Пятница		Апрель	Суббота		Апрель				

93 – 273 94 – 272

13 Zeichnung von finalem Versicherungshaken, S. 16
14 Bauschacht 2, Fontvieille, S. 101, Abb. 149
15 Gesamtplan, Fontvieille, S. 101, Abb. 150
Aus: *Licht am Ende des Tunnels – Planung und Trassierung im antiken Tunnelbau*, Hg. Klaus Grewe, Verlag Philipp von Zabern, Mainz 1998

13 Drawing of end safety hook, p. 16
14 Construction pit 2, Fontvieille, p. 101, ill. 149
15 Overall plan, Fontvieille, p. 101, ill. 150
From: Klaus Grewe (ed.). *Licht am Ende des Tunnels – Planung und Trassierung im antiken Tunnelbau*. Mainz: Philipp von Zabern, 1998

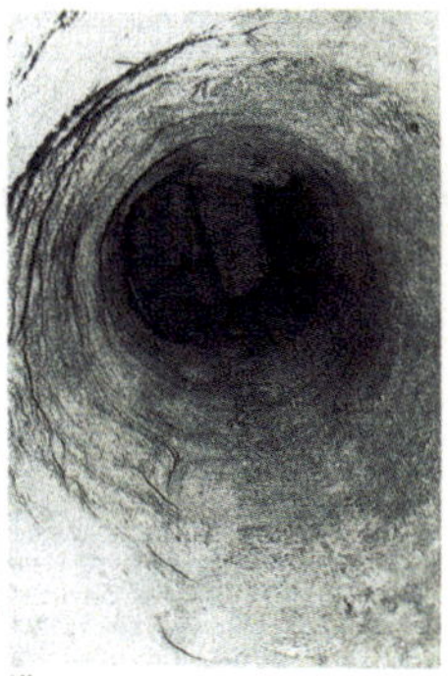

149

14

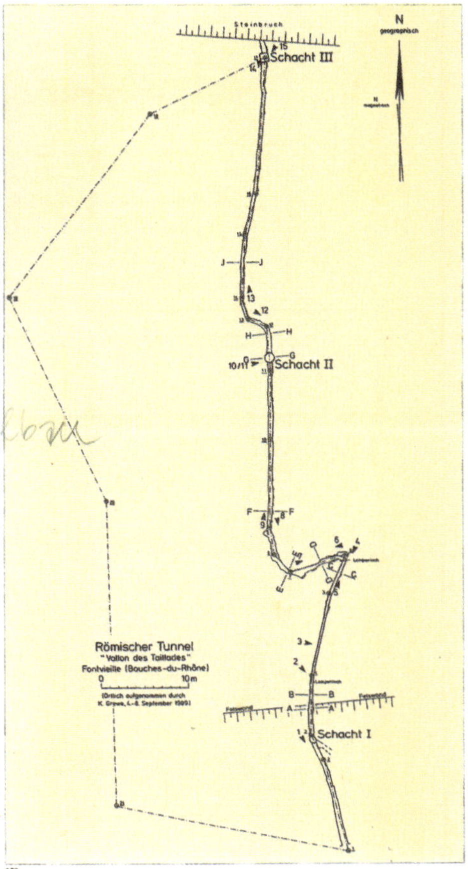

150

15

12 Das Rendezvousproblem im antiken Tunnelbau

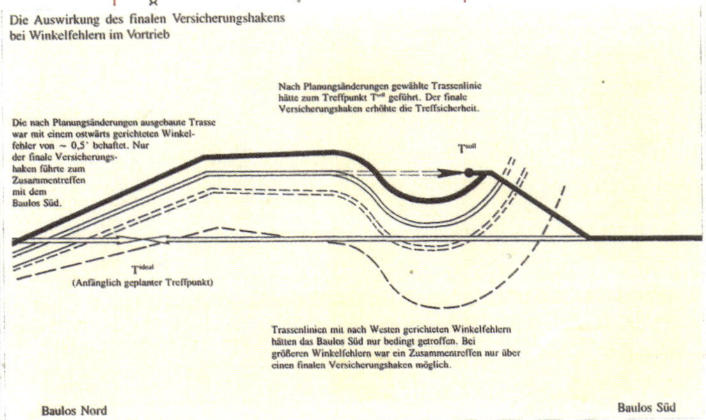

13

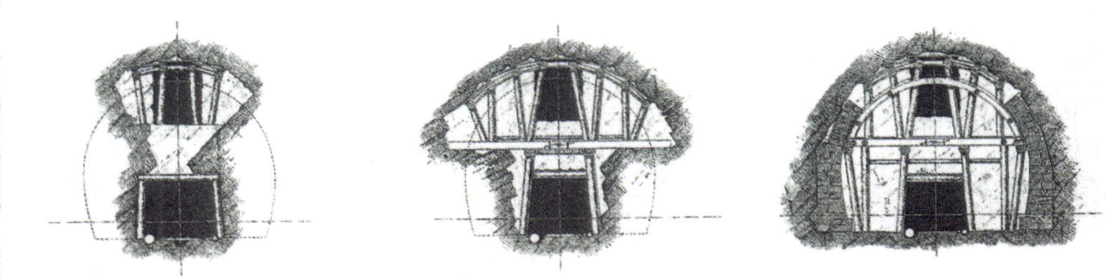

Arlbergbahn-Tunnel – Ausbruch des Tunnelprofils
Aus: Lothar Beer, *Die Geschichte der Bahnen in Vorarlberg*, Bd. 1, Hecht Verlag, Hard 1989, S. 107

Quarrying the tunnel volume of the Arlberg line tunnel
From: Lothar Beer. *Die Geschichte der Bahnen in Vorarlberg*. Hard: Hecht, 1989, vol. 1, p. 107

01 Existing structures
02 Demolition
03 New structure
04 Passage at 2nd basement level, safety hook increases rendezvous accuracy of the Arlberg tunnel extension
05 Siding track, Kunsthaus Bregenz, 2nd basement level
06 South construction section (access track)
07 Track bed
08 KUB tunnel (Arlberg tunnel extension), approx. length: 51.8 km
09 Platform
10 Waiting lounge
11 Goods lift
12 The tunnelling rendezvous problem in antiquity

06 Baulos Süd

	März					April					Mai					
Wo	10	11	12	13	14	14	15	16	17	18	18	19	20	21	22	23
Mo	1	8	15	22	29		5	12	19	26		3	10	17	24	31
Di	2	9	16	23	30		6	13	20	27		4	11	18	25	
Mi	3	10	17	24	31		7	14	21	28		5	12	19	26	
Do	4	11	18	25		1	8	15	22	29		6	13	20	27	
Fr	5	12	19	26		2	9	16	23	30		7	14	21	28	
Sa	6	13	20	27		3	10	17	24		1	8	15	22	29	
So	**7**	**14**	**21**	**28**		**4**	**11**	**18**	**25**		**2**	**9**	**16**	**23**	**30**	

23 AT 20 AT 19 AT

KUB

Montag Monday Lundi Poniedziałek Понедельник	**5.**	April April Avril Kwiecień Апрель	Dienstag Tuesday Mardi Wtorek Вторник	**6.**	April April Avril Kwiecień Апрель	Mittwoch Wednesday Mercredi Środa Среда	**7.**	April April Avril Kwiecień Апрель	Donnerstag Thursday Jeudi Czwartek Четверг	**8.**	April April Avril Kwiecień Апрель
		96 – 270			97 – 269			98 – 268			99 – 267

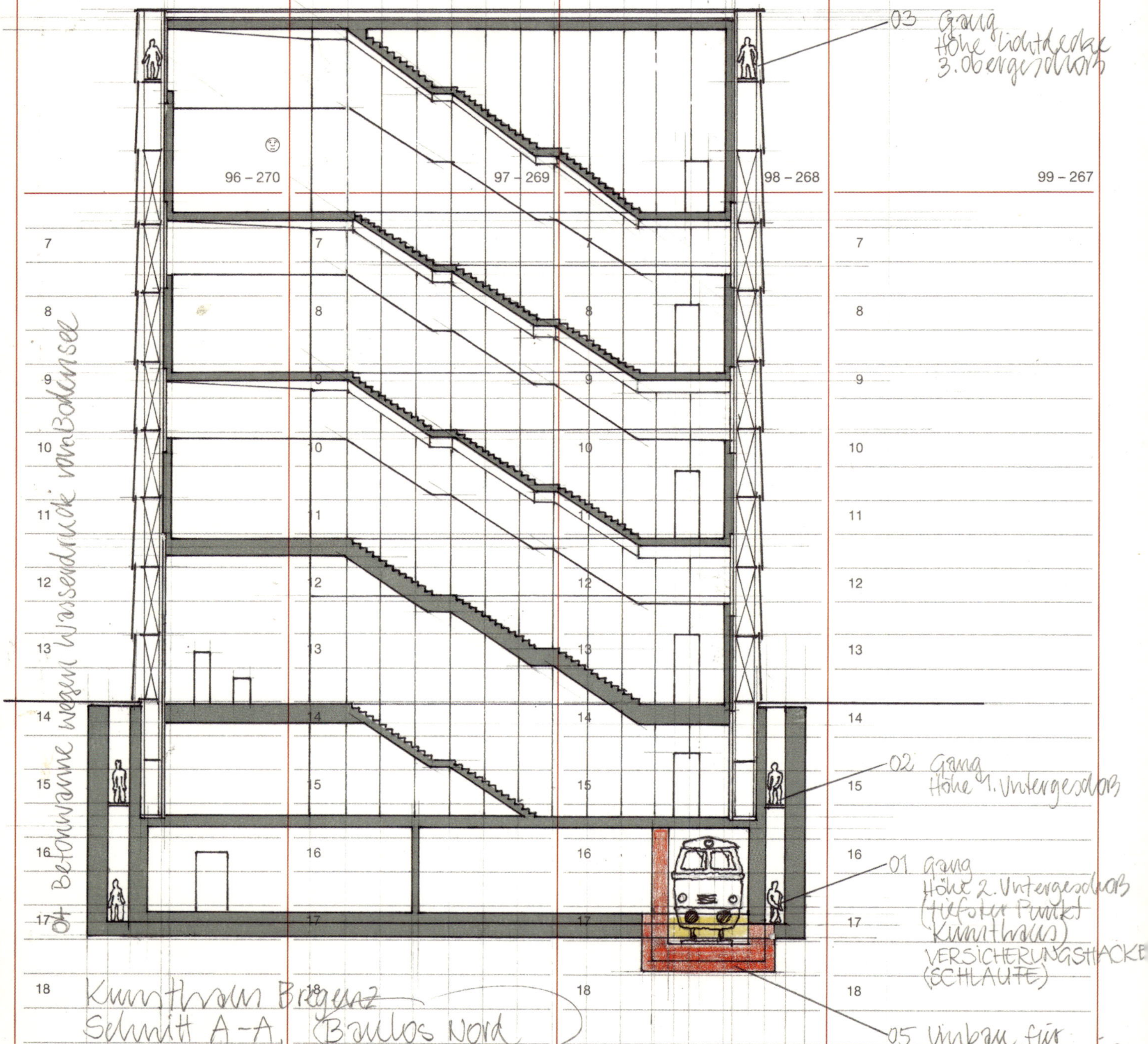

Kunsthaus Bregenz,
section A–A, construction section (subsection) North
Scale 1:250

Freitag
Friday
Vendredi
Piątek
Пятница
9.
April
April
Avril
Kwiecień
Апрель

Samstag
Saturday
Samedi
Sobota
Суббота
10.
April
April
Avril
Kwiecień
Апрель

Sonntag
Sunday
Dimanche
Niedziela
Воскресение
11.
April
April
Avril
Kwiecień
Апрель

15.
Woche
Week
Semaine
Tydzień
Неделя

06 Aushubmaterial über Bahnhof Bregenz

Karfreitag - **D - CH** (teilw.)
Good Friday - **GB**
Viernes Santo - **E**
Goede Vrijdag - **NL** 100 – 266

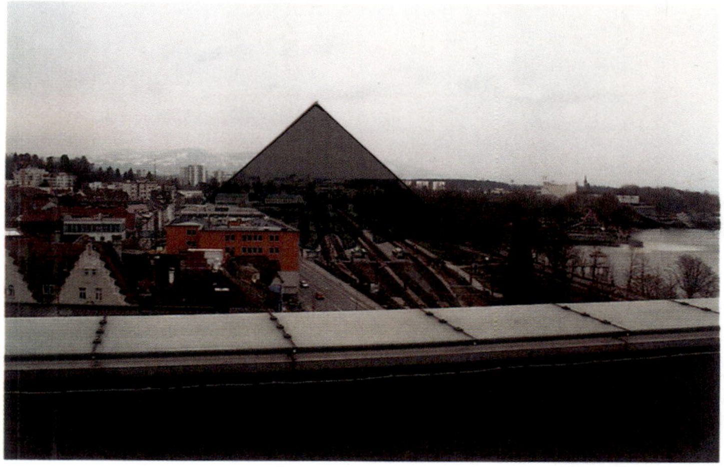

01 Passage at 2nd basement level (lowest point of Kunsthaus Bregenz) Safety hook (loop)
02 Passage at 1st basement level
03 Passage at 3rd upper floor at illuminated ceiling level
04 Concrete tank to withstand the pressure from the water of Lake Constance
05 Restructuring for access lane and tracks through the KUB tunnel
06 Spoil heaped over Bregenz Central Station Excavation material from the Arlberg tunnel extension—KUB tunnel

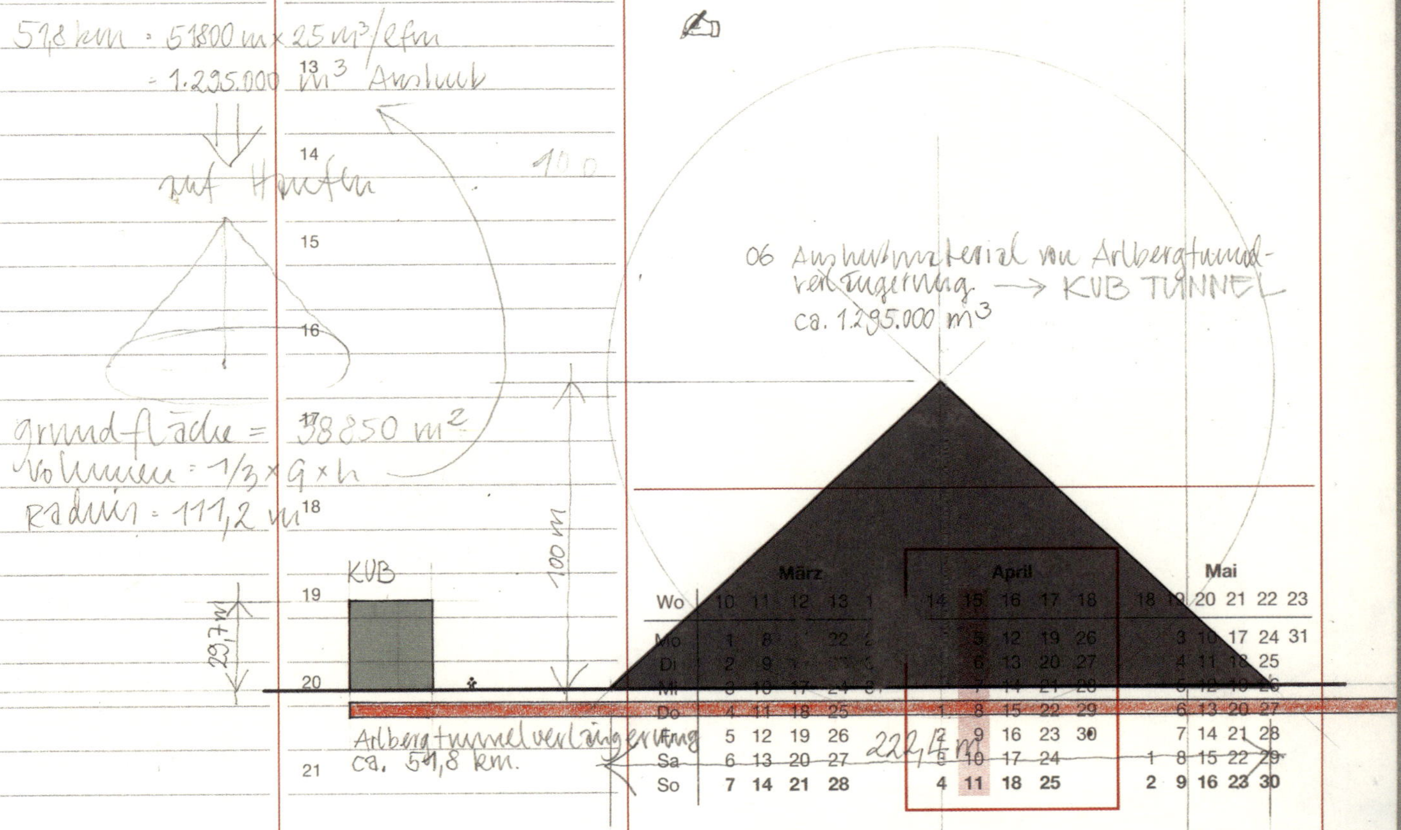

NNW

Montag April
Monday April
Lundi Avril
Poniedziałek **12.** Kwiecień
Понедельник Апрель

GANG 3

Dienstag April
Tuesday April
Mardi Avril
Wtorek **13.** Kwiecień
Вторник Апрель

WSW

Mittwoch April
Wednesday April
Mercredi Avril
Środa **14.** Kwiecień
Среда Апрель

Donnerstag April
Thursday April
Jeudi Avril
Czwartek **15.** Kwiecień
Четверг Апрель

Ostern
Easter
Lundi
Ponied
Paasm

262

260

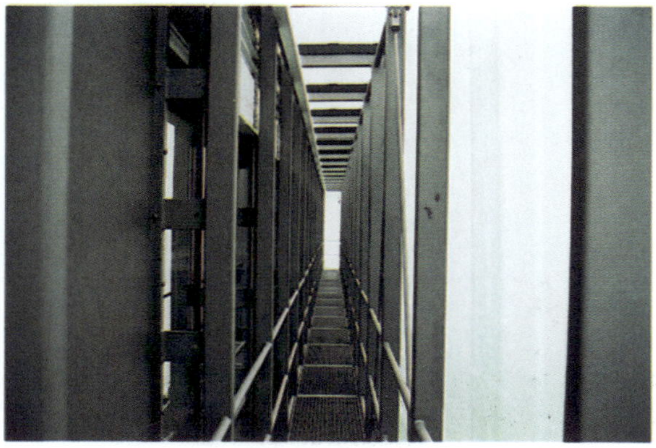

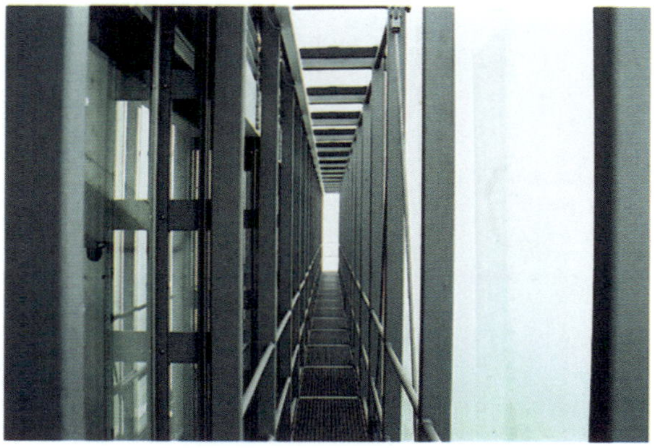

GANG 2

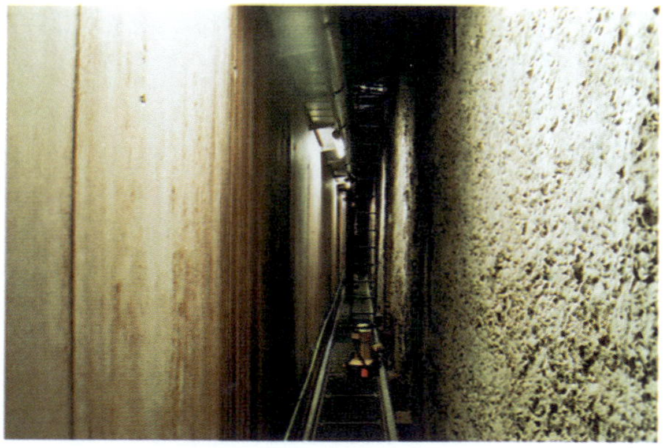

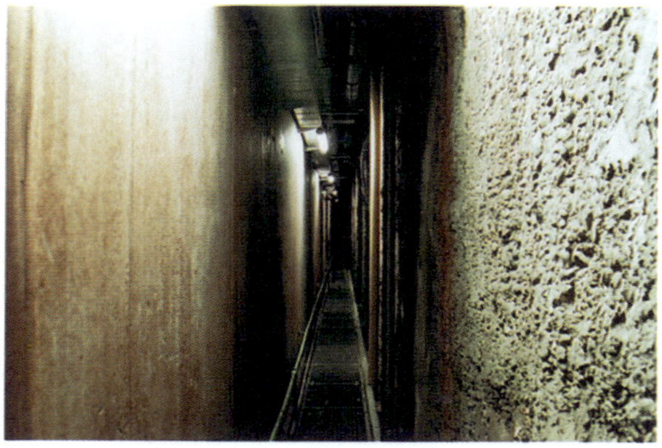

GANG 1

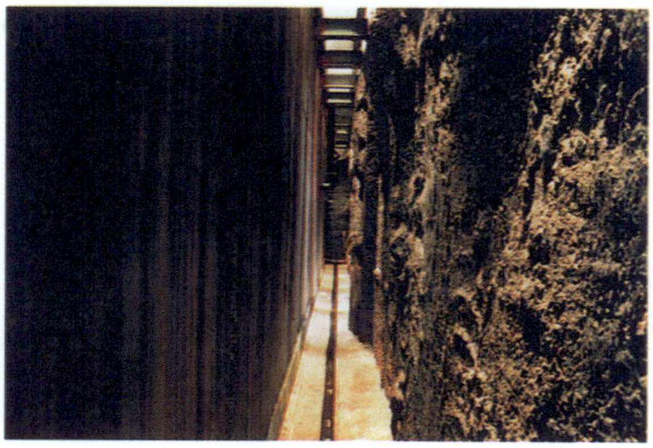

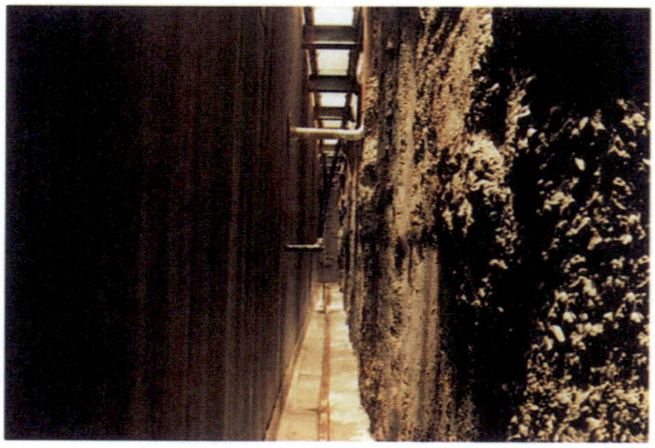

NNW, WSW, SSE, ENE / Passage 1, 2, 3

SSO ONO

Freitag Friday Vendredi Piątek Пятница **16.** April April Avril Kwiecień Апрель

Samstag Saturday Samedi Sobota Суббота **17.** April April Avril Kwiecień Апрель

Sonntag Sunday Dimanche Niedziela Воскресение **18.** April April Avril Kwiecień Апрель

16. Woche Week Semaine Tydzień Неделя

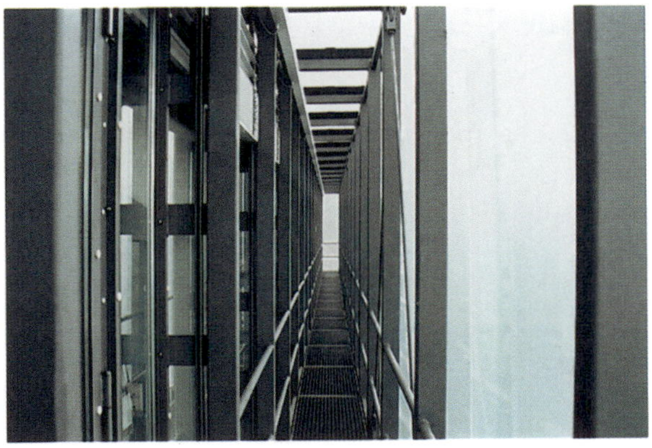

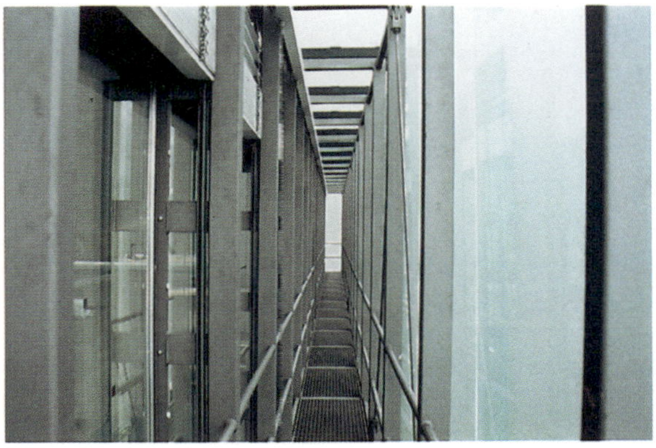

258

7

8

9

10

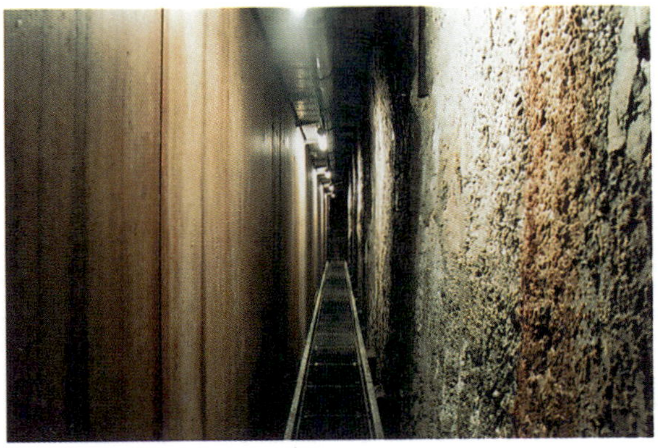

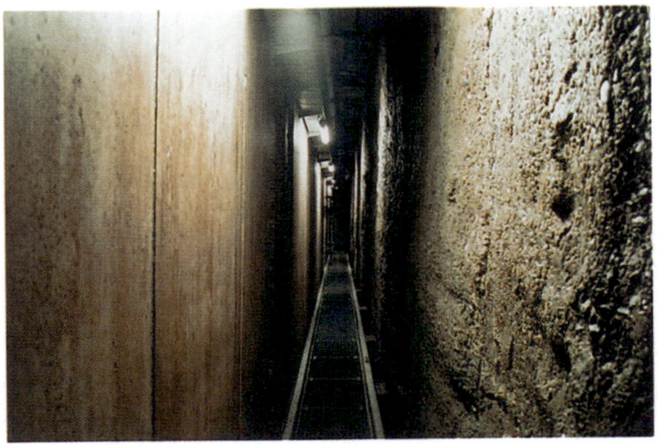

11

12

13

14

15

16

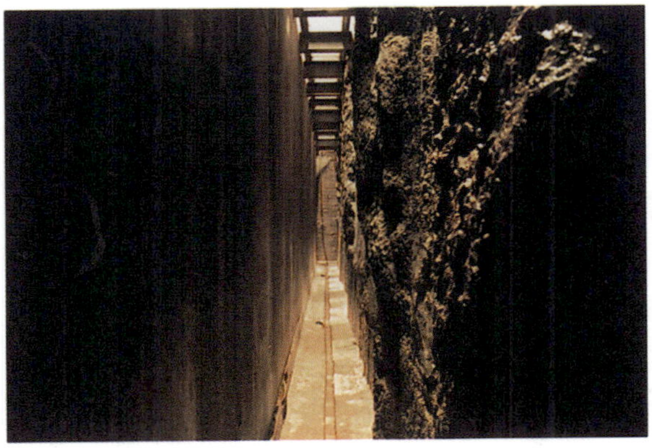

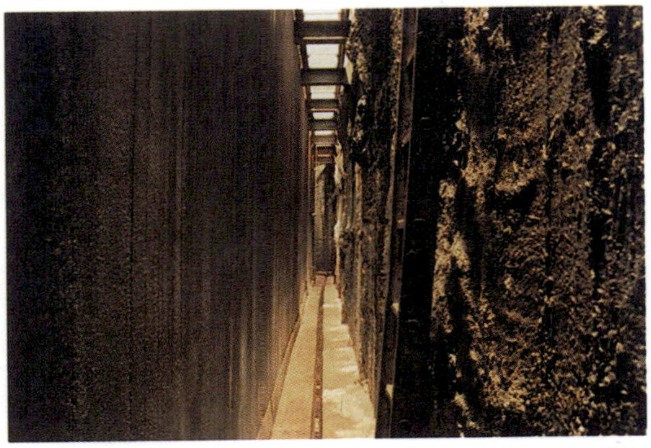

17

18

19

20

21

Wo														23
Mo														31
Di														
Mi														
Do														
Fr														
Sa														
So	7	14	21	28	4	11	18	25	2	9	16	23	30	

23 AT 20 AT 19 AT

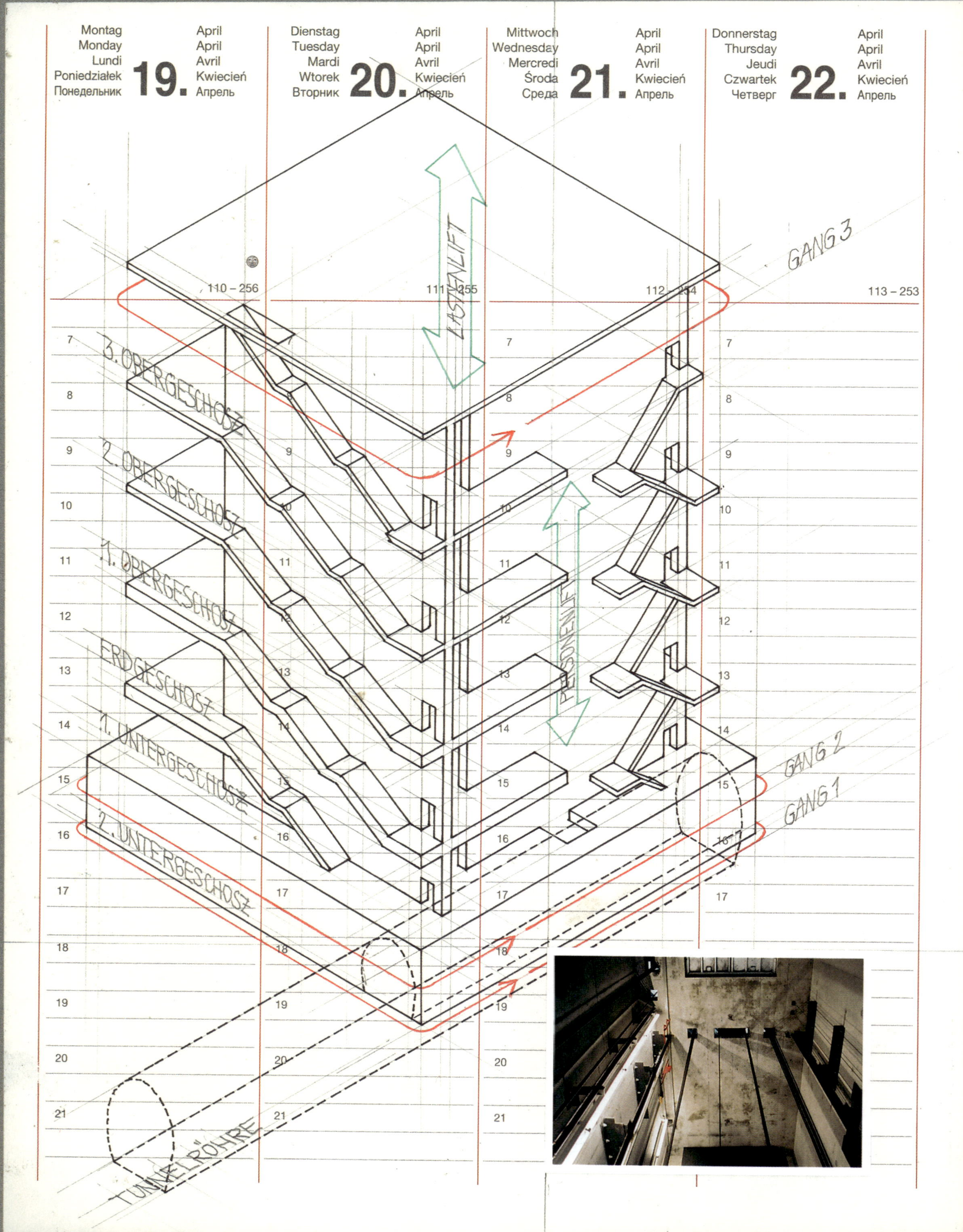

Montag
Monday
Lundi
Poniedziałek
Понедельник
19.
April
April
Avril
Kwiecień
Апрель
Dienstag
Tuesday
Mardi
Wtorek
Вторник
20.
April
April
Avril
Kwiecień
Апрель
Mittwoch
Wednesday
Mercredi
Środa
Среда
21.
April
April
Avril
Kwiecień
Апрель
Donnerstag
Thursday
Jeudi
Czwartek
Четверг
22.
April
April
Avril
Kwiecień
Апрель
110 – 256
111 – 255
112 – 254
113 – 253
LASTENLIFT
PERSONENLIFT
GANG 3
GANG 2
GANG 1
3. OBERGESCHOSZ
2. OBERGESCHOSZ
1. OBERGESCHOSZ
ERDGESCHOSZ
1. UNTERGESCHOSZ
2. UNTERGESCHOSZ
TUNNELRÖHRE

Freitag Friday Vendredi Piątek Пятница	**23.**	April April Avril Kwiecień Апрель	Samstag Saturday Samedi Sobota Суббота	**24.**	April April Avril Kwiecień Апрель	Sonntag Sunday Dimanche Niedziela Воскресение	**25.**	April April Avril Kwiecień Апрель	17. Woche Week Semaine Tydzień Неделя

114 – 252

7

8

9

10

11

12

13

14

Reinhard F. Funke, *Alltagsstraße*
Aus: *Reinhard F. Funke (1886–1980)*, Landesgalerie am Oberösterreichischen Landesmuseum, Hg. Martin Hochleitner, Bibliothek der Provinz, Weitra 2004, S. 21

15

Reinhard F Funke. *Everyday Street*
From: Martin Hochleitner (ed.). *Reinhard F. Funke (1886–1980)*. Landesgalerie am Oberösterreichischen Landesmuseum, Weitra: Bibliothek der Provinz, 2004, p. 21

16

17

18

19

20

21

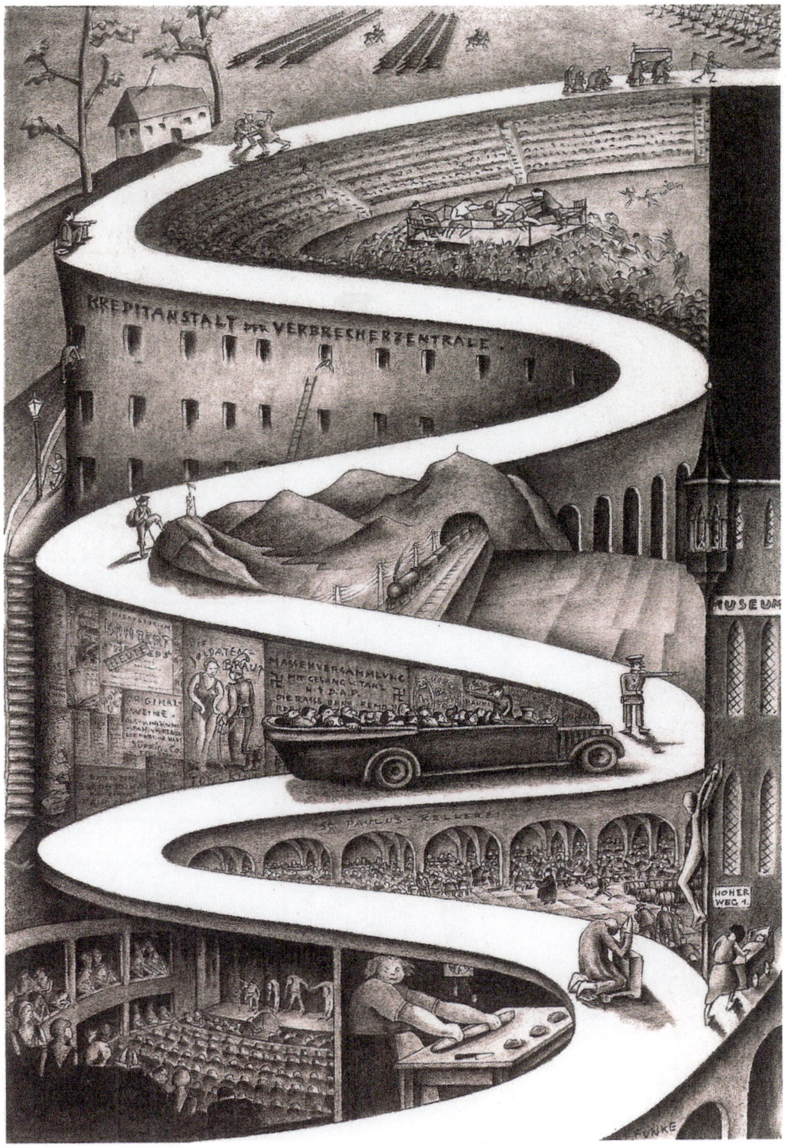

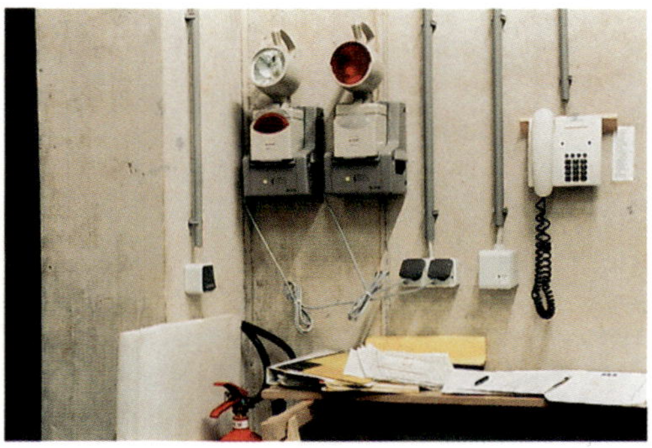

	April					Mai					
14	14	15	16	17	18	18	19	20	21	22	23
29		5	12	19	26		3	10	17	24	31
30		6	13	20	27		4	11	18	25	
31		7	14	21	28		5	12	19	26	
	1	8	15	22	29		6	13	20	27	
	2	9	16	23	30		7	14	21	28	
	3	10	17	24		1	8	15	22	29	
	4	**11**	**18**	**25**		**2**	**9**	**16**	**23**	**30**	

20 AT

19 AT

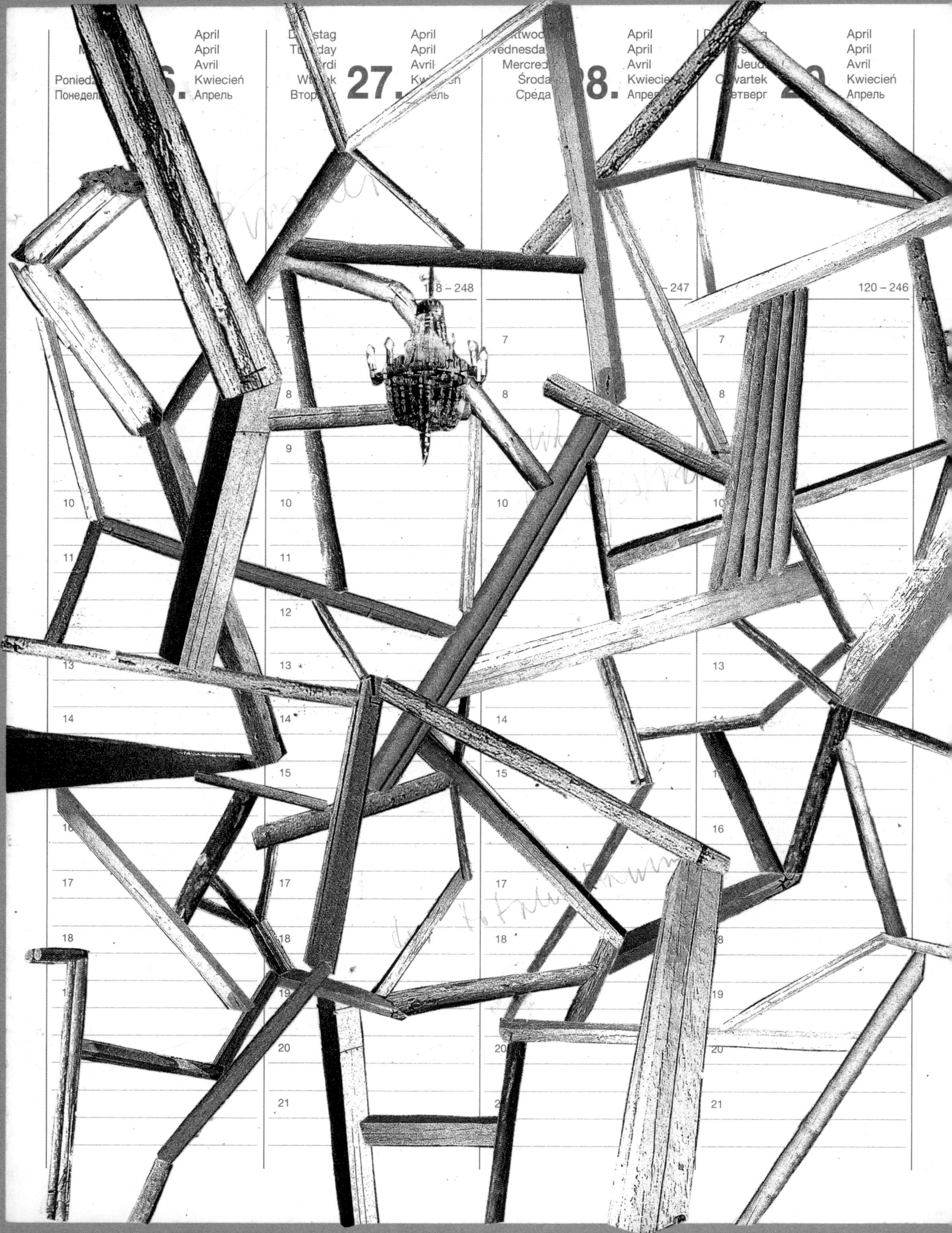

April
April
Avril
Kwiecień
Апрель
27.
Mercred
Środa
Среда
Wednesday
Czwartek
Четверг
120 – 246

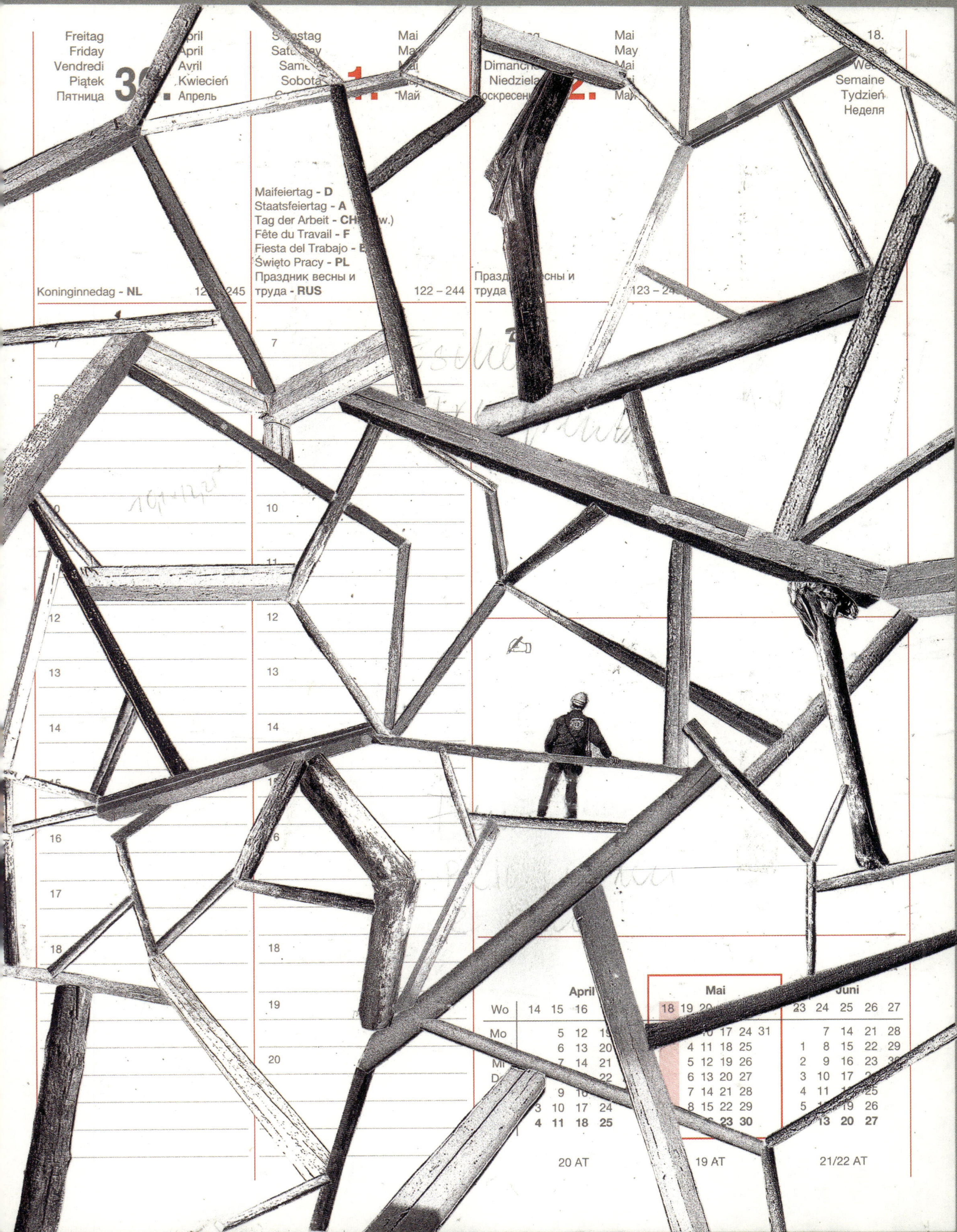

Freitag
Friday
Vendredi
Piątek
Пятница
April
Kwiecień
Апрель
Sobota
Mai
Май
Niedziela
May
Semaine
Tydzień
Неделя
Maifeiertag - D
Staatsfeiertag - A
Tag der Arbeit - CH
Fête du Travail - F
Fiesta del Trabajo -
Święto Pracy - PL
Праздник весны и
труда - RUS
Koninginnedag - NL
122 – 244
труда
April
Mai
Juni
20 AT
19 AT
21/22 AT

Montag Mai
Monday May
Lundi Mai
Poniedziałek 3 Mai

Dienstag
Tuesday
Mardi
Wtorek 4.

Mai
May
Mai
Mai

Mittwoch Mai
Wednesday May
Mercredi Mai
Środa 5 Maj
Май

Donnerstag Mai
Thursday May
Jeudi Mai
Czwartek 6 Mai

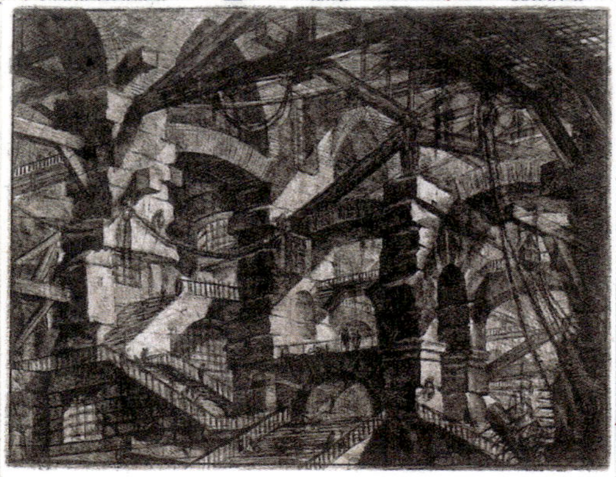

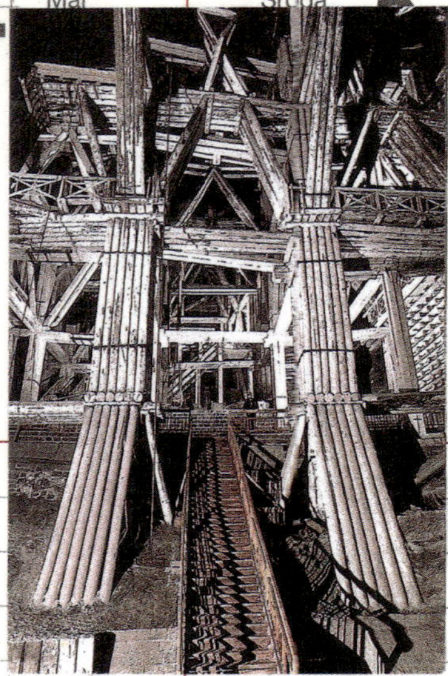

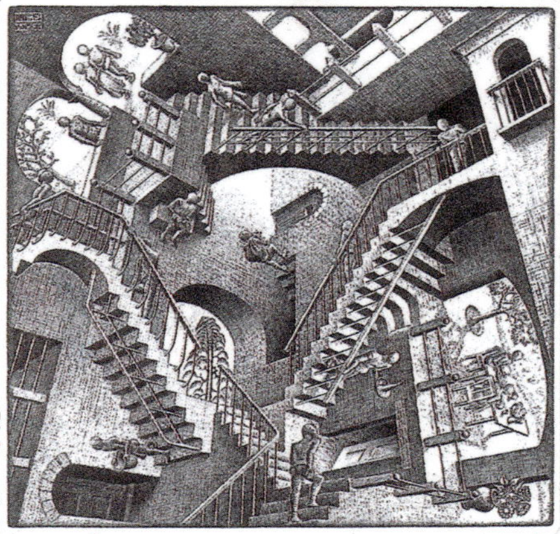

12

7 7

8 8 8

9 9 9 9

10 10 10 10

11 11 11 11

12 12 12 12

13 13 13 13

14 14 14 14

15 15 15 15

16 16 16 16

17 17 17 17

18 18 18 18

Giovanni Battista Piranesi, *Der gotische Bogen*, 1750
Aus: Corinna Höper, *Giovanni Battista Piranesi – Die poetische Wahrheit. Radierungen*, Graphische Sammlung der Staatsgalerie Stuttgart, Verlag Gerd Hatje, Stuttgart 1999, S. 139, Abb. 66

Giovanni Battista Piranesi. *The Gothic Arch*, 1750
From: Corinna Höper. *Giovanni Battista Piranesi – Die poetische Wahrheit. Radierungen*, Graphic Collection of the State Gallery Stuttgart, Stuttgart: Gerd Hatje, 1999, p. 139, fig. 66

Michalowice Kammer
Aus: *Wieliczka – Das königliche Salzbergwerk*, Janusz Podlecki, Verlag Karpaty – Andrzej Laczynski, Krakau o. J., o. S.

The Michalowice Chamber
From: Janusz Podlecki. *Wieliczka – Das königliche Salzbergwerk*. Cracow: Karpaty Publishers – Andrzej Laczynski, n.d., n.p.

M. C. Escher, *Relativität*, 1953
Aus: *Die Magie des M. C. Escher*, Hg. J. L. Locher und W. F. Veldhuysen, Taschen Verlag, Köln 2003, S. 116, Abb. 198 A

M C Escher. *Relativity*, 1953
From: J L Locher and W F Veldhuysen (eds.). *Die Magie des M. C. Escher*. Cologne: Taschen, 2003, p. 116, fig. 198 A

19 19 19 19

20 20 20 20

21 21 21 21

Freitag Mai
Friday May
Vendredi Mai
Piatek 7 Mai

Samstag Mai
Saturday May
Samedi Mai
Sobota 8 Mai
Суббота

Sonntag Mai
Sunday May
Dimanche Mai
Niedziela 9 Maj
й

19.
Woche
Week
Semaine

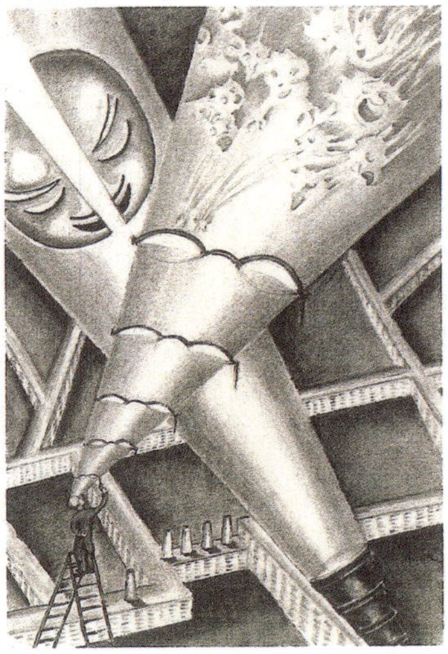

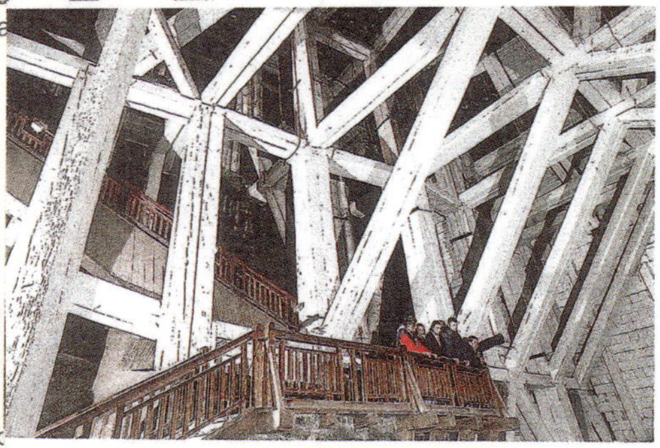

de la lib … 130 – 2

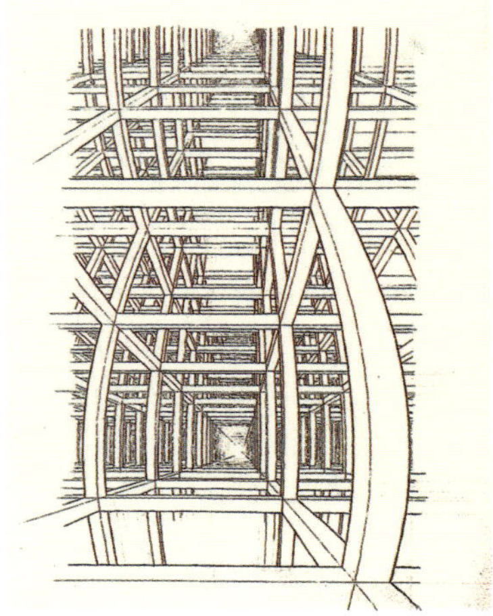

☎

9

10

11

12

13

14

15

16

17

18

19

20

21

9

10

11

12

13

14

15

16

17

18

19

20

21

✍

Reinhard F. Funke, *Der Blick in den Raum*
Aus: *Reinhard F. Funke (1886–1980)*, Landesgalerie am Oberösterreichischen Landesmuseum, Hg. Martin Hochleitner, Bibliothek der Provinz, Weitra 2004, S. 27

Reinhard F Funke, *Der Blick in den Raum* [Looking into the Space]
From: Martin Hochleitner (ed.). *Reinhard F. Funke (1886–1980)*. Landesgalerie am Oberösterreichischen Landesmuseum, Weitra: Bibliothek der Provinz, 2004, p. 27

Jozef Pilsudski Kammer
Aus: *Wieliczka – Das königliche Salzbergwerk*, Janusz Podlecki, Verlag Karpaty – Andrzej Laczynski, Krakau o. J., o. S.

The Jozef Pilsudski Chamber
From: Janusz Podlecki. *Wieliczka – Das königliche Salzbergwerk*. Cracow: Karpaty Publishers – Andrzej Laczynski, n.d., n.p.

M. C. Escher, *Studie zu Treppenhaus*, 1951
Aus: *Die Magie des M. C. Escher*, Hg. J. L. Locher und W. F. Veldhuysen, Taschen Verlag, Köln 2003, S. 120, Abb. 203

M C Escher. *Staircase Study*, 1951
From: J L Locher and W F Veldhuysen (eds.). *Die Magie des M. C. Escher*. Cologne: Taschen, 2003, p. 120, fig. 203

	April					Mai						Juni				
Wo	14	15	16	17	18	18	19	20	21	22	23	23	24	25	26	27
Mo		5	12	19	26		3	10	17	24	31		7	14	21	28
Di		6	13	20	27		4	11	18	25		1	8	15	22	29
Mi		7	14	21	28		5	12	19	26		2	9	16	23	30
Do	1	8	15	22	29		6	13	20	27		3	10	17	24	
Fr	2	9	16	23	30		7	14	21	28		4	11	18	25	
Sa	3	10	17	24		1	8	15	22	29		5	12	19	26	
So	**4**	**11**	**18**	**25**		**2**	**9**	**16**	**23**	**30**		**6**	**13**	**20**	**27**	

20 AT 19 AT 21/22 AT

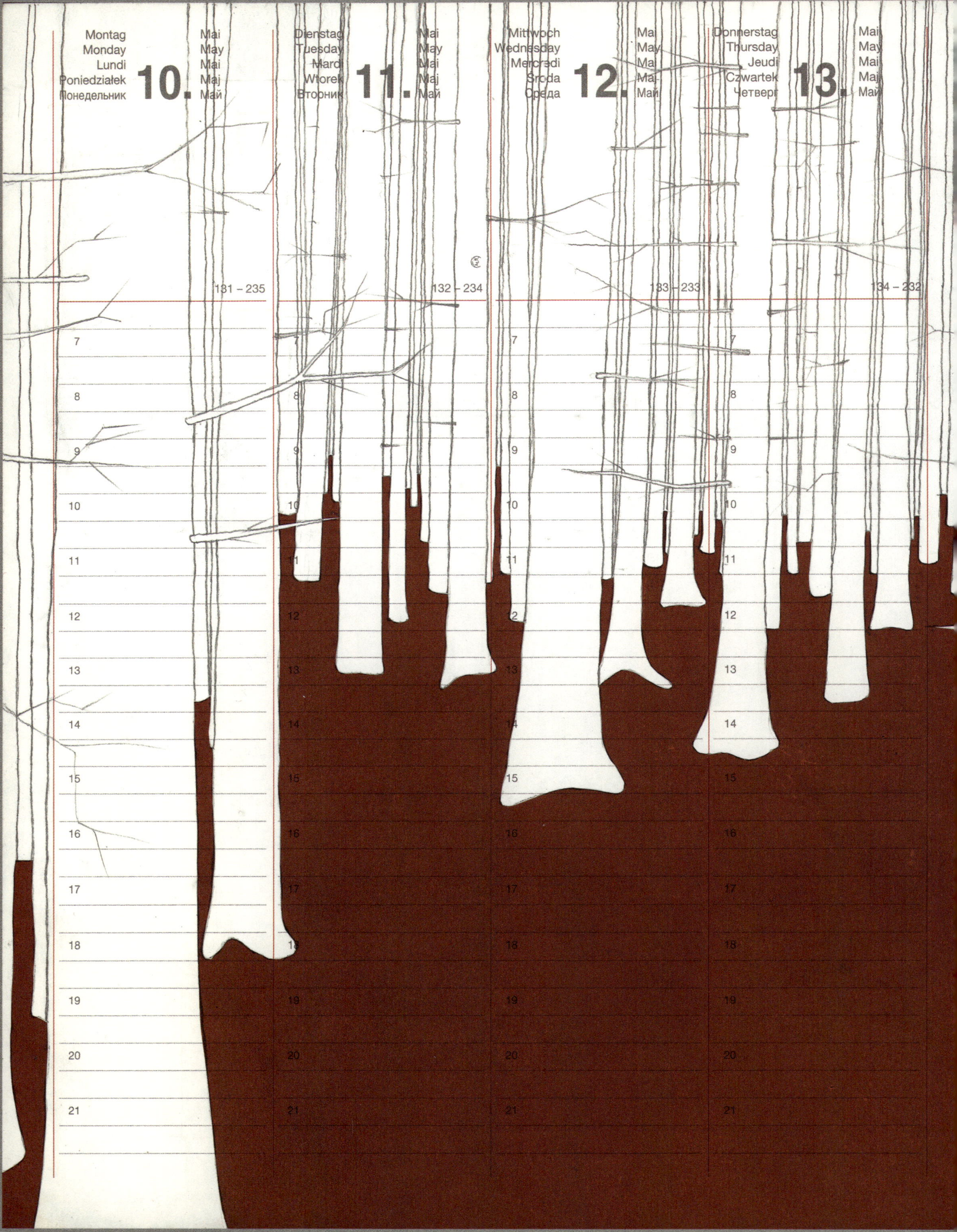
Montag
Monday
Lundi
Poniedziałek
Понедельник
10.
Mai
May
Mai
Maj
Май
131 – 235
7
8
9
10
11
12
13
14
15
16
17
18
19
20
21
Dienstag
Tuesday
Mardi
Wtorek
Вторник
11.
Mai
May
Mai
Maj
Май
132 – 234
7
8
9
10
11
12
13
14
15
16
17
18
19
20
21
Mittwoch
Wednesday
Mercredi
Środa
Среда
12.
Mai
May
Mai
Maj
Май
133 – 233
7
8
9
10
11
12
13
14
15
16
17
18
19
20
21
Donnerstag
Thursday
Jeudi
Czwartek
Четверг
13.
Mai
May
Mai
Maj
Май
134 – 232
7
8
9
10
11
12
13
14
15
16
17
18
19
20
21

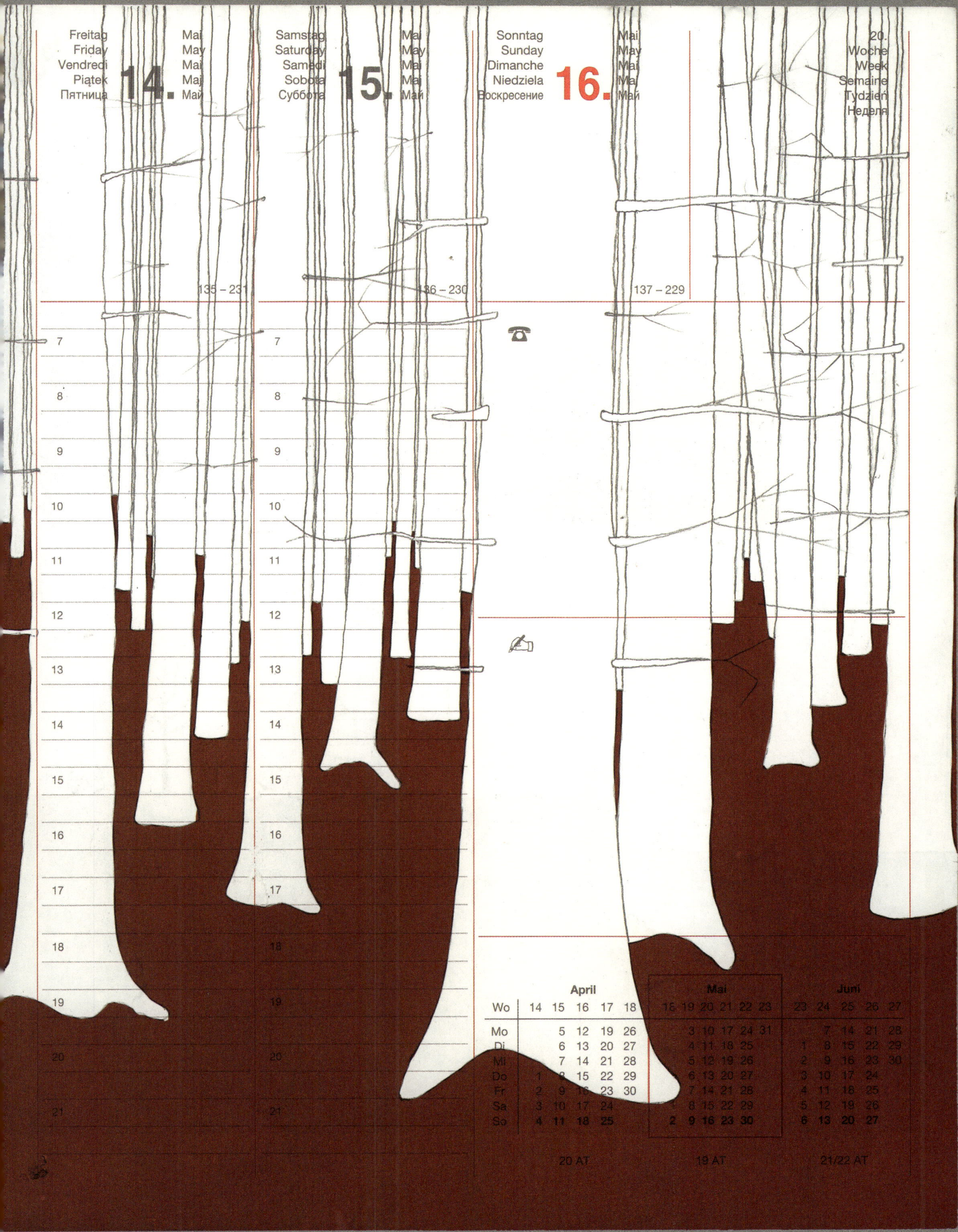

Freitag Mai
Friday May
Vendredi Mai
Piątek Maj
Пятница Май
14.

135 – 231

7

8

9

10

11

12

13

14

15

16

17

18

19

20

21

Samstag Mai
Saturday May
Samedi Mai
Sobota Maj
Суббота Май
15.

136 – 230

7

8

9

10

11

12

13

14

15

16

17

18

19

20

21

Sonntag Mai
Sunday May
Dimanche Mai
Niedziela Maj
Воскресение Май
16.

137 – 229

☎

✍

20\.
Woche
Week
Semaine
Tydzień
Неделя

	April					Mai						Juni				
Wo	14	15	16	17	18	18	19	20	21	22	23	23	24	25	26	27
Mo		5	12	19	26		3	10	17	24	31		7	14	21	28
Di		6	13	20	27		4	11	18	25		1	8	15	22	29
Mi		7	14	21	28		5	12	19	26		2	9	16	23	30
Do	1	8	15	22	29		6	13	20	27		3	10	17	24	
Fr	2	9	16	23	30		7	14	21	28		4	11	18	25	
Sa	3	10	17	24		1	8	15	22	29		5	12	19	26	
So	**4**	**11**	**18**	**25**		**2**	**9**	**16**	**23**	**30**		**6**	**13**	**20**	**27**	
	20 AT					19 AT						21/22 AT				

Montag Monday Lundi Poniedziałek Понедельник **17.** Mai May Mai Maj Май

Dienstag Tuesday Mardi Wtorek Вторник **18.** Mai May Mai Maj Май

Mittwoch Wednesday Mercredi Środa Среда **19.** Mai May Mai Maj Май

140 – 226

Donnerstag Thursday Jeudi Czwartek **20.** Mai May Mai Maj Май

Christi Himmelfahrt - **D - A**
Auffahrt - **CH**
Ascension - **F**
Hemelvaartsdag - **NL** 141 – 225

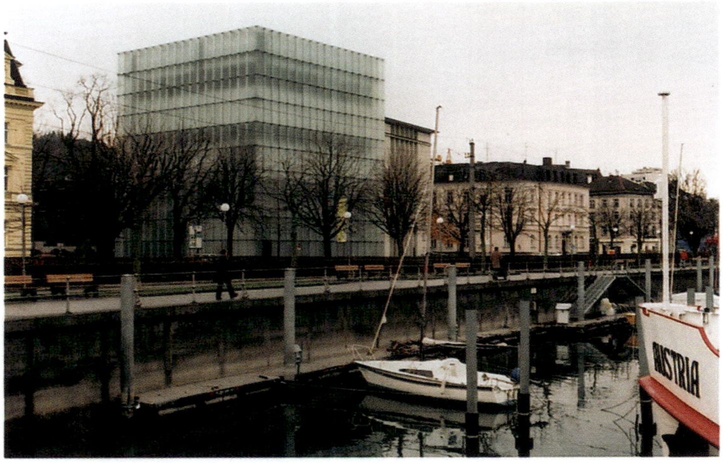

7
(Goods lift)
Panoramic view

01 Kunsthaus
02 Siding track KUB station
03 Excavated material
04 Interior, reversed high water
05 Boats
06 Projection (travelling + KUB)
07 Model space (White Out)
08 Lowest point of KUB—water pumps
09 Lake Constance
10 Railway tracks
11 Lacustrine dwellings

11 12 13 14 15 16 17 18 19 20 21

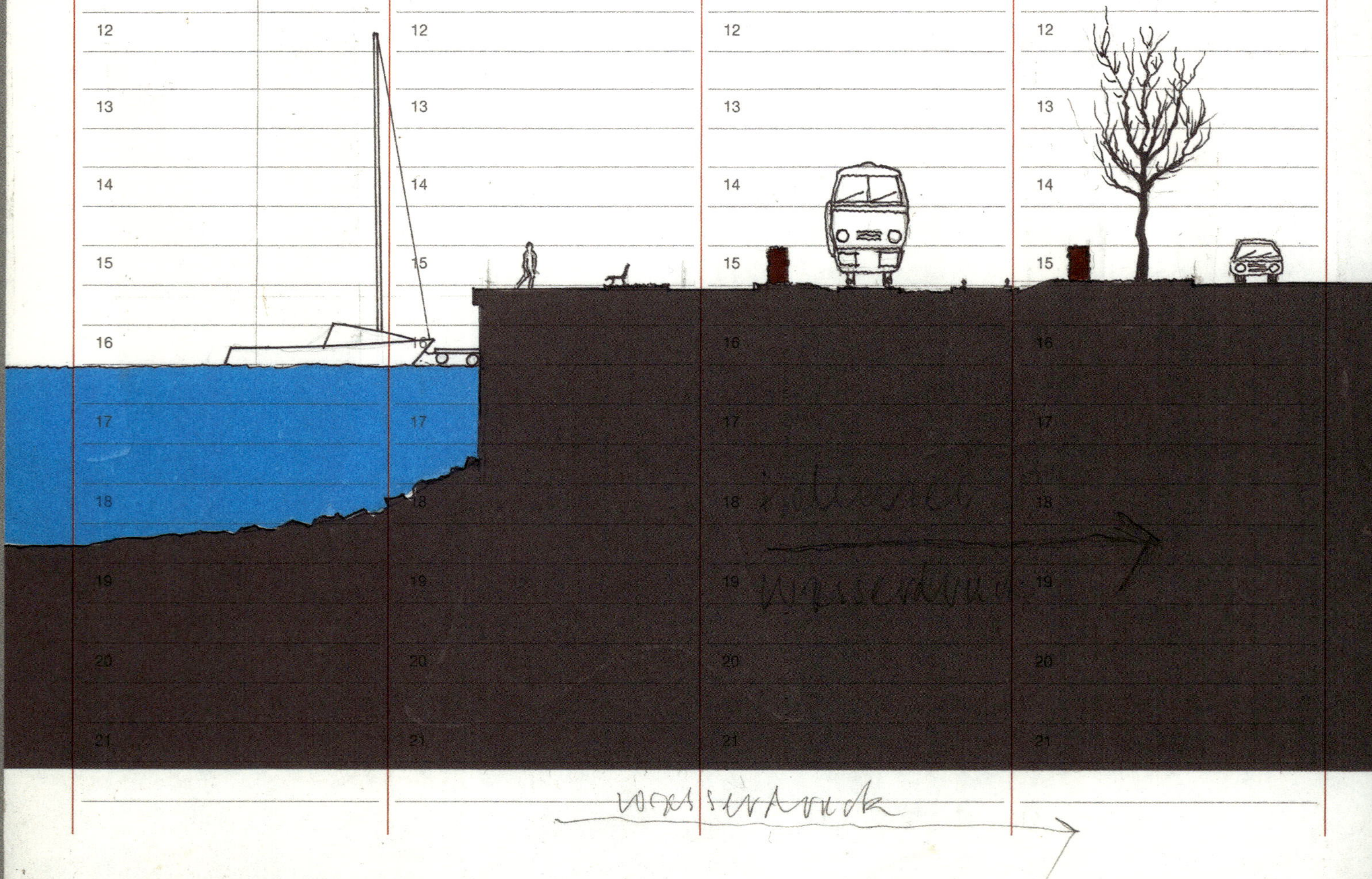

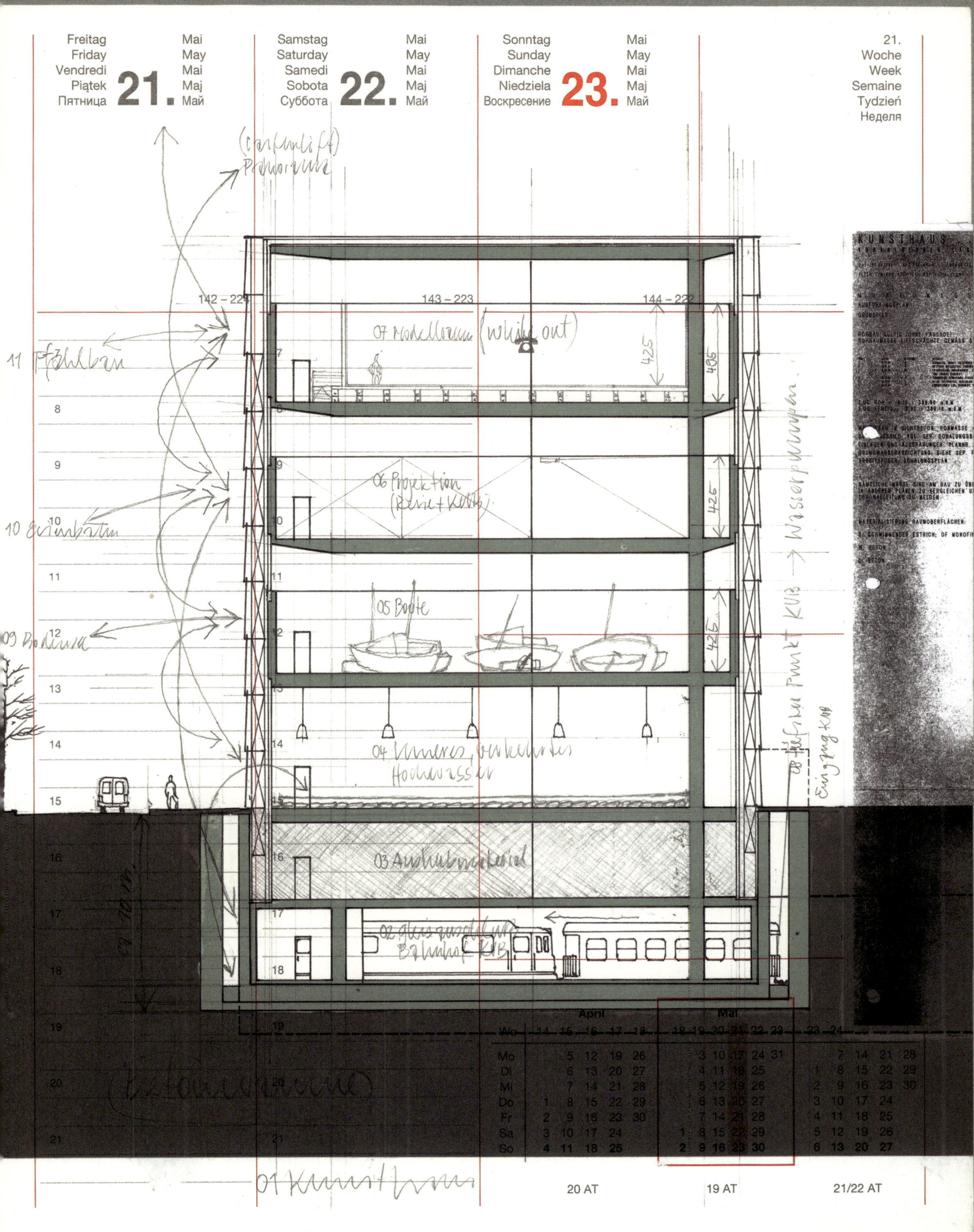

Freitag
Friday
Vendredi
Piątek
Пятница
21.
Mai
May
Mai
Maj
Май
Samstag
Saturday
Samedi
Sobota
Суббота
22.
Mai
May
Mai
Maj
Май
Sonntag
Sunday
Dimanche
Niedziela
Воскресение
23.
Mai
May
Mai
Maj
Май
21.
Woche
Week
Semaine
Tydzień
Неделя
142 – 224
143 – 223
144 – 222
07 Modellraum (white out)
425
405
11 Pfahlbau
06 Projektion
10 Erdwärme
05 Boote
09
04 Inneres, verkehrtes Hochwasser
Wasserpumpen
Eingang KVB
03 Aushubmaterial
02 gleisanschluss Bahnhof KVB
ca. 10 m
KUNSTHAUS
April
Mai
20 AT
19 AT
21/22 AT
01 Kunsthaus

2.UNTERGESCHOSS

2nd basement level

Montag / Monday / Lundi / Poniedziałek / Понедельник	Dienstag / Tuesday / Mardi / Wtorek / Вторник	Mittwoch / Wednesday / Mercredi / Środa / Срєда	Donnerstag / Thursday / Jeudi / Czwartek / Четверг
24. Mai / May / Mai / Maj / Май	25. Mai / May / Mai / Maj / Май	26. Mai / May / Mai / Maj / Май	27. Mai / May / Mai / Maj / Май

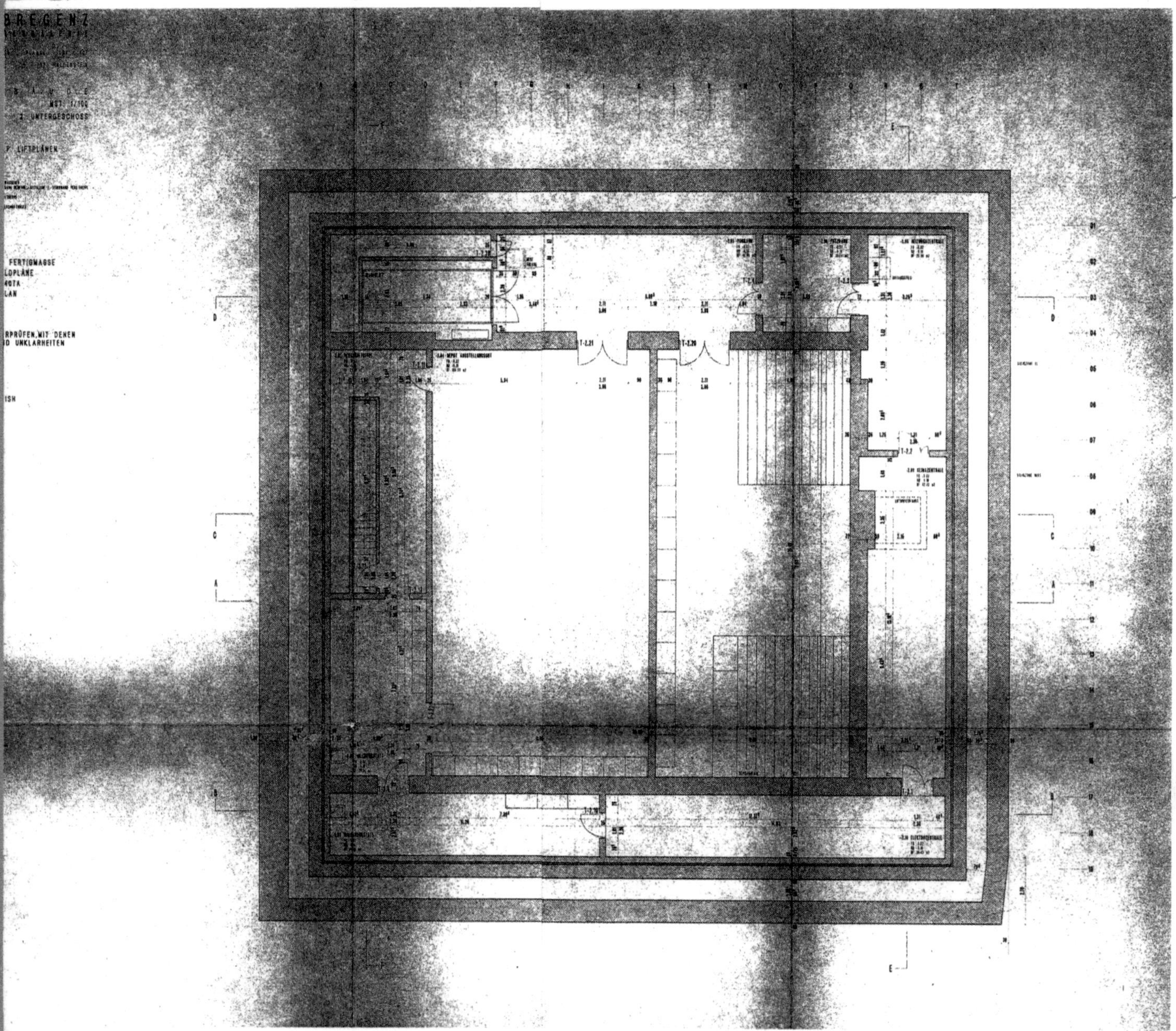

Ausführungsplan: Kunsthaus Bregenz, Grundriss 2. Untergeschoss, 24.1.1994, Architekt Peter Zumthor
Final plan of Kunsthaus Bregenz, plan of 2nd basement level, January 24, 1994, Architect Peter Zumthor

20	20	20	20
21	21	21	21

Freitag
Friday
Vendredi
Piątek
Пятница
28.
Mai
May
Mai
Maj
Май

Samstag
Saturday
Samedi
Sobota
Суббота
29.
Mai
May
Mai
Maj
Май

Sonntag
Sunday
Dimanche
Niedziela
Воскресение
30.
Mai
May
Mai
Maj
Май

22.
Woche
Week
Semaine
Tydzień
Неделя

149 – 217

151 – 215

7

7

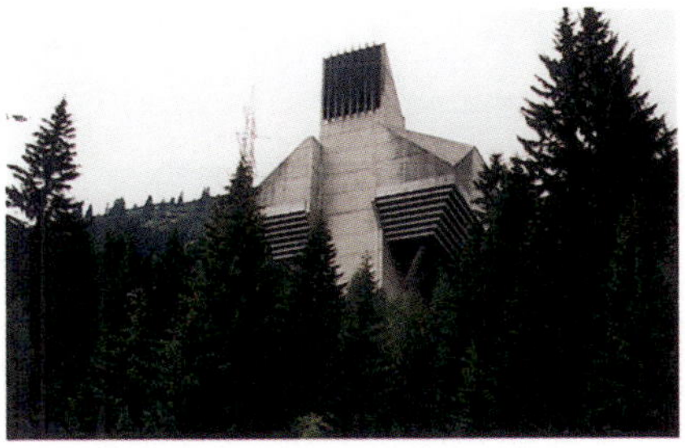

Lüftungsbauwerk des Arlberg-Straßentunnels (1971–1978)
Ventilation structure of the Arlberg road tunnel (1971–1978)

8

9

9

10

10

11

11

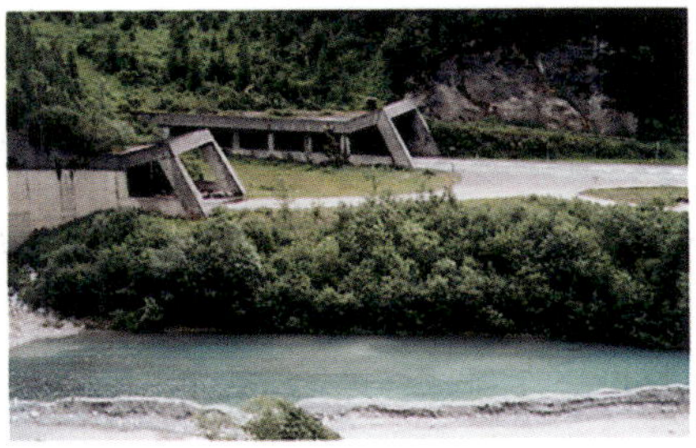

Westportal des Arlberg-Straßentunnels (1971–1978)
West portal of the Arlberg road tunnel (1971–1978)

12

12

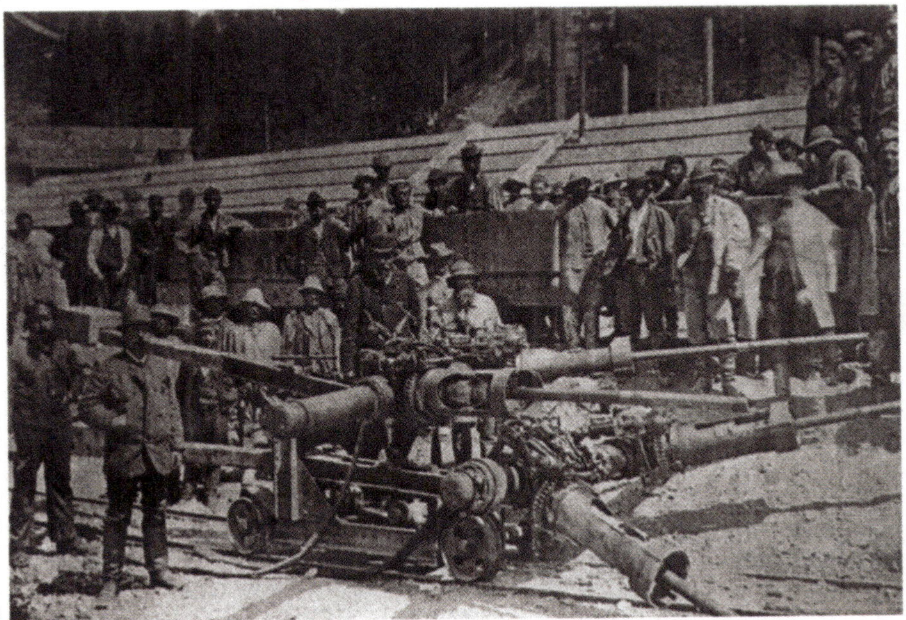

Gesteins-Bohrmaschine mit Druckwasserantrieb „System Brandt“ für den Einsatz auf der Tunnel-Westseite
Aus: Lothar Beer, *Die Geschichte der Bahnen in Vorarlberg*, Bd. 1, Hecht Verlag, Hard 1989, S. 106

Rock percussion drill with hydraulic drive, “System Brandt”, used at the western tunnel end
From: Lothar Beer. *Die Geschichte der Bahnen in Vorarlberg*. Hard: Hecht, 1989, vol. 1, p. 106

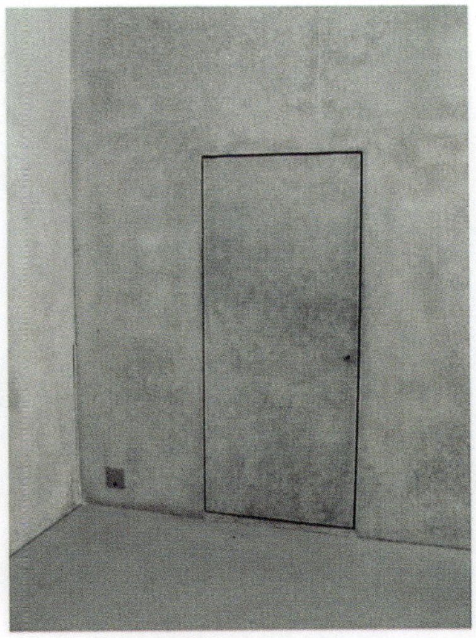

Tür zum Dach im 3. Obergeschoss des Kunsthaus Bregenz

Door on the roof (at 3rd upper floor) of the Kunsthaus Bregenz

20

20

21

21

Mo		5	12	19	26	3	10	17	24	31		7	14	21	28
Di		6	13	20	27	4	11	18	25		1	8	15	22	29
Mi		7	14	21	28	5	12	19	26		2	9	16	23	30
Do	1	8	15	22	29	6	13	20	27		3	10	17	24	
Fr	2	9	16	23	30	7	14	21	28		4	11	18	25	
Sa	3	10	17	24	1	8	15	22	29		5	12	19	26	
So	**4**	**11**	**18**	**25**	**2**	**9**	**16**	**23**	**30**		**6**	**13**	**20**	**27**	

20 AT

19 AT

21/22 AT

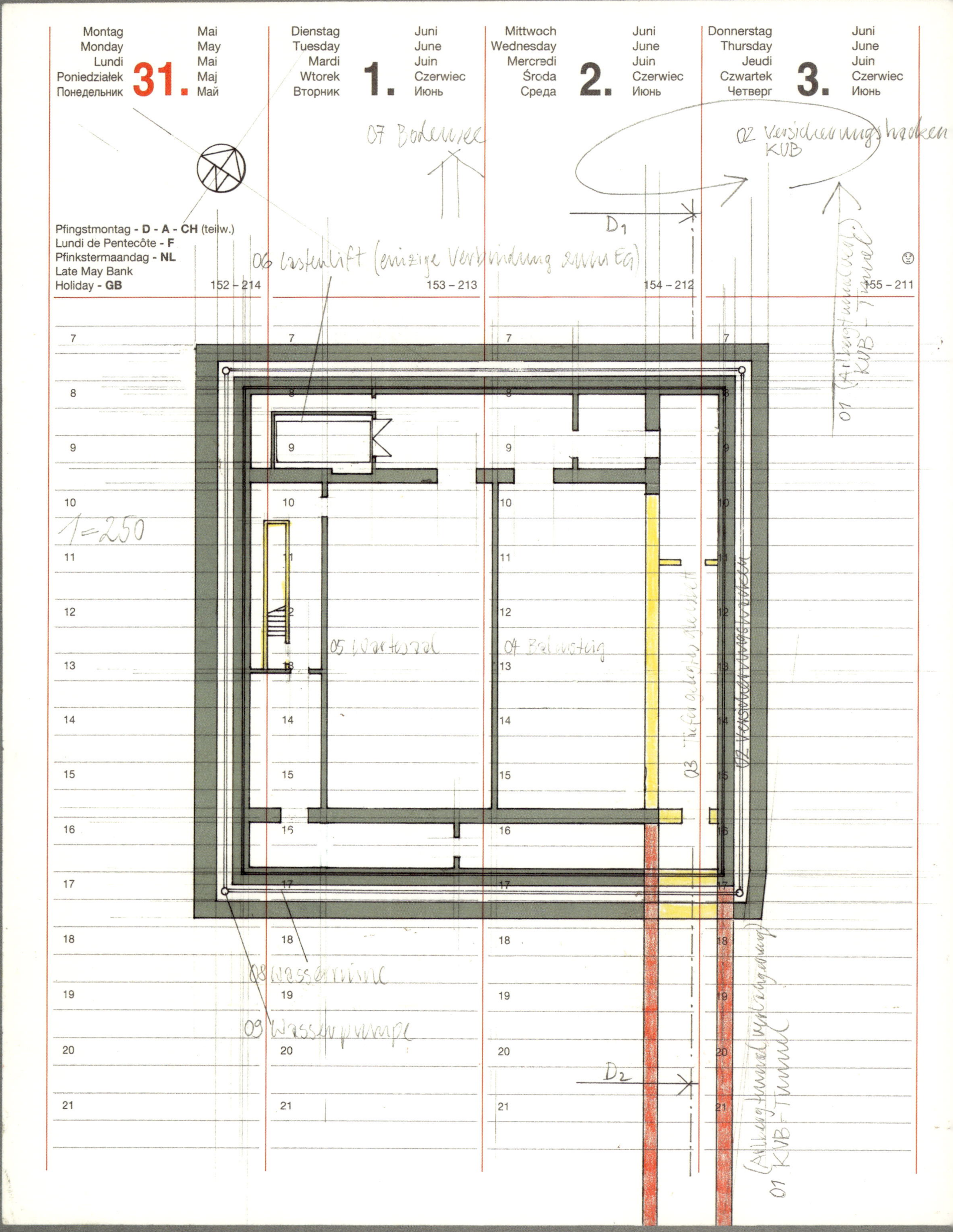

Montag Monday Lundi Poniedziałek Понедельник
31.
Mai May Mai Maj Май
Dienstag Tuesday Mardi Wtorek Вторник
1.
Juni June Juin Czerwiec Июнь
Mittwoch Wednesday Mercredi Środa Среда
2.
Juni June Juin Czerwiec Июнь
Donnerstag Thursday Jeudi Czwartek Четверг
3.
Juni June Juin Czerwiec Июнь
Pfingstmontag - D - A - CH (teilw.)
Lundi de Pentecôte - F
Pfinkstermaandag - NL
Late May Bank Holiday - GB
152 – 214
153 – 213
154 – 212
155 – 211
07 Bodenwelle
02 Versicherungshaken KVB
06 Lastenlift (einzige Verbindung zum EG)
D1
D2
1=250
05 Wartesaal
04 Bahnsteig
08 Wassermine
09 Wasserpumpe
01 (Anlegetunnel) KVB-Tunnel

Freitag
Friday
Vendredi
Piątek
Пятница
4.
Juni
June
Juin
Czerwiec
Июнь

Samstag
Saturday
Samedi
Sobota
Суббота
5.
Juni
June
Juin
Czerwiec
Июнь

Sonntag
Sunday
Dimanche
Niedziela
Воскресение
6.
Juni
June
Juin
Czerwiec
Июнь

23.
Woche
Week
Semaine
Tydzień
Неделя

01 (Arlberg tunnel extension) KUB tunnel
02 Safety hook KUB
03 Lower track bed
04 Station platform
05 Waiting lounge
06 Goods lift (only connection to the ground floor)
07 Lake Constance
08 Narrow water channel
09 Water pump
10 Infiltrating water will be pumped from the collector passage to the ground floor

156 – 210

157 – 209

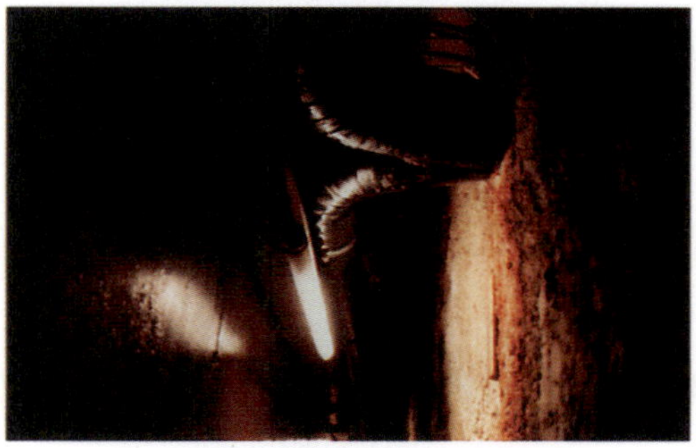

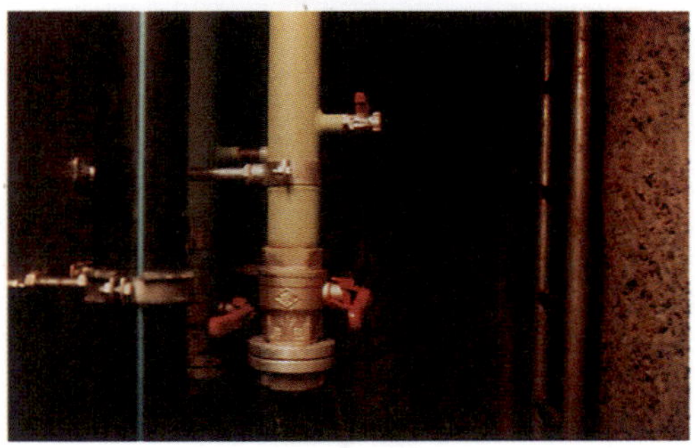

7

8

10
Eindringendes Wasser vom Kollektorgang ins Erdgeschoß pumpen.

9

10

11

Schnitt D1–D2 1=100

12

13

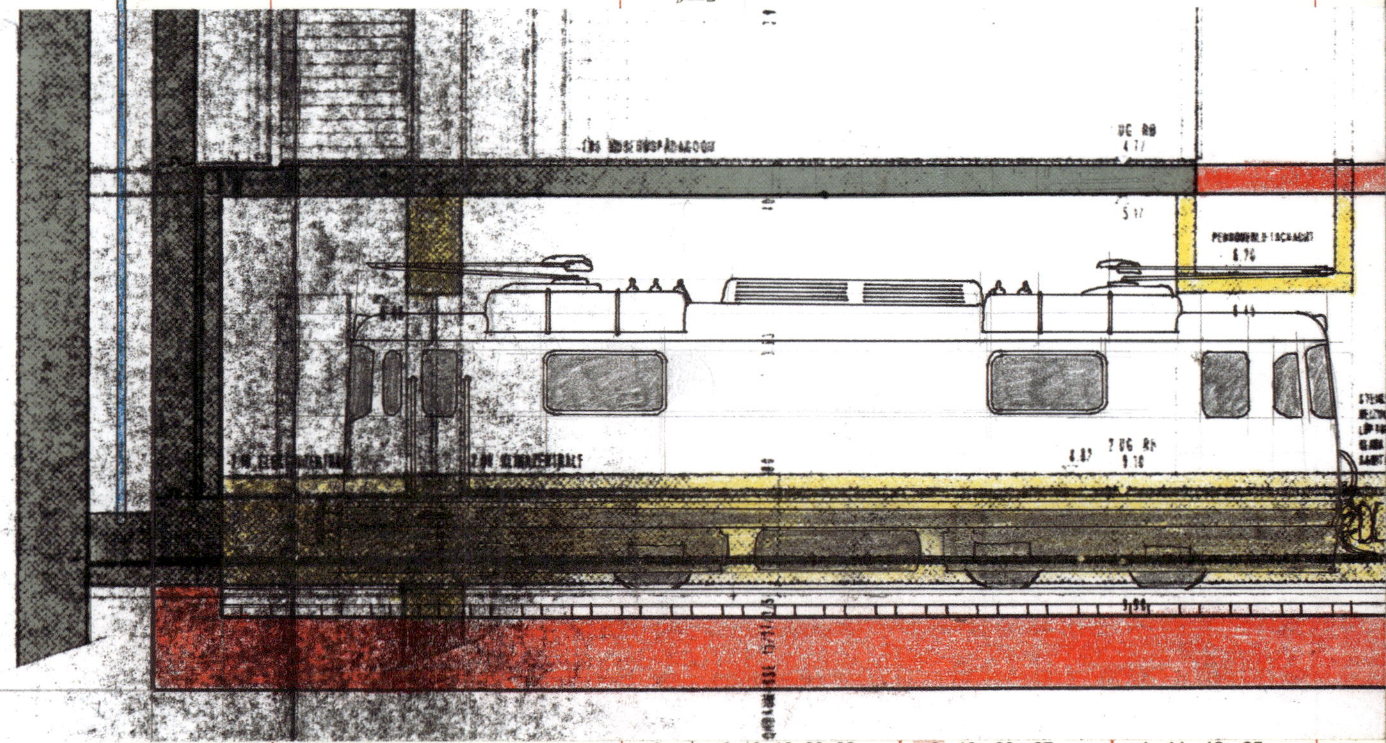

14

15

16

17

18

19

20

21

Section D1–D2, scale 1:100

So 2 9 16 23 30 6 13 20 27 4 11 18 25

19 AT 21/22 AT 22 AT

Montag Monday Lundi Poniedziałek Понедельник	**7.**	Juni June Juin Czerwiec Июнь	Dienstag Tuesday Mardi Wtorek Вторник	**8.**	Juni June Juin Czerwiec Июнь	Mittwoch Wednesday Mercredi Środa Среда	**9.**	Juni June Juin Czerwiec Июнь	Donnerstag Thursday Jeudi Czwartek Четверг	**10.**	Juni June Juin Czerwiec Июнь
		159 – 207			160 – 206			161 – 205	Fronleichnam - **D** (teilw.) **A - CH** (teilw.) Boże Ciało - **PL**		162 – 204
7			7			7			7		
8			8			8			8		
9			9			9					
10			10			10					
11			11			11					
12			12			12			12		

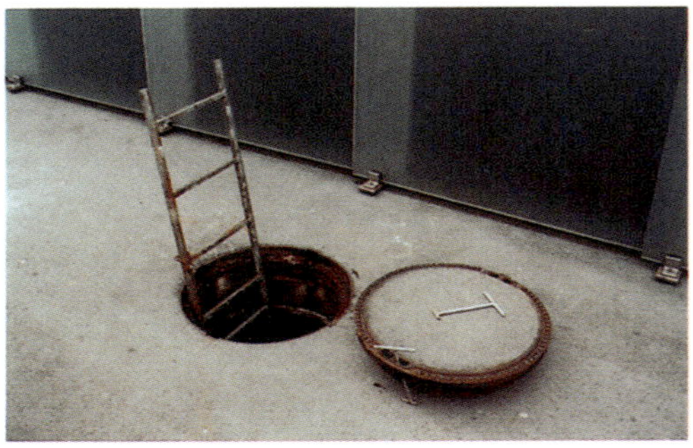

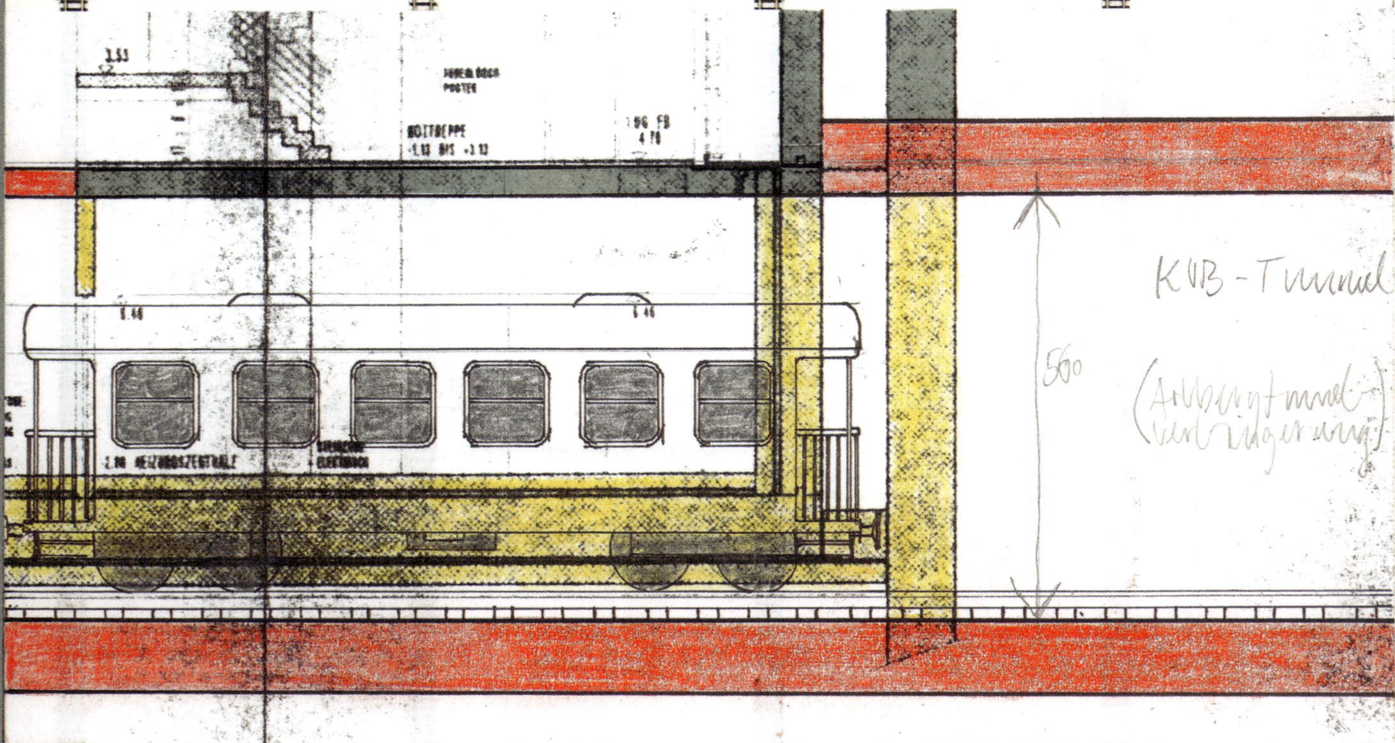

Freitag Friday Vendredi Piątek Пятница	**11.**	Juni June Juin Czerwiec Июнь
Samstag Saturday Samedi Sobota Суббота	**12.**	Juni June Juin Czerwiec Июнь
Sonntag Sunday Dimanche Niedziela Воскресение	**13.**	Juni June Juin Czerwiec Июнь

24.
Woche
Week
Semaine
Tydzień
Неделя

День пр. Декл. о гос. сув. Р. Ф. - RUS

163 – 203

164 – 202

165 – 201

7

8

9

10

11

12

13

14

7

8

9

10

11

12

13

14

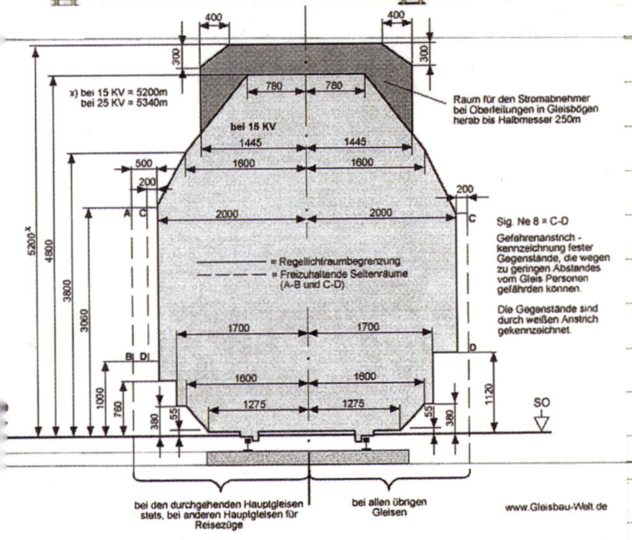

21

21

Clearance profile
Standard clearance
Lateral clearance space

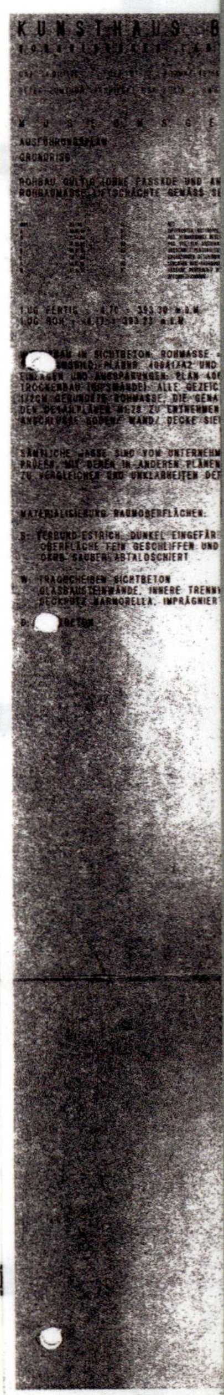

Lichtraumprofil

Mai

Wo	18	19	20	21	22	23
Mo		3	10	17	24	31
Di		4	11	18	25	
Mi		5	12	19	26	
Do		6	13	20	27	
Fr		7	14	21	28	
Sa	1	8	15	22	29	
So	**2**	**9**	**16**	**23**	**30**	

19 AT

Juni

Wo	23	24	25	26	27
Mo		7	14	21	28
Di	1	8	15	22	29
Mi	2	9	16	23	30
Do	3	10	17	24	
Fr	4	11	18	25	
Sa	5	12	19	26	
So	**6**	**13**	**20**	**27**	

21/22 AT

Wo	27	28	29	30	31
Mo		5	12	19	26
Di		6	13	20	27
Mi		7	14	21	28
Do	1	8	15	22	29
Fr	2	9	16	23	30
Sa	3	10	17	24	31
So	**4**	**11**	**18**	**25**	

22 AT

1. UNTERGESCHOSS

1st basement level

Montag / Monday / Lundi / Poniedziałek / Понедельник 14. Juni / June / Juin / Czerwiec / Июнь	Dienstag / Tuesday / Mardi / Wtorek / Вторник 15. Juni / June / Juin / Czerwiec / Июнь	Mittwoch / Wednesday / Mercredi / Środa / Среда 16. Juni / June / Juin / Czerwiec / Июнь	Donnerstag / Thursday / Jeudi / Czwartek / Четверг 17. Juni / June / Juin / Czerwiec / Июнь

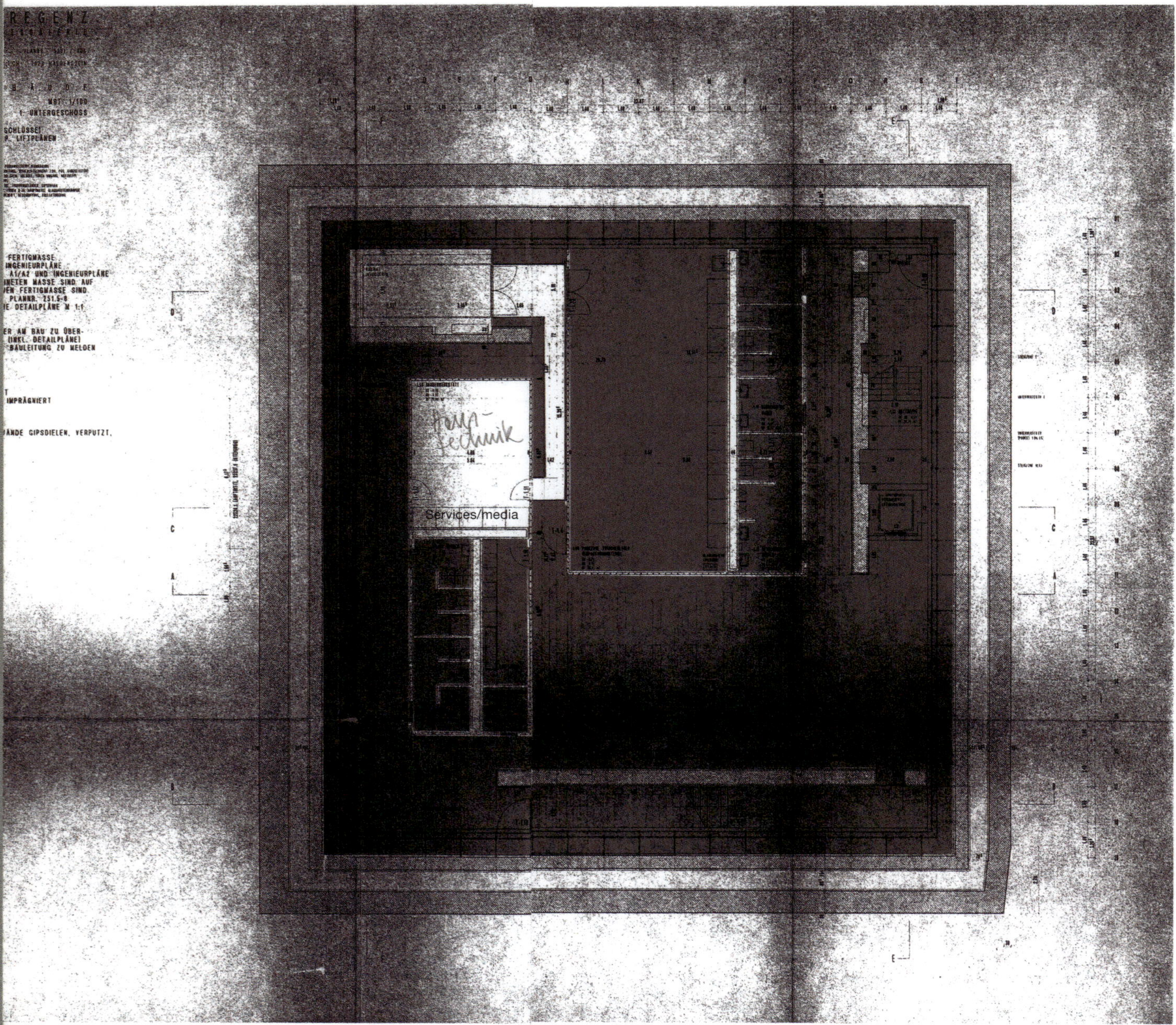

20 komplett mit 20 Aushubmaterial 20 auffüllen. 20
Bis auf Lasteinaufzug und Gang zum
21 Haustechnikbüro 21 21 21

The spaces on the 1st basement level will be completely filled with excavated material, leaving just enough space for the goods lift and the passage to the technical services office.

Freitag Friday Vendredi Piątek Пятница	18.	Juni June Juin Czerwiec Июнь	Samstag Saturday Samedi Sobota Суббота	19.	Juni June Juin Czerwiec Июнь	Sonntag Sunday Dimanche Niedziela Воскресение	20.	Juni June Juin Czerwiec Июнь	25. Woche Week Semaine Tydzień Неделя

7
8
9
10
11

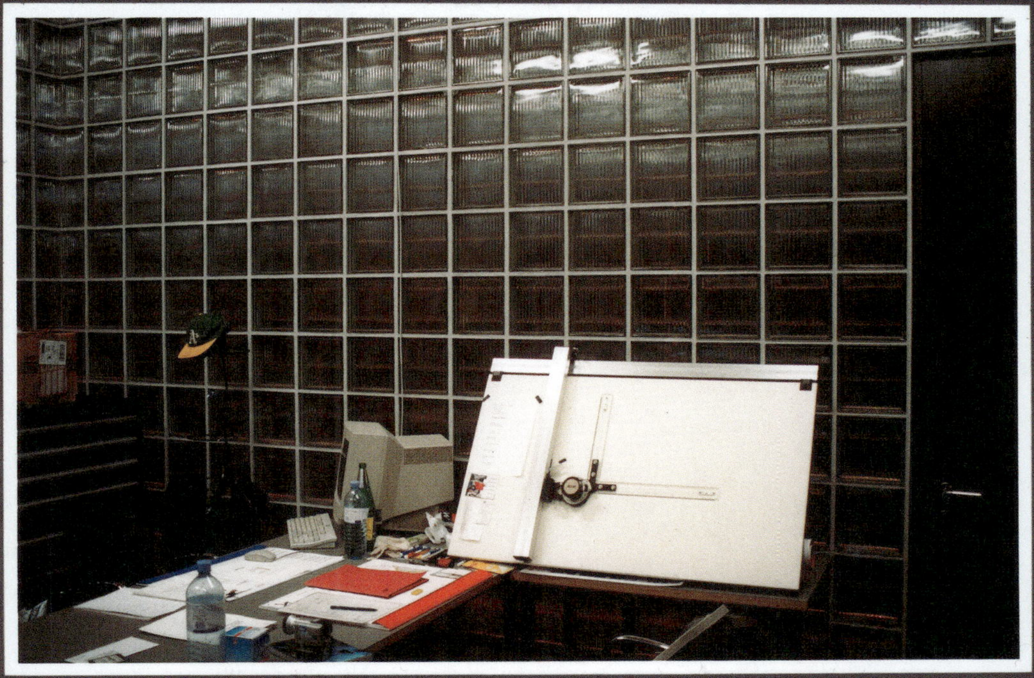

12
12
13
14
15
16
17
18
19
20

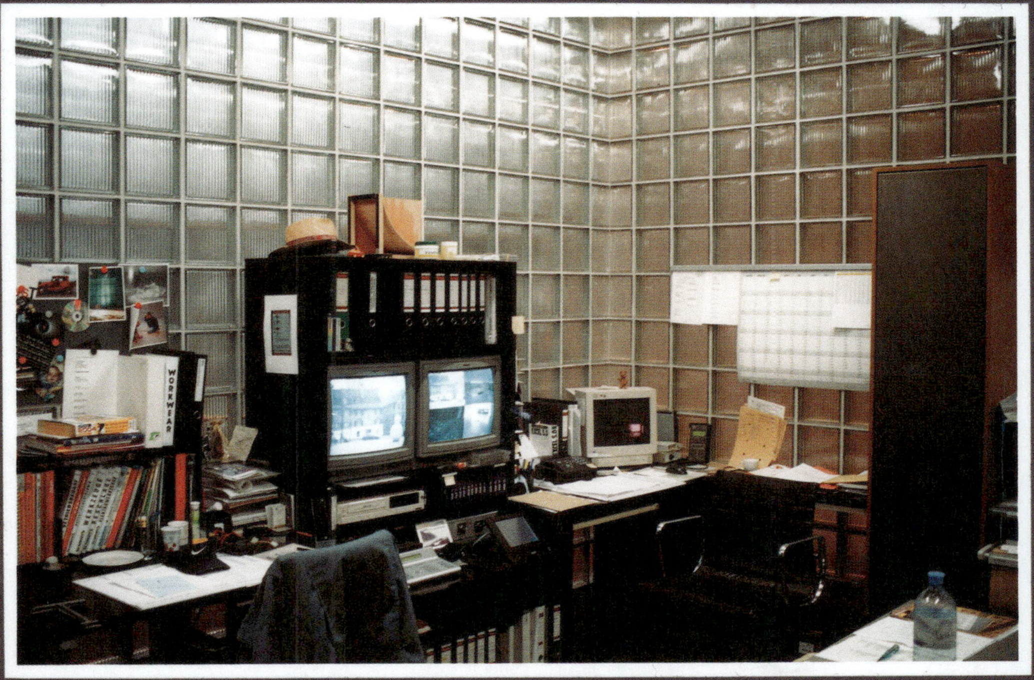

21

So 2 9 16 23 30 6 13 20 27 4 11 18 25

19 AT 21/22 AT 22 AT

Montag / Monday / Lundi / Poniedziałek / Понедельник **21.** Juni / June / Juin / Czerwiec / Июнь	Dienstag / Tuesday / Mardi / Wtorek / Вторник **22.** Juni / June / Juin / Czerwiec / Июнь	Mittwoch / Wednesday / Mercredi / Środa / Среда **23.** Juni / June / Juin / Czerwiec / Июнь	Donnerstag / Thursday / Jeudi / Czwartek / Четверг **24.** Juni / June / Juin / Czerwiec / Июнь
Sommeranfang 173 – 193	174 – 192	175 – 191	176 – 190
7	7	7	7
8	8 Nr. 1 [illegible]	8	8
9	9 [illegible]	9	9
	[illegible] und		
10	10 [illegible]	10	10
11	11 [illegible]	11	11
12	12 [illegible]	12	12
	[illegible]		
13	13	13	13
14	14	14	14
15	15	15	15
16	16	16	16
17	17	17	17
18	18	18	18
19	19	19	19
20	20	20	20
21	21	21	21

Freitag / Friday / Vendredi / Piątek / Пятница	**25.**	Juni / June / Juin / Czerwiec / Июнь
Samstag / Saturday / Samedi / Sobota / Суббота	**26.**	Juni / June / Juin / Czerwiec / Июнь
Sonntag / Sunday / Dimanche / Niedziela / Воскресение	**27.**	Juni / June / Juin / Czerwiec / Июнь

26. Woche / Week / Semaine / Tydzień / Неделя

177 – 189

	25.	26.
7		
8		
9		
10		
11		
12		
13		
14		
15		
16		
17		
18		
19		
20		
21		

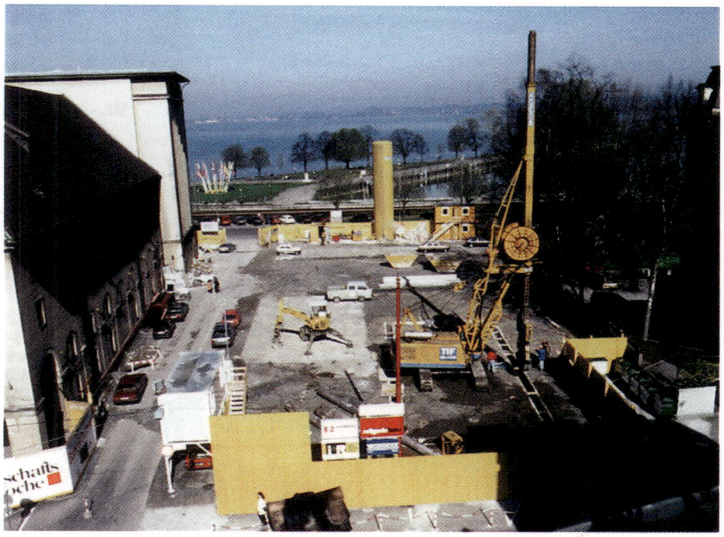

Baubeginn des Kunsthaus Bregenz 1995, Foto: Archiv Kunsthaus Bregenz
Start of construction of the Kunsthaus Bregenz, 1995, Photo: Archive Kunsthaus Bregenz

whell I felt like I was born today / so I took it upon me to go away / to gather my thoughts and go away / where I could (be used by) somebody / now over the hill, like always you know / were billy and frankie and henry and joe / and they beat and broke me hard and slow / to prove I was nobody / and no-one I was and so I remained / knocked-out in a hut, no mother, no name / and filled up my heart with one and the same / that grand dark feeling of emptiness // and was it a friend that turned me loose / or was it a girl come to baste my goose / or was it my great god who laid on his finger / and started my clock anew / ah no, it was rain; ah no, it was gunning / it was point-break and buckle / and singing and cunning / that skinned me, re-skinned me / and started me running / and I never looked back from then on // and now I am learning bit by bit / about the make and model shit / the muddy bowl I live in it / and all the mucks that tire us / and I'm afeared if I don't have / a piglet, lamb, or little calve / I'll chop my human-ness in half / and be as worm or virus // but kids I've had, and they are sung / upon folks' ears my babes are hung / rhythmically they live among / and grow but don't get old / not in a box, not in a void / not if their voice is never hoid / nor if no-one repeats a woid / but if their tune is told / then we can age and fall away / to meet again some golden day / and fill it in our happy way / in starlight and in gold

Bonnie 'Prince' Billy, *grand dark feeling of emptiness*
Aus / From: *ease down the road*, Palace Records, 2001

	Mai						Juni					Juli				
Wo	18	19	20	21	22	23	23	24	25	26	27	27	28	29	30	31
Mo		3	10	17	24	31		7	14	21	28		5	12	19	26
Di		4	11	18	25		1	8	15	22	29		6	13	20	27
Mi		5	12	19	26		2	9	16	23	30		7	14	21	28
Do		6	13	20	27		3	10	17	24		1	8	15	22	29
Fr		7	14	21	28		4	11	18	25		2	9	16	23	30
Sa	1	8	15	22	29		5	12	19	26		3	10	17	24	31
So	**2**	**9**	**16**	**23**	**30**		**6**	**13**	**20**	**27**		**4**	**11**	**18**	**25**	

19 AT | 21/22 AT | 22 AT

Montag Monday Lundi Poniedziałek Понедельник	**28.**	Juni June Juin Czerwiec Июнь	Dienstag Tuesday Mardi Wtorek Вторник	**29.**	Juni June Juin Czerwiec Июнь	Mittwoch Wednesday Mercredi Środa Среда	**30.**	Juni June Juin Czerwiec Июнь	Donnerstag Thursday Jeudi Czwartek Четверг	**1.**	Juli July Juillet Lipiec Июль

183 – 183

7

8

9

10

11

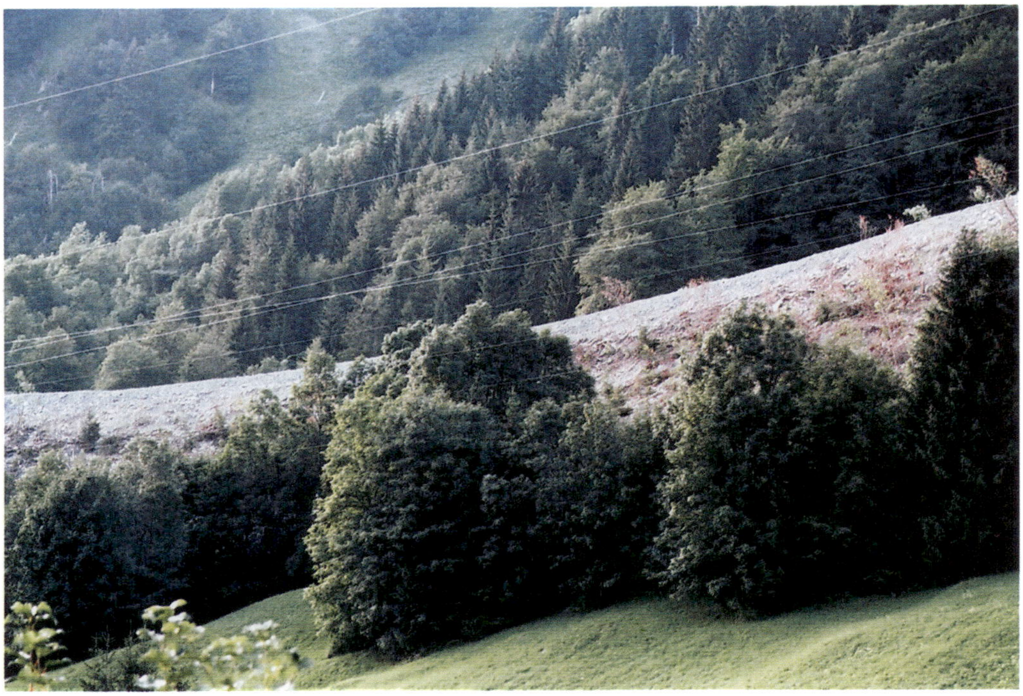

12

Aushub- und Ausbruchmaterial des Arlberg-Straßentunnels – Westseite (1971–1978)
Excavated earth and quarry stone from the Arlberg road tunnel's western end (1971–1978)

12 12 12

13

14

15

16

17

18

19

20

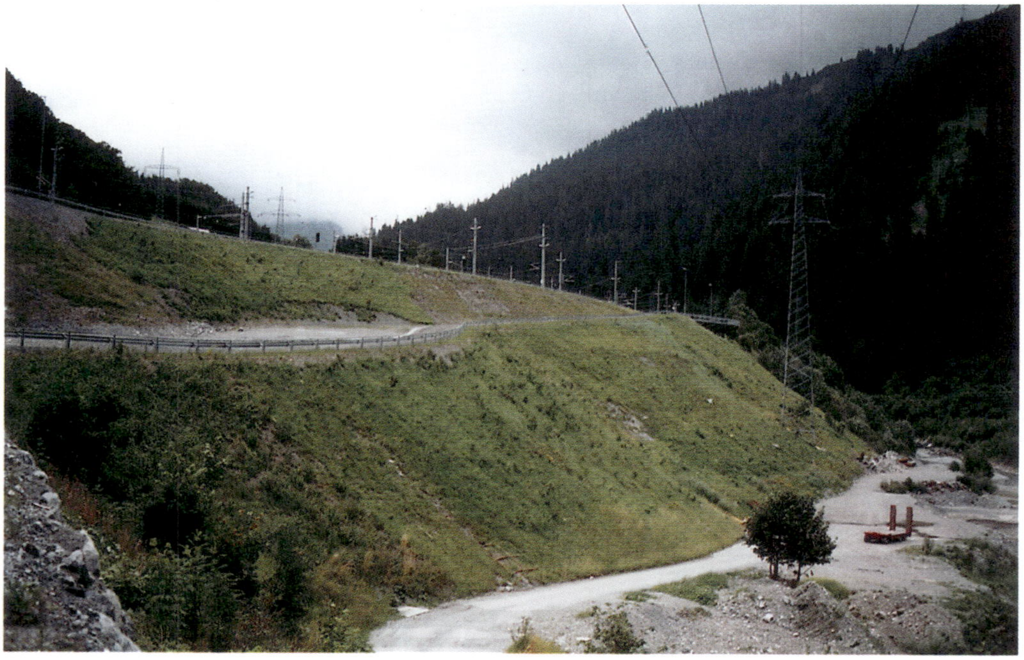

21

Aushub- und Ausbruchmaterial des Arlbergtunnels, Westseite (1880–1884) und der darauf errichtete Bahnhof Langen
Mound of excavated earth and quarry stone from the Arlberg tunnel's western end (1880–1884) with Langen station built on the top

21 21 21

Freitag
Friday
Vendredi
Piątek
Пятница

2.

Juli
July
Juillet
Lipiec
Июль

184 – 182

Samstag
Saturday
Samedi
Sobota
Суббота

3.

Juli
July
Juillet
Lipiec
Июль

185 – 181

Sonntag
Sunday
Dimanche
Niedziela
Воскресение

4.

Juli
July
Juillet
Lipiec
Июль

27.
Woche
Week
Semaine
Tydzień
Неделя

1.295.000 m³ Aushub- und Ausbruchmaterial des 51,8 Kilometer langen KUB-Tunnels verteilt auf den Hauptbahnhof Bregenz und das 1. Untergeschoss des Kunsthaus Bregenz
2.250 m³ im 1. Untergeschoss des Kunsthauses,
1.292.750 m³ über dem Hauptbahnhof Bregenz

1,295,000 m³ of excavation material from the 51.8-km KUB tunnel used to cover Bregenz Central Station and to fill the 1st basement level of the Kunsthaus Bregenz
2,250 m³ for filling 1st basement level of the Kunsthaus Bregenz,
1,292,750 m³ for covering Bregenz Central Station

186 – 180

7

8

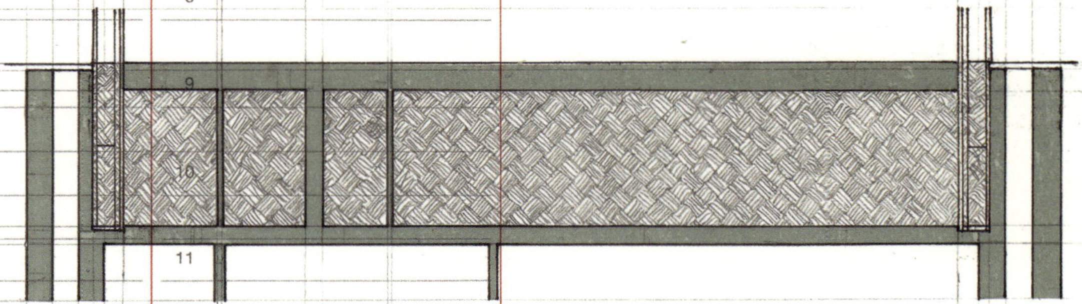

9

10

11

12

13

14

15

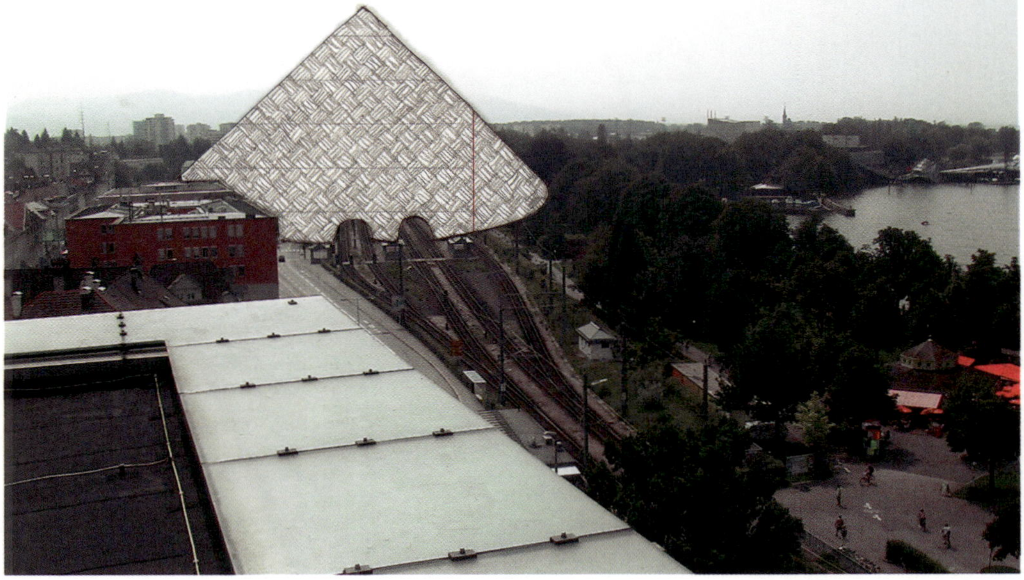

16

17

18

19

20

21

August

											33	34	35	36
											9	16	23	30
											10	17	24	31
											11	18	25	
											12	19	26	
Fr	4	11	18	25	2	9	16	23	30	6	13	20	27	
Sa	5	12	19	26	3	10	17	24	31	7	14	21	28	
So	**6**	**13**	**20**	**27**	**4**	**11**	**18**	**25**	1	**8**	**15**	**22**	**29**	

21/22 AT

22 AT

22 AT

ERDGESCHOSS

Ground floor

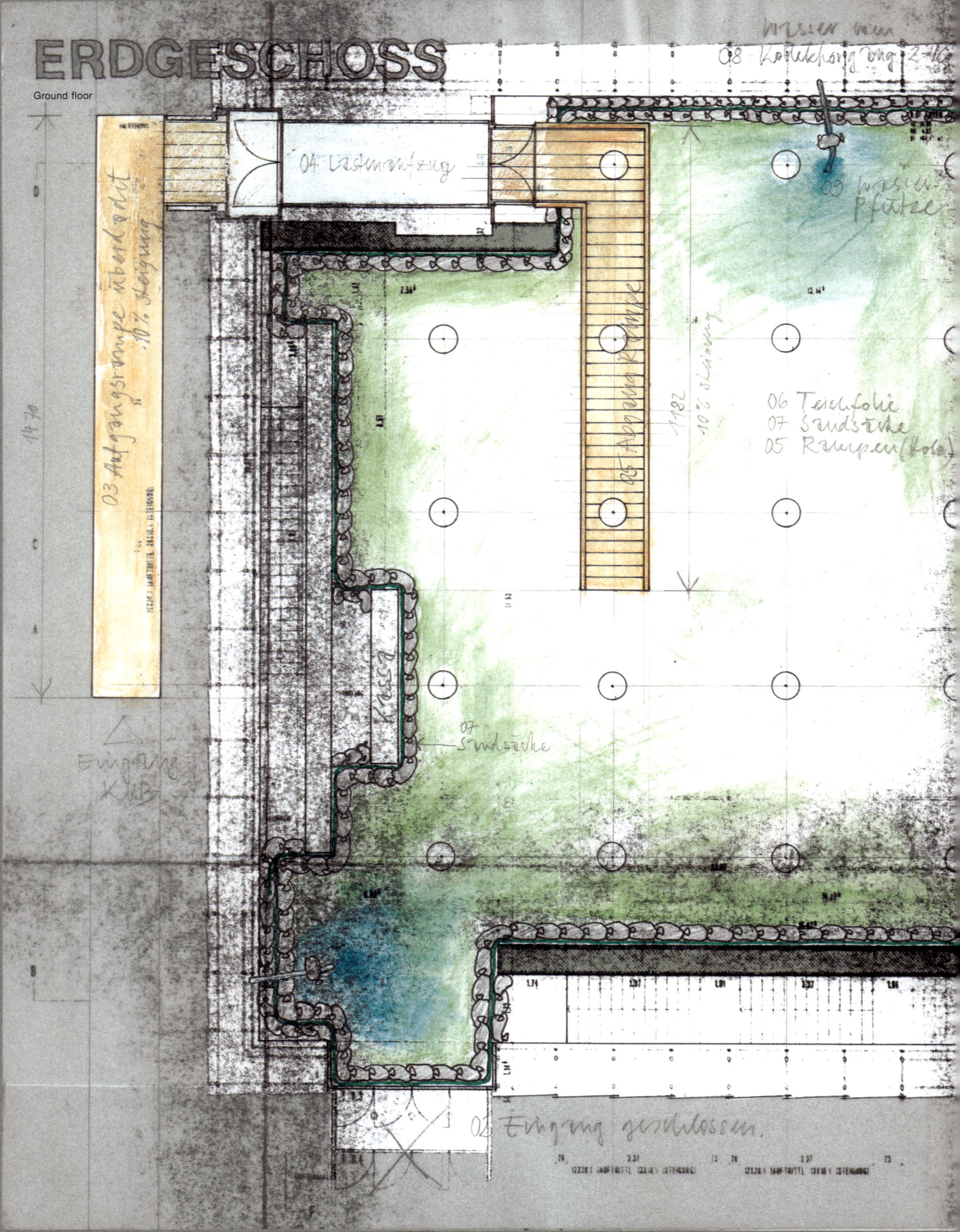

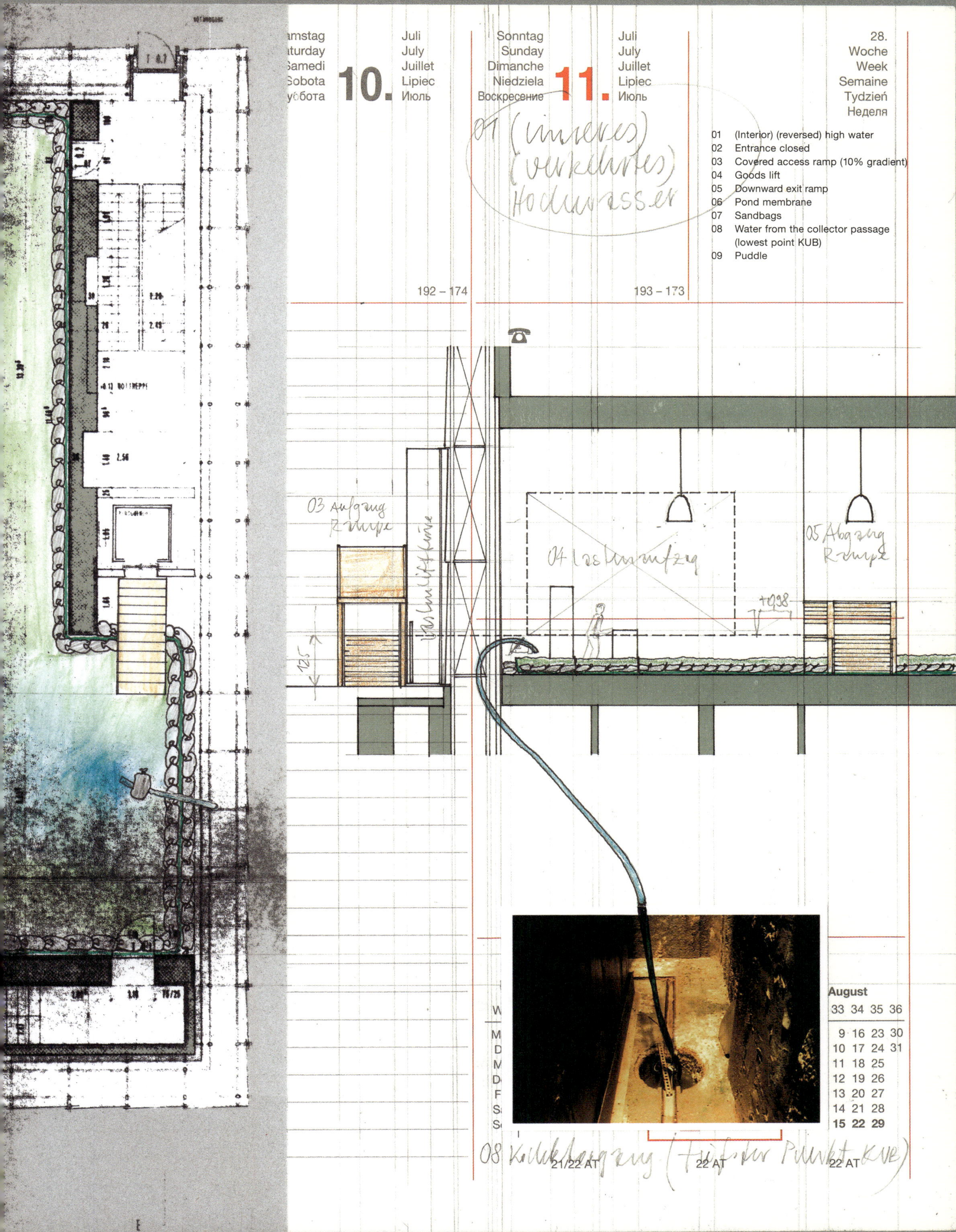
Sonntag
Sunday
Dimanche
Niedziela
Воскресение
11.
Juli
July
Juillet
Lipiec
Июль
10.
28.
Woche
Week
Semaine
Tydzień
Неделя
01 (inneres) (verkehrtes) Hochwasser
01 (Interior) (reversed) high water
02 Entrance closed
03 Covered access ramp (10% gradient)
04 Goods lift
05 Downward exit ramp
06 Pond membrane
07 Sandbags
08 Water from the collector passage (lowest point KUB)
09 Puddle
192 – 174
193 – 173
03 Aufgang Rampe
04 Lastenaufzug
05 Abgang Rampe
August
33 34 35 36
9 16 23 30
10 17 24 31
11 18 25
12 19 26
13 20 27
14 21 28
15 22 29
08 Kollektorgang (tiefster Punkt KUB)
21/22 AT
22 AT
22 AT

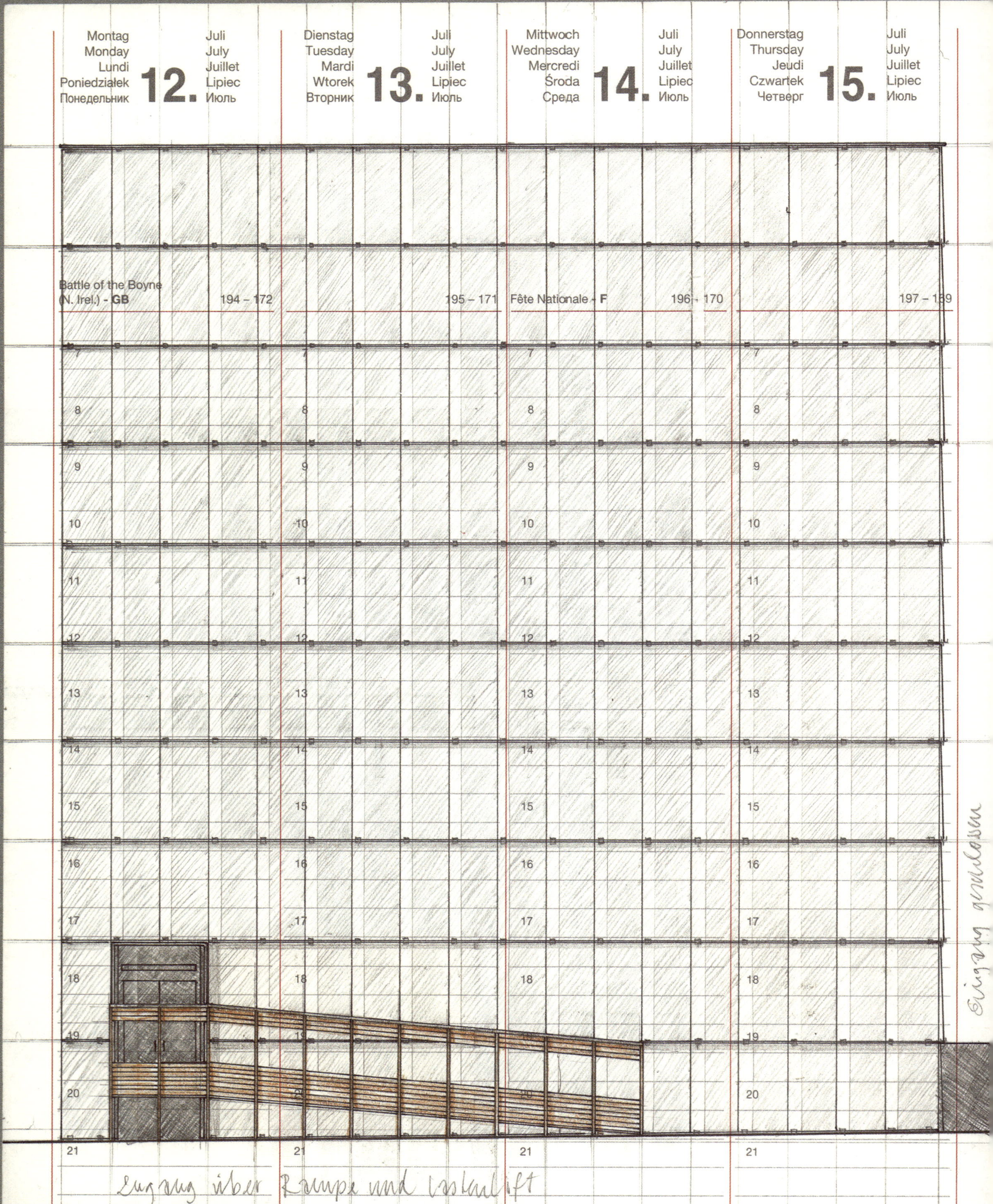

Entrance closed / Access via the ramp and the goods lift

Freitag Friday Vendredi Piątek Пятница	**16.**	Juli July Juillet Lipiec Июль

Samstag Saturday Samedi Sobota Суббота	**17.**	Juli July Juillet Lipiec Июль

Sonntag Sunday Dimanche Niedziela Воскресение	**18.**	Juli July Juillet Lipiec Июль

29.
Woche
Week
Semaine
Tydzień
Неделя

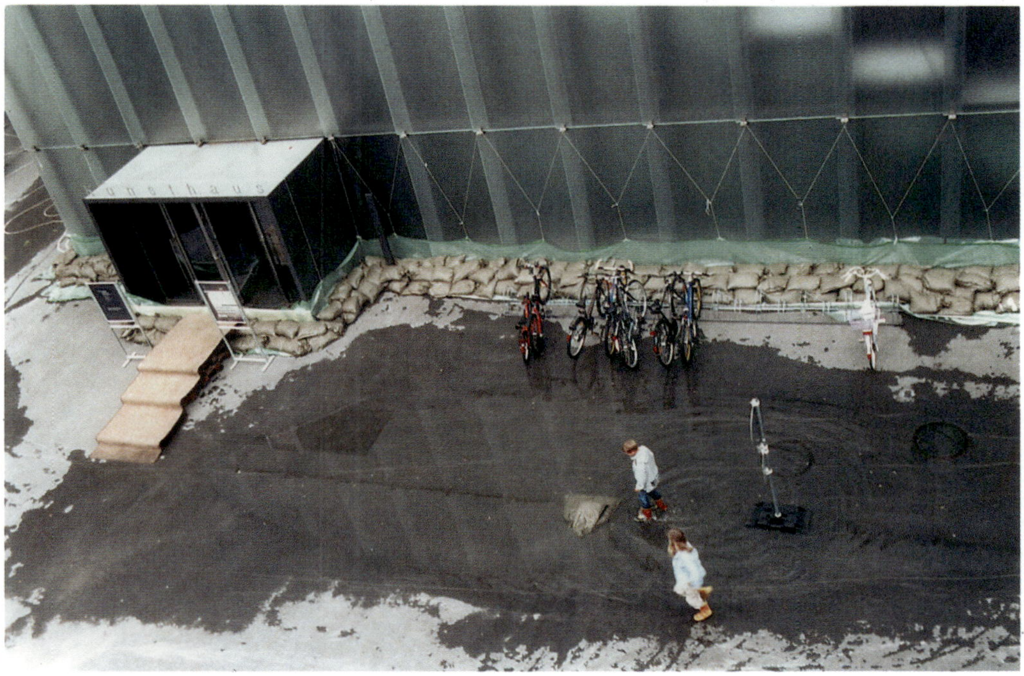

7

8

9

10

11

12

12

13

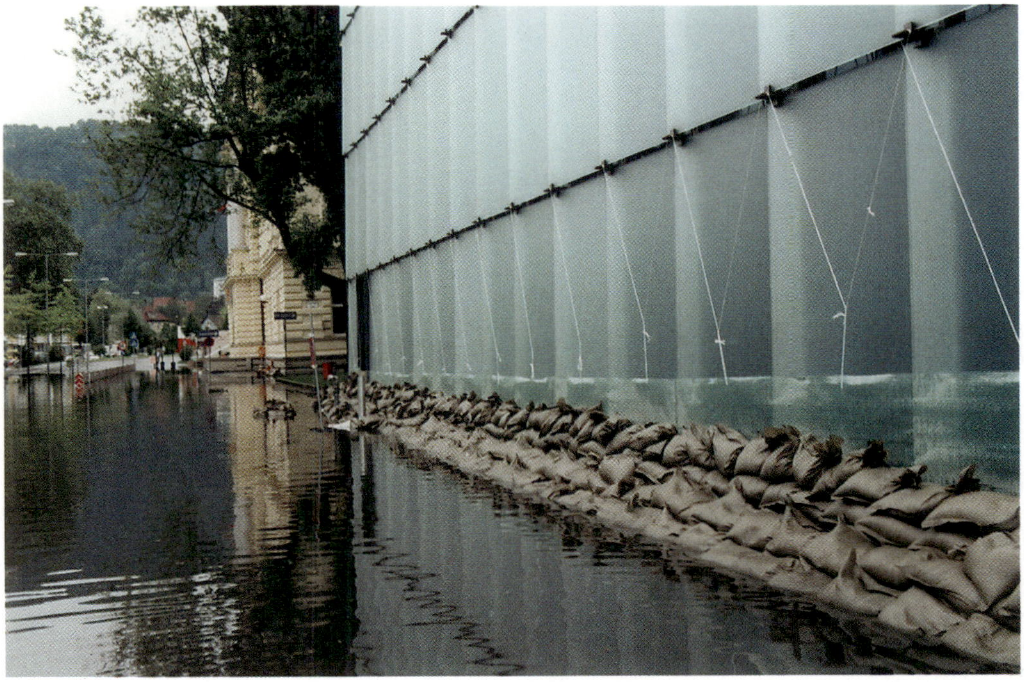

14

15

16

17

18

19

20

21

21

Fr	4	11	18	25	2	9	16	23	30		6	13	20	27
Sa	5	12	19	26	3	10	17	24	31		7	14	21	28
So	**6**	**13**	**20**	**27**	**4**	**11**	**18**	**25**		1	8	**15**	**22**	**29**

21/22 AT

22 AT

22 AT

August

33	34	35	36
9	16	23	30
10	17	24	31
11	18	25	
12	19	26	

Hochwasser im Mai 1999
Flooding in May 1999
Foto / Photo: Rudolf Sagmeister

Montag / Monday / Lundi / Poniedziałek / Понедельник **19.** Juli / July / Juillet / Lipiec / Июль	Dienstag / Tuesday / Mardi / Wtorek / Вторник **20.** Juli / July / Juillet / Lipiec / Июль	Mittwoch / Wednesday / Mercredi / Środa / Среда **21.** Juli / July / Juillet / Lipiec / Июль	Donnerstag / Thursday / Jeudi / Czwartek / Четверг **22.** Juli / July / Juillet / Lipiec / Июль
	202 – 164	203 – 163	204 – 162

My lover comes to me with a rose on her bosom
the moon's dancin' purple
all through her black hair
and a ladies-in-waiting she stands 'neath my window
and the sun will rise soon
on the false and the fair

She tells me she comes from my mother the mountain
her skin fits her tightly
and her lips do not lie
She silently slips from her throat a medallion
slowly she twirls it
in front of my eyes

I watch her, I love her, I long for to touch her
the satin she's wearin'
is shimmering blue
Outside my window her ladies are sleeping
my dogs have gone hunting
the howling is through

So I reach for her hand and her eyes turns to poison
and her hair turns to splinters,
and her flesh turns to brine
she leaps cross the room, she stands in the window
and screams that my first-born
will surely be blind

She throws herself out of the black of the nightfall
She's parted her lips
but she makes not a sound
I fly down the stairway, and I run to the garden
no trace of my true love
is there to be found

So walk these hills lightly, and watch who you're lovin'
by mother the mountain
I swear that it's true
Love not a woman with hair black as midnight
and her dress made of satin
all shimmering blue

Townes Van Zandt, *Our mother the mountain*
Aus / From: *Rear view mirror*, Normal Records, 1996

Freitag
Friday
Vendredi
Piątek
Пятница

23. Juli
July
Juillet
Lipiec
Июль

205 – 161

7
8
9
10
11
12
13
14
15
16
17
18
19
20
21

Samstag
Saturday
Samedi
Sobota
Суббота

24. Juli
July
Juillet
Lipiec
Июль

206 – 160

7
8
9
10
11
12
13
14
15
16
17
18
19
20
21

Sonntag
Sunday
Dimanche
Niedziela
Воскресение

25. Juli
July
Juillet
Lipiec
Июль

207 – 159

30.
Woche
Week
Semaine
Tydzień
Неделя

☎

✍

	Juni					Juli					August					
Wo	23	24	25	26	27	27	28	29	30	31	31	32	33	34	35	36
Mo		7	14	21	28		5	12	19	26		2	9	16	23	30
Di	1	8	15	22	29		6	13	20	27		3	10	17	24	31
Mi	2	9	16	23	30		7	14	21	28		4	11	18	25	
Do	3	10	17	24		1	8	15	22	29		5	12	19	26	
Fr	4	11	18	25		2	9	16	23	30		6	13	20	27	
Sa	5	12	19	26		3	10	17	24	31		7	14	21	28	
So	**6**	**13**	**20**	**27**		**4**	**11**	**18**	**25**		**1**	**8**	**15**	**22**	**29**	

21/22 AT

22 AT

22 AT

1.OBERGESCHOSS

1st upper floor

Montag / Monday / Lundi / Poniedziałek / Понедельник **26.** Juli / July / Juillet / Lipiec / Июль

Dienstag / Tuesday / Mardi / Wtorek / Вторник **27.** Juli / July / Juillet / Lipiec / Июль

Mittwoch / Wednesday / Mercredi / Środa / Среда **28.** Juli / July / Juillet / Lipiec / Июль

Donnerstag / Thursday / Jeudi / Czwartek / Четверг **29.** Juli / July / Juillet / Lipiec / Июль

208 – 158

209 – 1

7
8
9
10
11
12
13
14
15
16
17
18
19
20
21

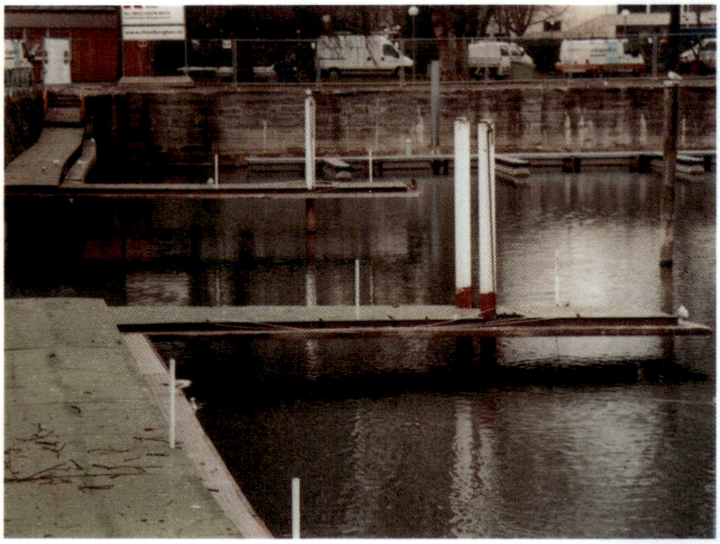

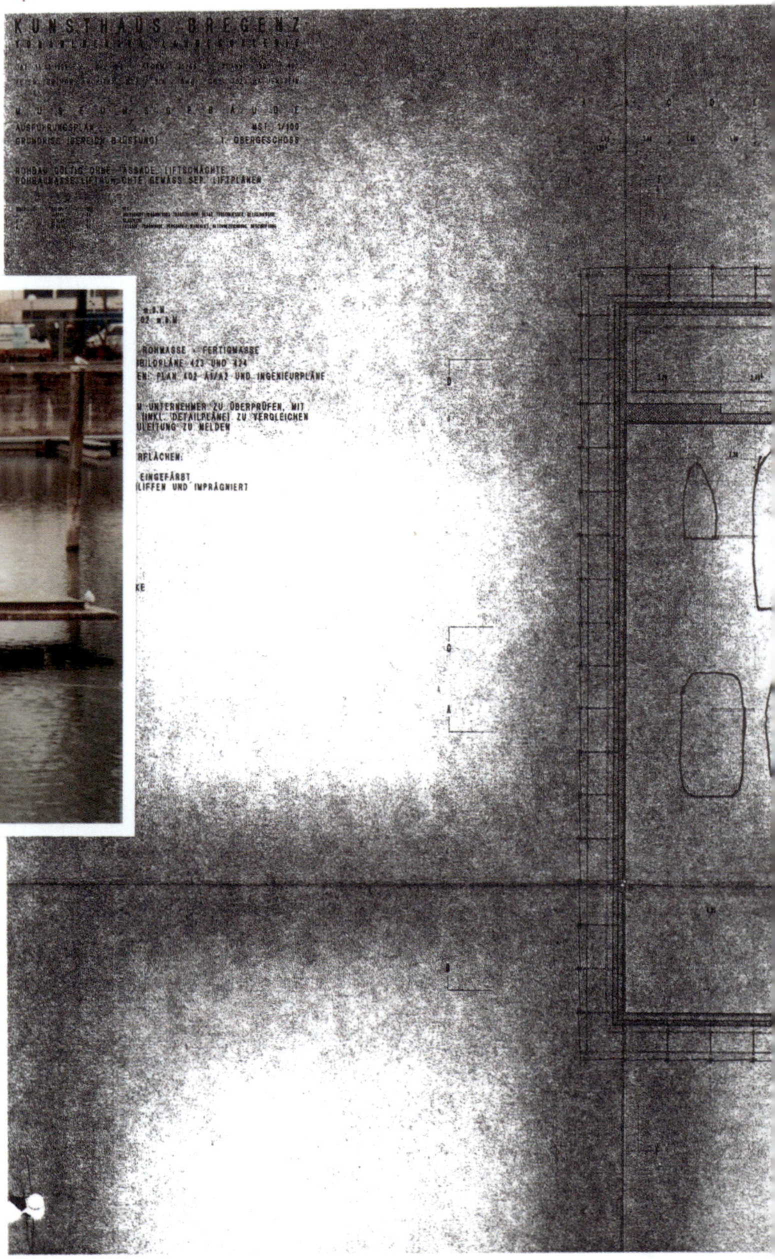

Ausführungsplan: Kunsthaus Bregenz, Grundriss 1. Obergeschoss, 16.5.1995, Architekt Peter Zumthor
Final plan of Kunsthaus Bregenz, plan of 1st upper floor, May 16, 1995, Architect Peter Zumthor

Freitag Friday Vendredi Piątek Пятница	**30.**	Juli July Juillet Lipiec Июль
Samstag Saturday Samedi Sobota Суббота	**31.**	Juli July Juillet Lipiec Июль
Sonntag Sunday Dimanche Niedziela Воскресение	**1.**	August August Août Sierpień Август

31.
Woche
Week
Semaine
Tydzień
Неделя

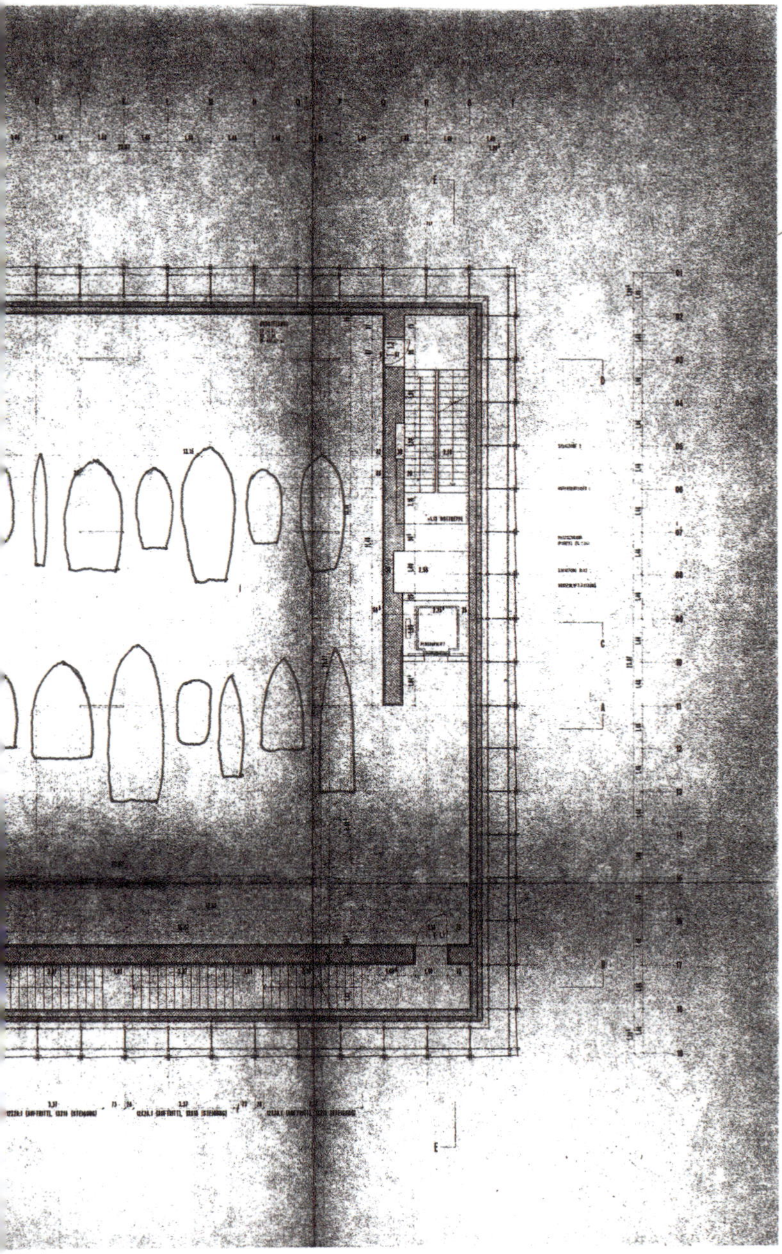

desfeier – **CH** 214 – 152

☎

amalgamated sons of rest
CD-Cover, Galaxia, 2002, Illustration von Magnus Johnstone

amalgamated sons of rest
CD cover, Galaxia, 2002, illustration by Magnus Johnstone

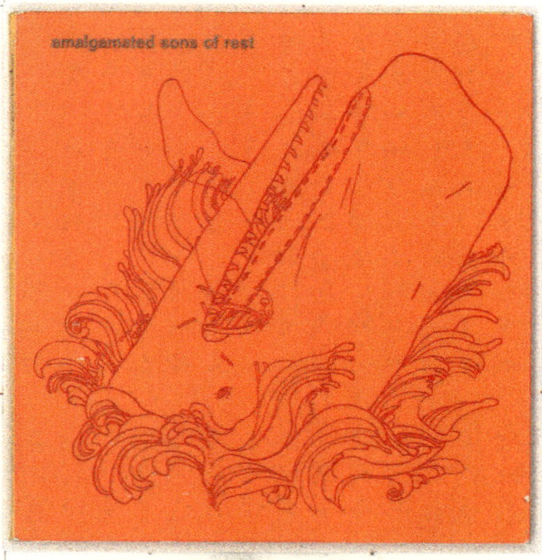

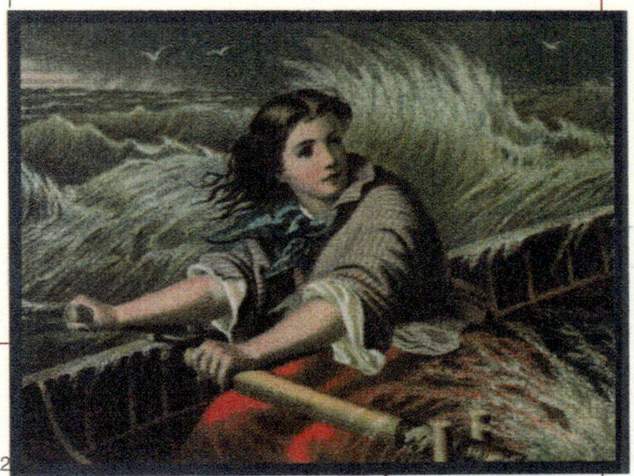

Aus: CD-Booklet, Natalie Merchant, *The house carpenter's daughter*, Myth America Records 2003

From: Natalie Merchant. *The house carpenter's daughter*. In: CD booklet, Myth America Records, 2003

20

21

20

21

Wo	23	[illegible]													
Mo		[illegible]	[illegible]	[illegible]		5	12	19	26		2	9	16	23	30
Di	1	[illegible]	[illegible]	[illegible]		6	13	20	27		3	10	17	24	31
Mi	2	9	16	23	30	7	14	21	28		4	11	18	25	
Do	3	10	17	24	1	8	15	22	29		5	12	19	26	
Fr	4	11	18	25	2	9	16	23	30		6	13	20	27	
Sa	5	12	19	26	3	10	17	24	31		7	14	21	28	
So	**6**	**13**	**20**	**27**	**4**	**11**	**18**	**25**		**1**	**8**	**15**	**22**	**29**	

21/22 AT 22 AT 22 AT

Montag Monday Lundi Poniedziałek Понедельник **2.** August August Août Sierpień Август	Dienstag Tuesday Mardi Wtorek Вторник **3.** August August Août Sierpień Август	Mittwoch Wednesday Mercredi Środa Среда **4.** August August Août Sierpień Август	Donnerstag Thursday Jeudi Czwartek Четверг **5.** August August Août Sierpień Август
Summer Bank Holiday (Scot.) - **GB** 215 – 151	216 – 150	217 – 149	218 – 148
7	7	7	7
8	8	8	8
9	9	9	9
10	10	10	10
11	11	11	11
12	12	12	12
13	13	13	13
14	14	14	14
15	15	15	15
16	16	16	16
17	17	17	17
18	18	18	18
19	19	19	19
20	20	20	20
21	21	21	21

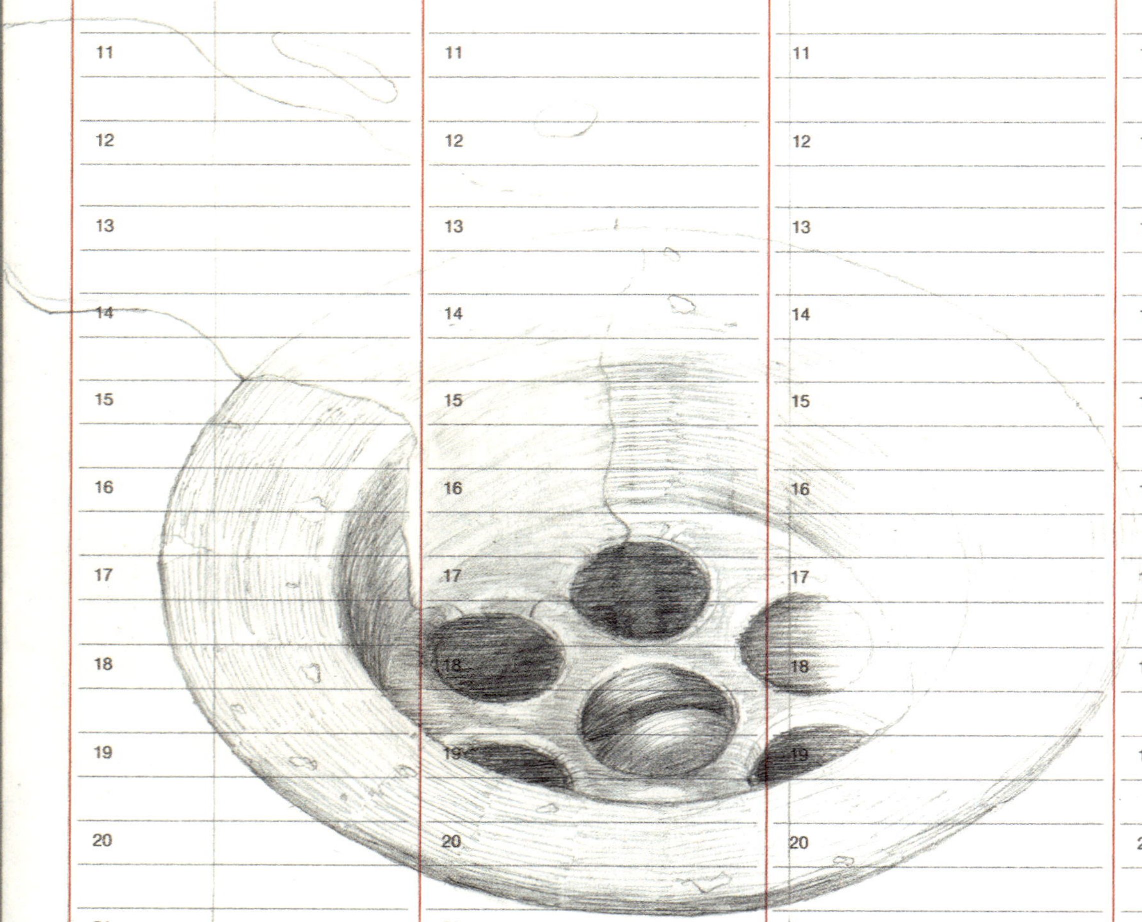

Freitag
Friday
Vendredi
Piątek
Пятница

6.

August
August
Août
Sierpień
Август

219 – 147

7
8
9
10
11

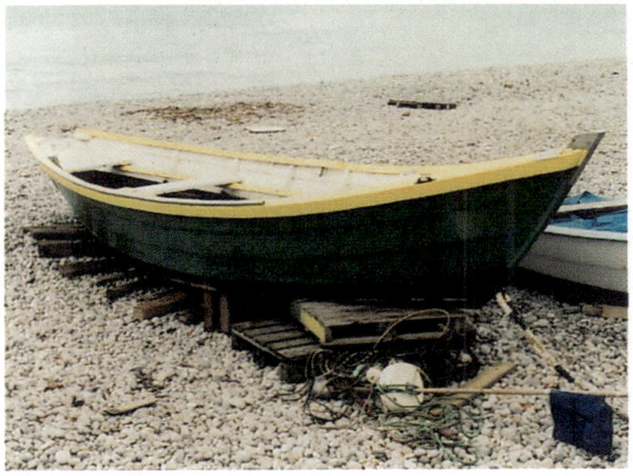

12
13
14
15
16

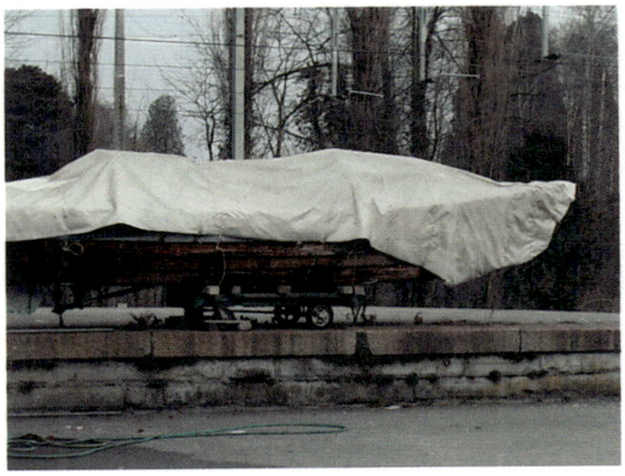

17
18
19
20
21

Samstag
Saturday
Samedi
Sobota
Суббота

7.

August
August
Août
Sierpień
Август

220 – 146

7
12
17
18
19
20
21

Sonntag
Sunday
Dimanche
N
Воск

August
August
Août

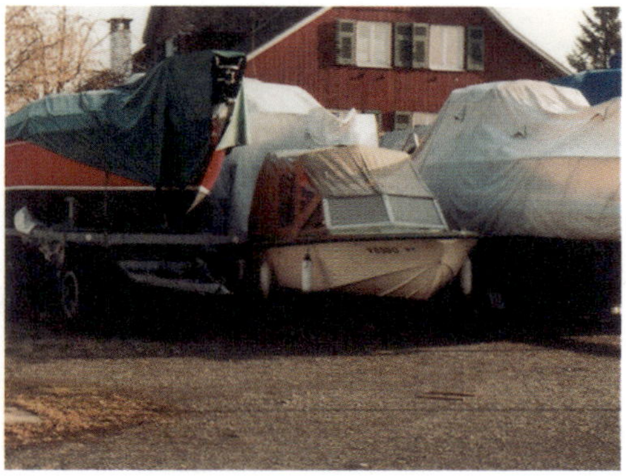

☎

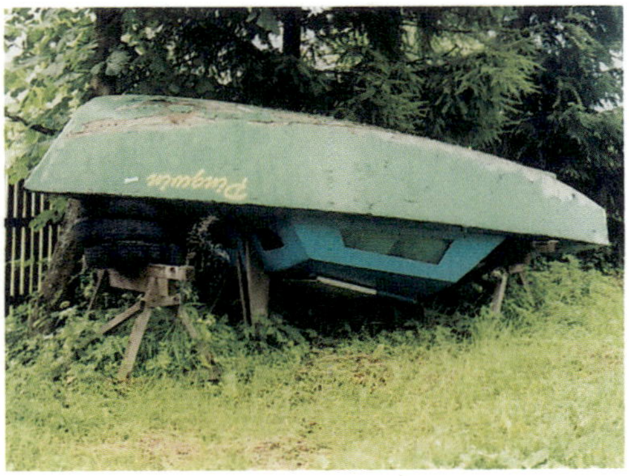

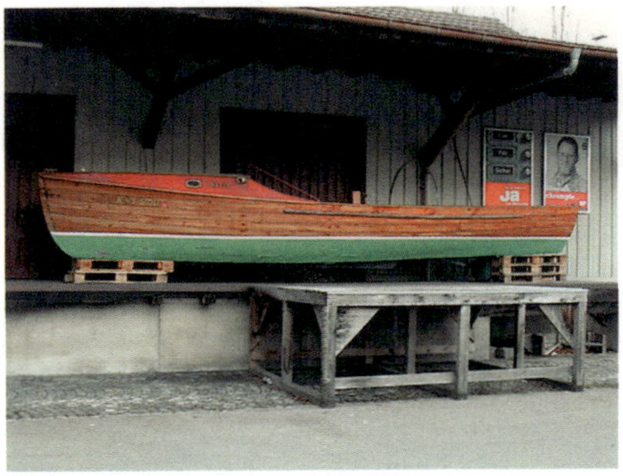

32.
Woche
Week
Semaine
Tydzień
Неделя

September			
37	38	39	40
6	13	20	27
7	14	21	28
8	15	22	29
9	16	23	30
0	17	24	
1	18	25	
2	**19**	**26**	

22 AT

Montag Monday Lundi Poniedziałek Понедельник	**9.**	August August Août Sierpień Август	Dienstag Tuesday Mardi Wtorek Вторник	**10.**	August August Août Sierpień Август	Mittwoch Wednesday Mercredi Środa Среда	**11.**	August August Août Sierpień Август	Donnerstag Thursday Jeudi Czwartek Четверг	**12.**	August August Août Sierpień Август

225 – 141

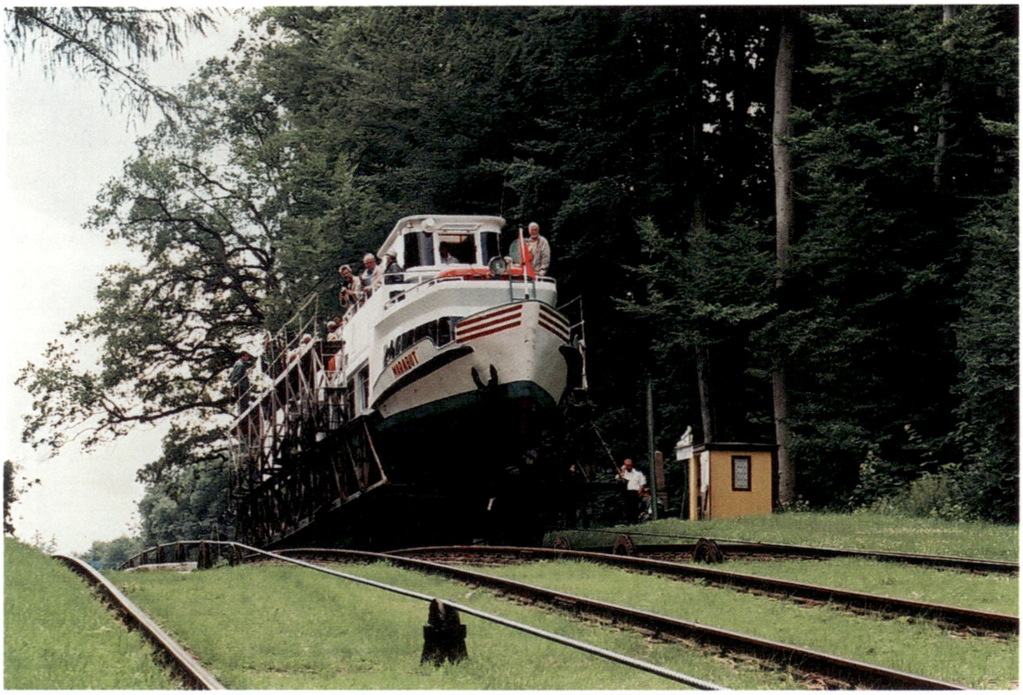

7

8

9

10

11

12	12	12	12
13	13	13	13
14		14	14
15	15	15	15
16	16	16	16
17			17
18	18	18	18
19	19	19	19
20	20	20	20
21	21	21	21

01 Upper channel
02 Upper flywheel
03 Water wheel
04 Steel cable (endless)
05 Mesh “carriages” (boats)
06 Cable wheels
07 Rails
08 Lower flywheel
09 Lower channel
10 Water being fed into the lower channel

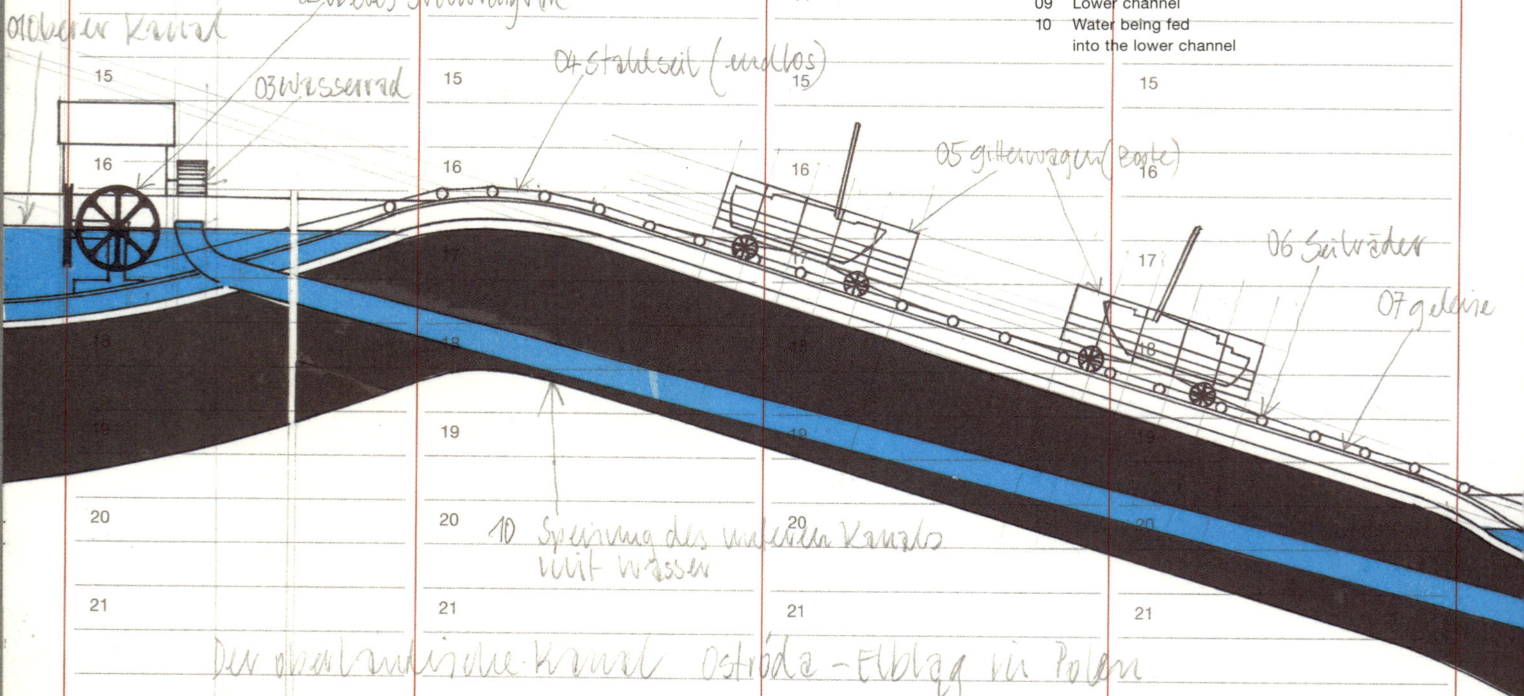

The Ostróda-Elbląg canal in Poland

Freitag Friday Vendredi Piątek Пятница	**13.**	August August Août Sierpień Август	Samstag Saturday Samedi Sobota Суббота	**14.**	August August Août Sierpień Август	Sonntag Sunday Dimanche Niedziela Воскресение	**15.**	August August Août Sierpień Август	33. Woche Week Semaine Tydzień Неделя

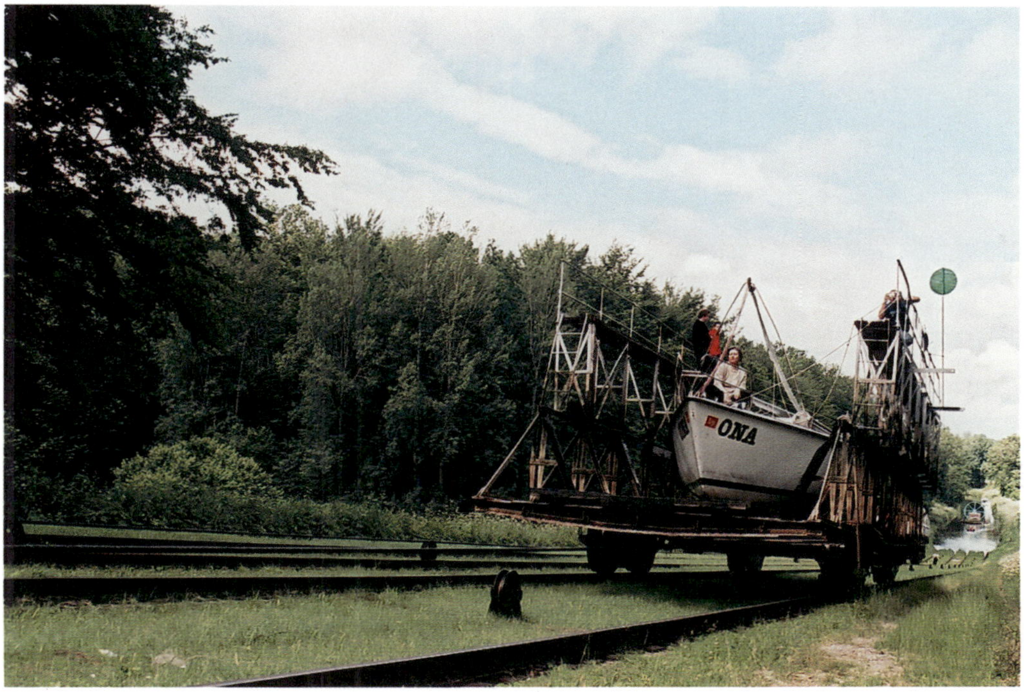

7

8

9

10

11

12

12

13

14

15

16

17

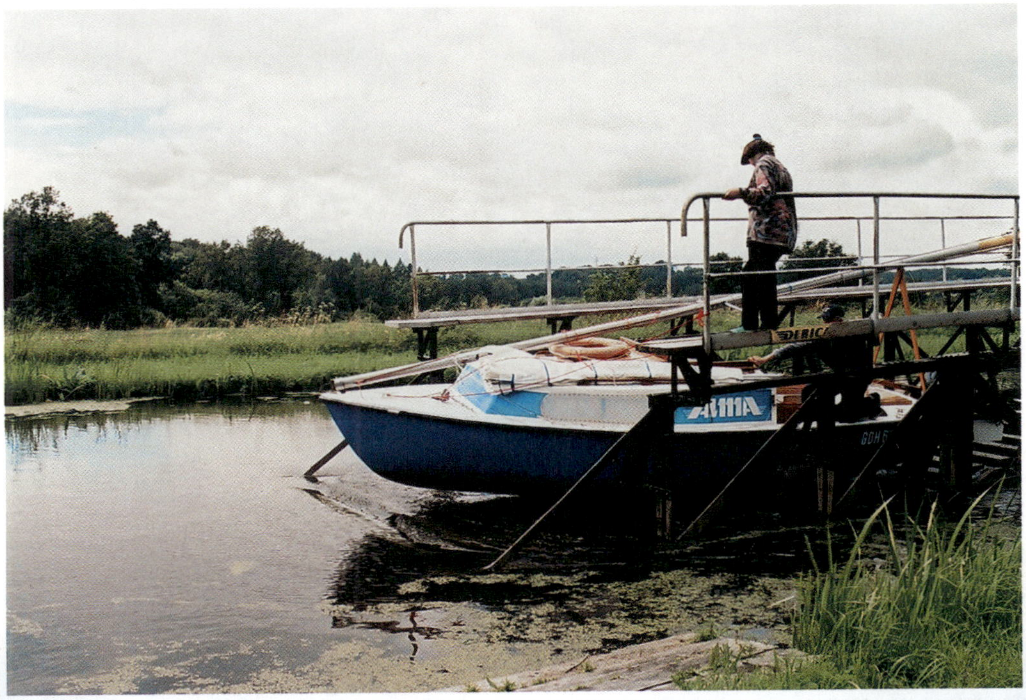

18

08 unteres Schwungrad

19

20

21

21

September

	37	38	39	40
	6	13	20	27
	7	14	21	28
	8	15	22	29
	9	16	23	30
	10	17	24	
	11	18	25	
	12	19	26	

Sa	3	10	17	24	31
So	4	11	18	25	

	7	14	21	28
1	8	15	22	29

22 AT

22 AT

22 AT

2.OBERGESCHOSS

2nd upper floor

Montag | Monday | Lundi | Poniedziałek | Понедельник **16.** August | August | Août | Sierpień | Август

Dienstag | Tuesday | Mardi | Wtorek | Вторник **17.** August | August | Août | Sierpień | Август

Mittwoch | Wednesday | Mercredi | Sroda | Среда **18.** August | August | Août | Sierpień | Август

Donnerstag | Thursday | Jeudi | Czwartek | Четверг **19.** August | August | Août | Sierpień | Август

229 – 137 | 230 – 136 | 231 – 135 | 232 – 134

Projektionen auf die tragenden Wandscheiben des Kunsthauses
Projections on the structural wall slabs of the Kunsthaus

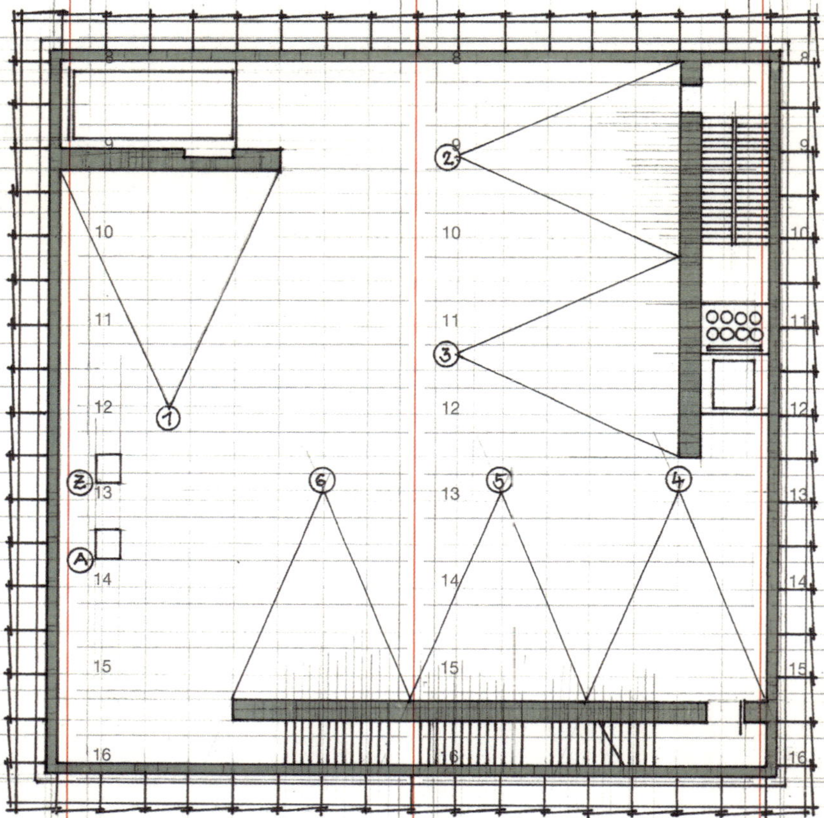

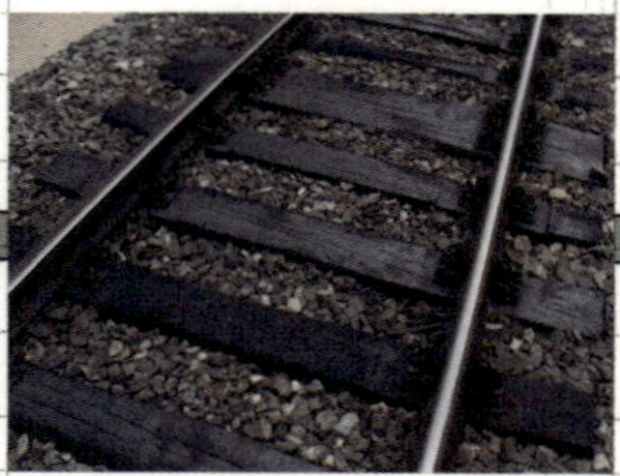

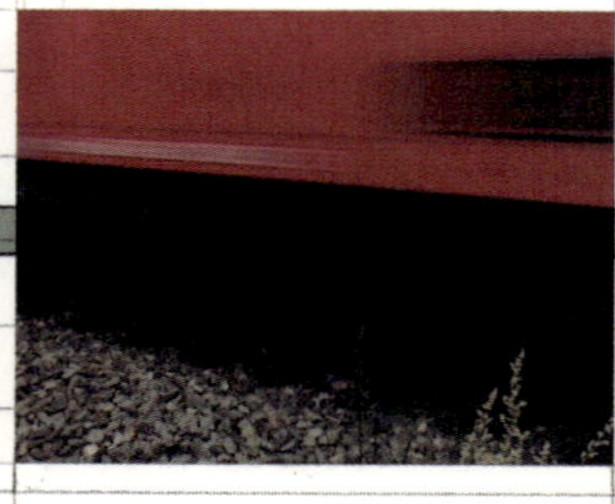

Freitag Friday Vendredi Piątek Пятница **20.** August August Août Sierpień Август

Samstag Saturday Samedi Sobota Суббота **21.** August August Août Sierpień Август

Sonntag Sunday Dimanche Niedziela Воскресение **22.** August August Août Sierpień Август

34. Woche Week Semaine Tydzień Неделя

233 – 133 234 – 132 235 – 131

Passagier, 2000, DVD, 66:50 min.
Kamera und Technik: Robert Schabus

Passenger, 2000, DVD, 66.50 min.
Camera and technics: Robert Schabus

Versicherungshaken KUB, 2004, DVD, 4:15 min.
Kamera und Technik: Robert Schabus
Schnitt: Garret Linn

Safety hook KUB, 2004, DVD, 4.15 min.
Camera and technics: Robert Schabus
Editing: Garret Linn

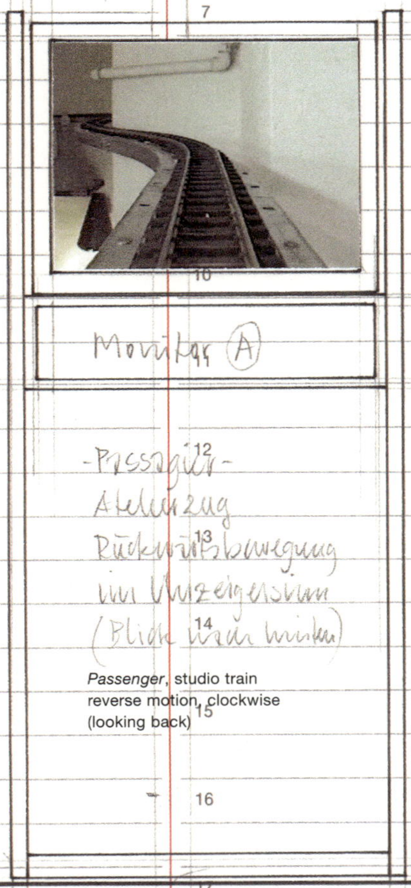

Passenger, studio train
reverse motion, clockwise
(looking back)

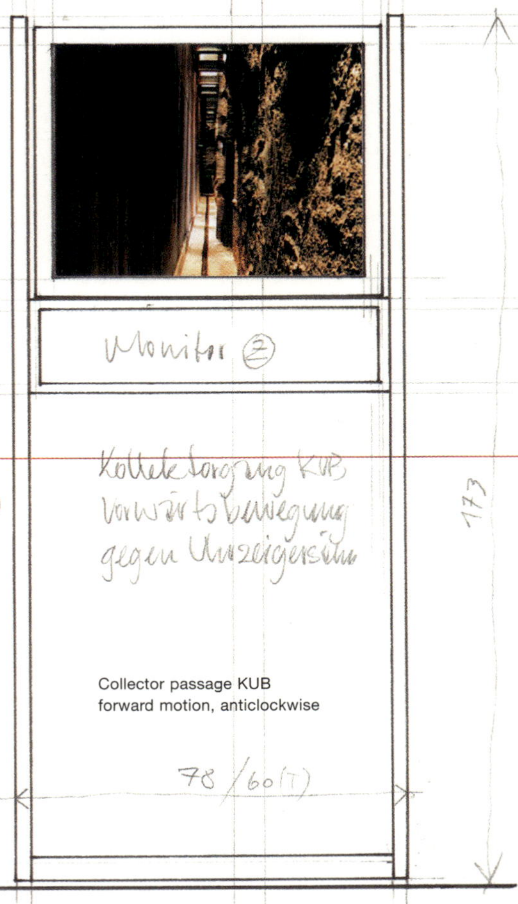

Collector passage KUB
forward motion, anticlockwise

Juli August September

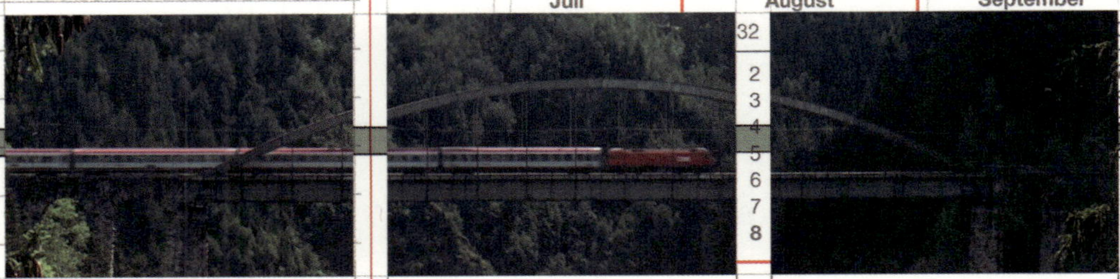

22 AT 22 AT 22 AT

Montag Monday Lundi Poniedziałek Понедельник **23.** August August Août Sierpień Август

236 – 130

Dienstag Tuesday Mardi Wtorek Вторник **24.** August August Août Sierpień Август

237 – 129

Mittwoch Wednesday Mercredi Środa Среда **25.** August August Août Sierpień Август

238 – 128

Donnerstag Thursday Jeudi Czwartek Четверг **26.** August August Août Sierpień Август

239 – 127

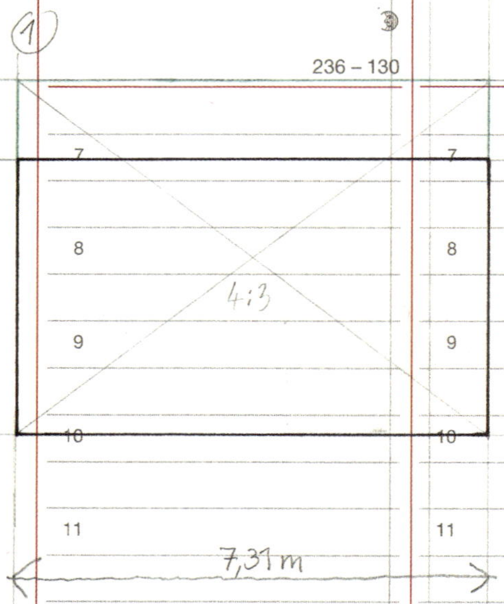

Wandscheibe – Lastenlift
Wall slab—goods lift

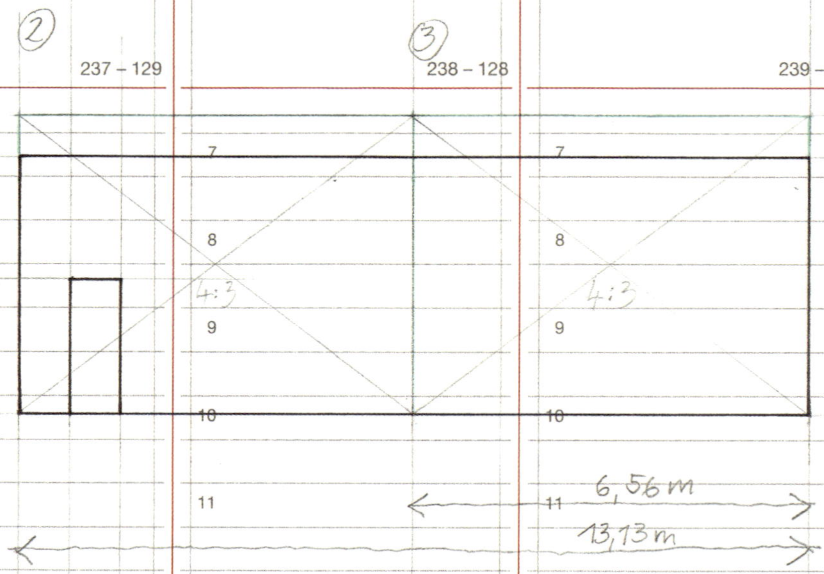

Wandscheibe – Fluchttreppenhaus und Personenlift
Wall slab—emergency staircase and passenger lift

Freitag
Friday
Vendredi
Piątek
Пятница
27.
August
August
Août
Sierpień
Август

Samstag
Saturday
Samedi
Sobota
Суббота
28.
August
August
Août
Sierpień
Август

Sonntag
Sunday
Dimanche
Niedziela
Воскресение
29.
August
August
Août
Sierpień
Август

35.
Woche
Week
Semaine
Tydzień
Неделя

240 – 126

241 – 125

242 – 124

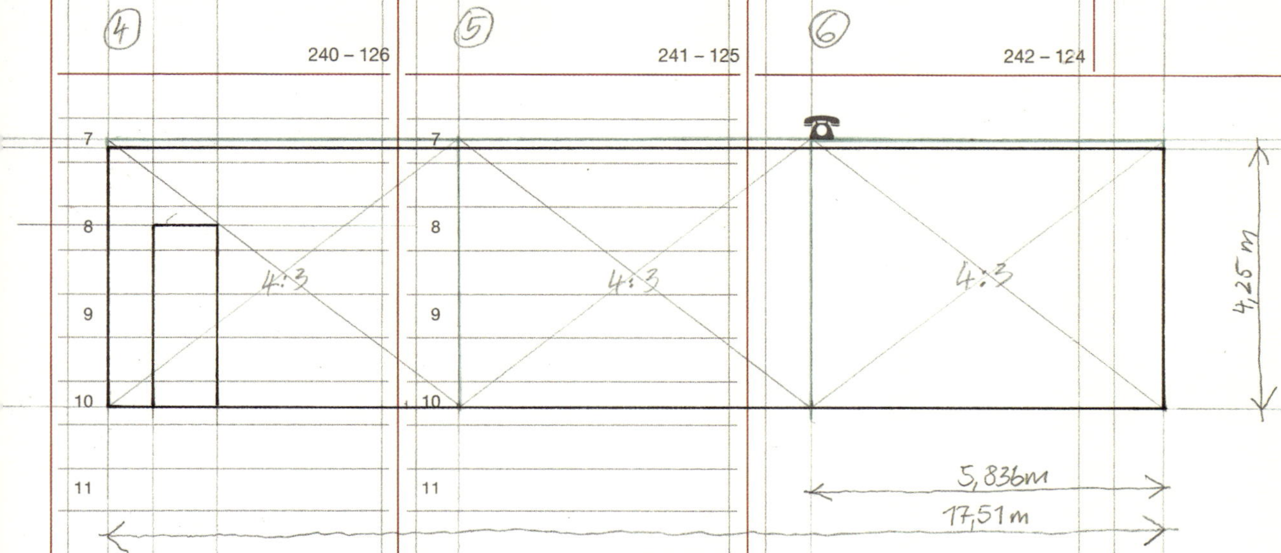

7
8
9
10
11
12

Wandscheibe – Publikumstreppe
Wall slab—public stairway

13
14
15
16
17
18
19
20
21

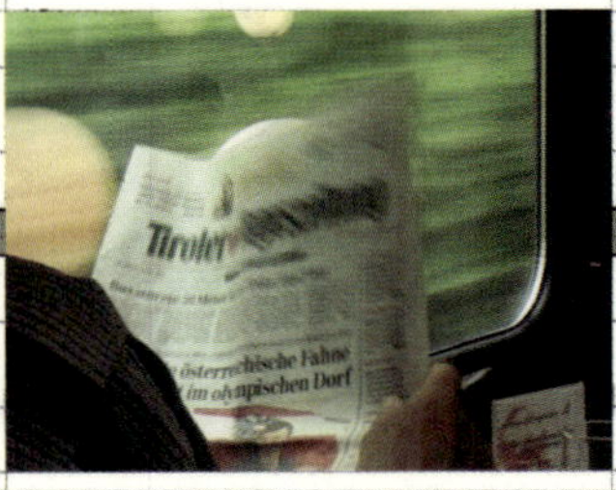

Juli | August | September

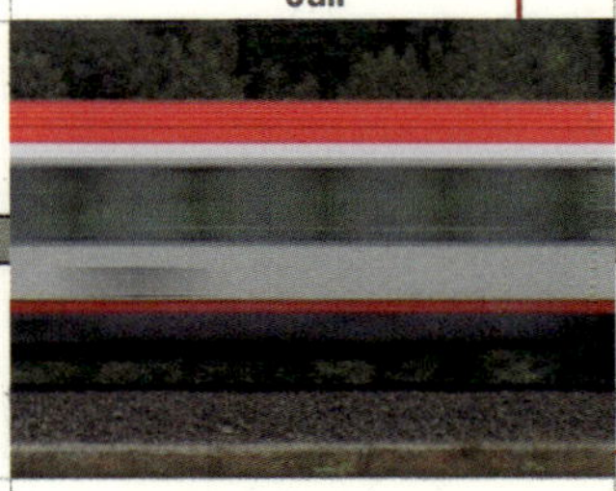

32
2
3
4
5
6
7
8

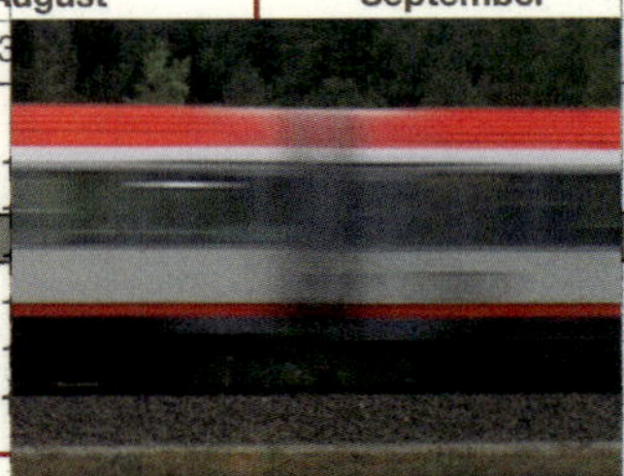

22 AT | 22 AT | 22 AT

Montag
Monday
Lundi
Poniedziałek
Понедельник
30.
August
August
Août
Sierpień
Август

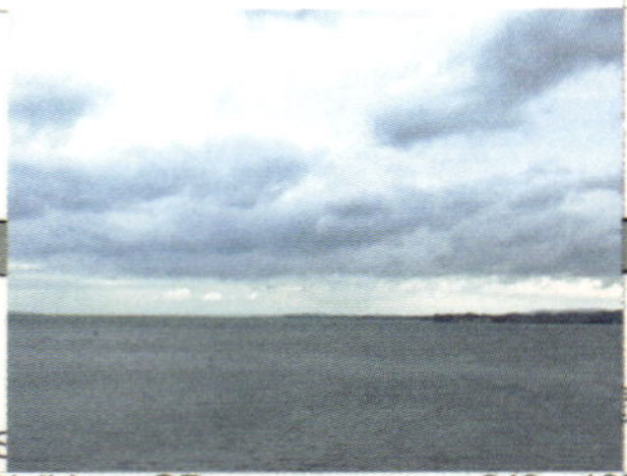

Holiday - **GB** 243 – 123

7

8

9

6 Kanal-projektion, 8:06 min.
Kamera und Technik: Robert Schabus
Schnitt und technische Beratung: Garret Linn

10

6 channel-projection, 8.06 min.
Camera and technics: Robert Schabus
Editing und technical consulting: Garret Linn

11

12

13

14

15

16

17

18

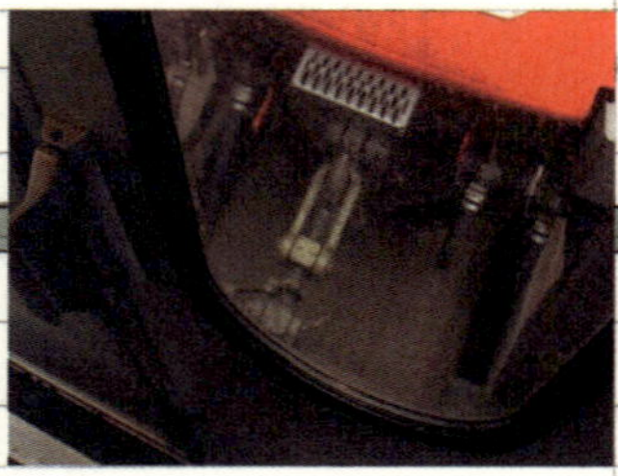

Dienstag
Tuesday
Mardi
Wtorek
Вторник
31.
August
August
Août
Sierpień
Август

244 – 122

7

8

9

10

11

12

13

14

15

16

17

18

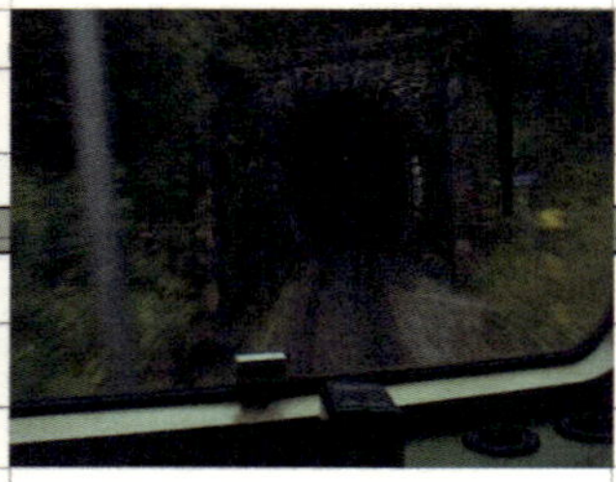

Mittwoch
Wednesday
Mercredi
Środa
Среда
1.
September
September
Septembre
Wrzesień
Сентябрь

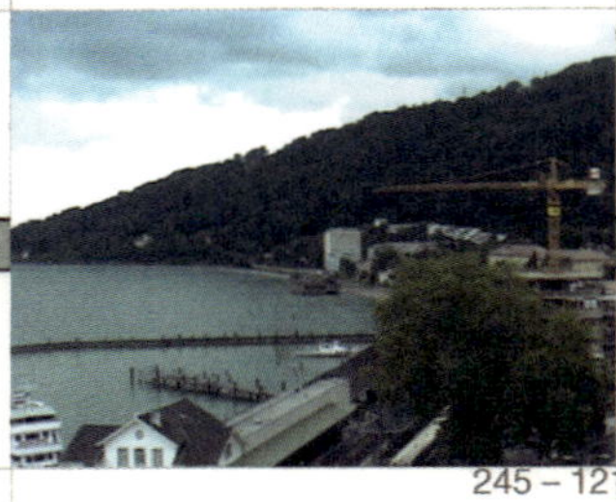

245 – 121

7

8

9

10

11

12

13

14

15

16

17

18

19

20

21

Donnerstag
Thursday
Jeudi
Czwartek
Четверг
2.
September
September
Septembre
Wrzesień
Сентябрь

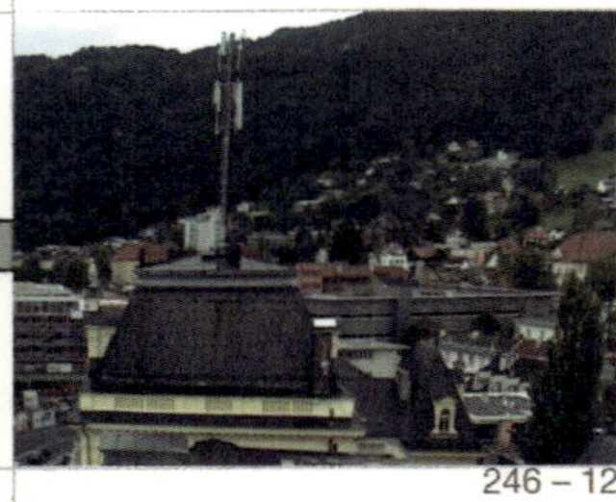

246 – 120

7

8

9

10

11

12

13

14

15

16

17

18

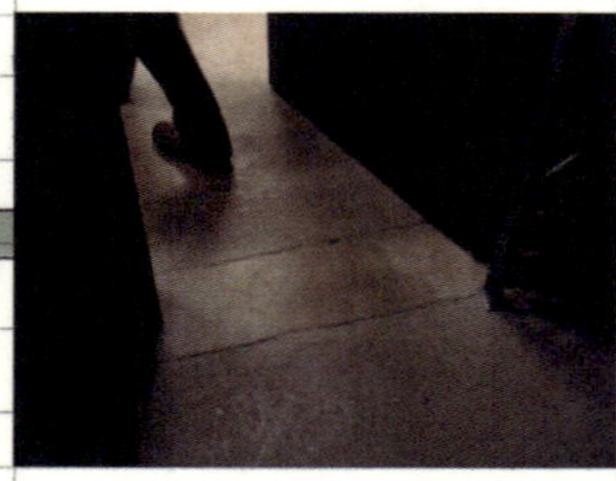

Freitag
Friday
Vendredi
Piątek
Пятница

3.

September
September
Septembre
Wrzesień
Сентябрь

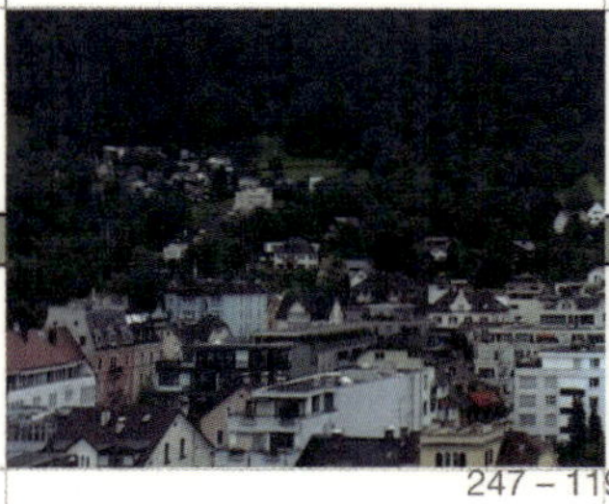

247 – 119

7
8
9
10
11
12
13
14
15
16
17
18
19
20
21

Samstag
Saturday
Samedi
Sobota
Суббота

4.

September
September
Septembre
Wrzesień
Сентябрь

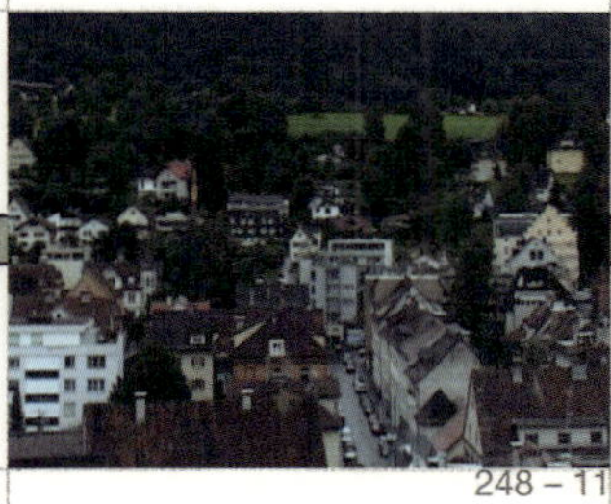

248 – 118

7
8
9
10
11
12
13
14
15
16
17
18

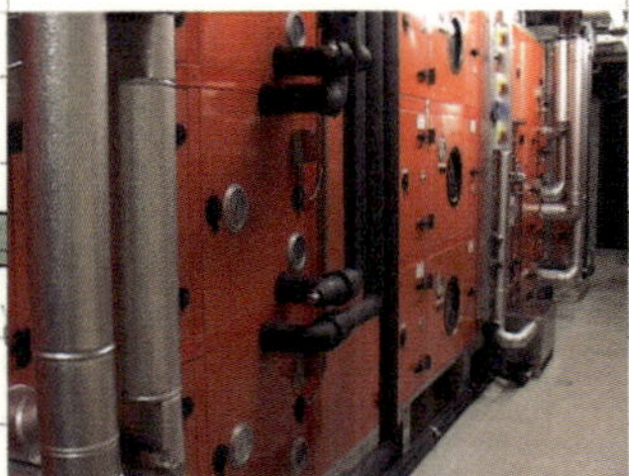

Sonntag
Sunday
Dimanche
Niedziela
Воскресение

5.

September
September
Septembre
Wrzesień
Сентябрь

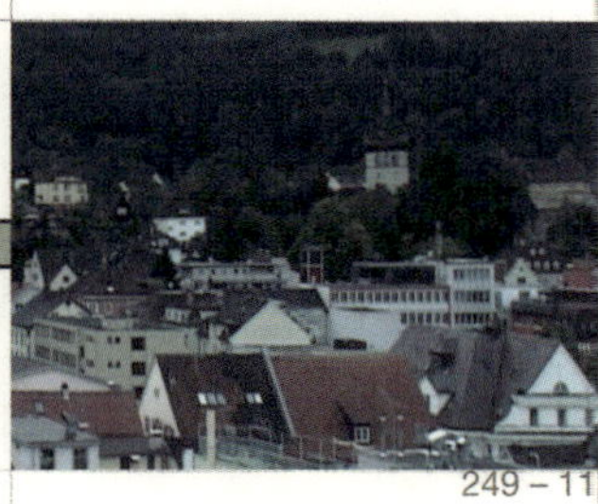

249 – 117

☎

✍

36.
Woche
Week
Semaine
Tydzień
Неделя

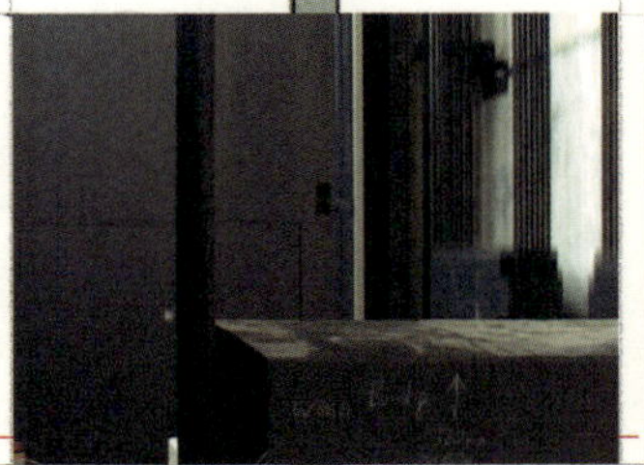

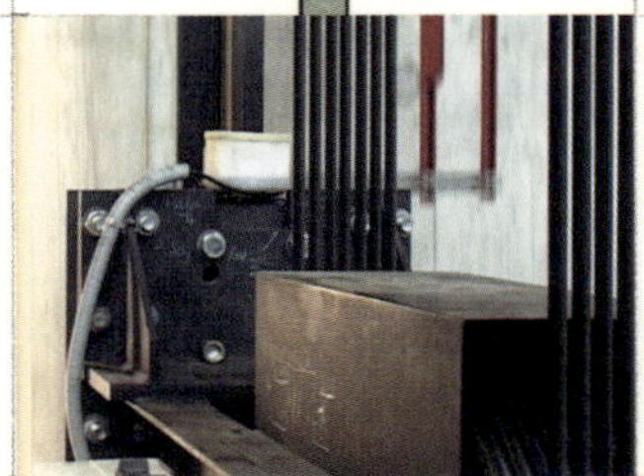

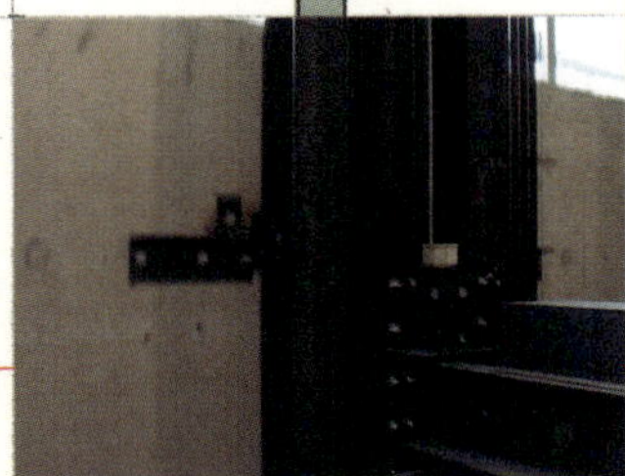

August

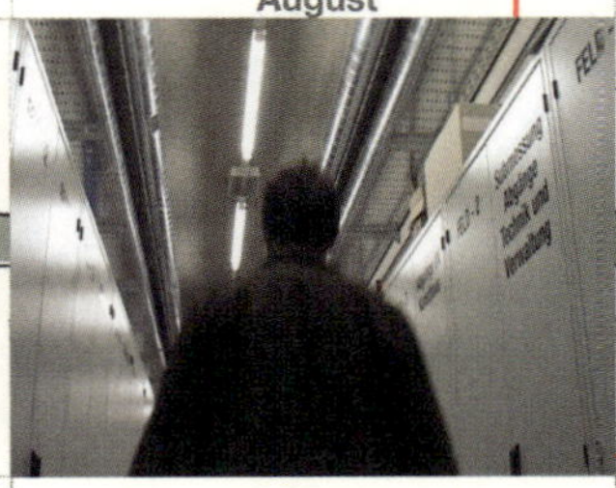

22 AT

September

37	38	39	40
6	13	20	27
7	14	21	28
8	15	22	29
9	16	23	30
10	17	24	
11	18	25	
12	**19**	**26**	

22 AT

Oktober

40	41	42	43	44
	4	11	18	25
	5	12	19	26
	6	13	20	27
	7	14	21	28
1	8	15	22	29
2	9	16	23	30
3	**10**	**17**	**24**	**31**

21 AT

3.OBERGESCHOSS

3rd upper floor

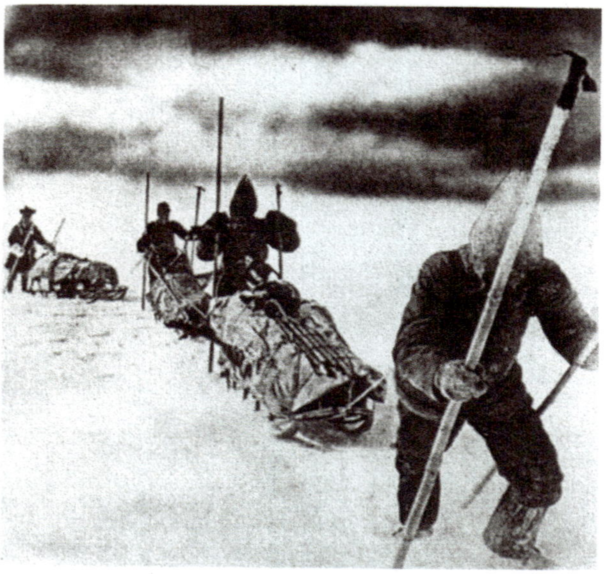

Fritjof Nansen 1888 bei der ersten Durchquerung Grönlands in der „endlosen flachen Eiswüste"
Aus: Roland Huntford, *Scott & Amundsen – Dramatischer Kampf um den Südpol*, (Oslo: Kunnskapsforlaget) Wilhelm Heyne Verlag, München 2000, Abb. 12

Fritjof Nansen in 1888 on the first ever crossing of Greenland, the "endless flat desert of ice"
From: Roland Huntford, *Scott & Amundsen – Dramatischer Kampf um den Südpol*, (Oslo: Kunnskapsforlaget), Munich: Wilhelm Heyne, 2000, fig. 12

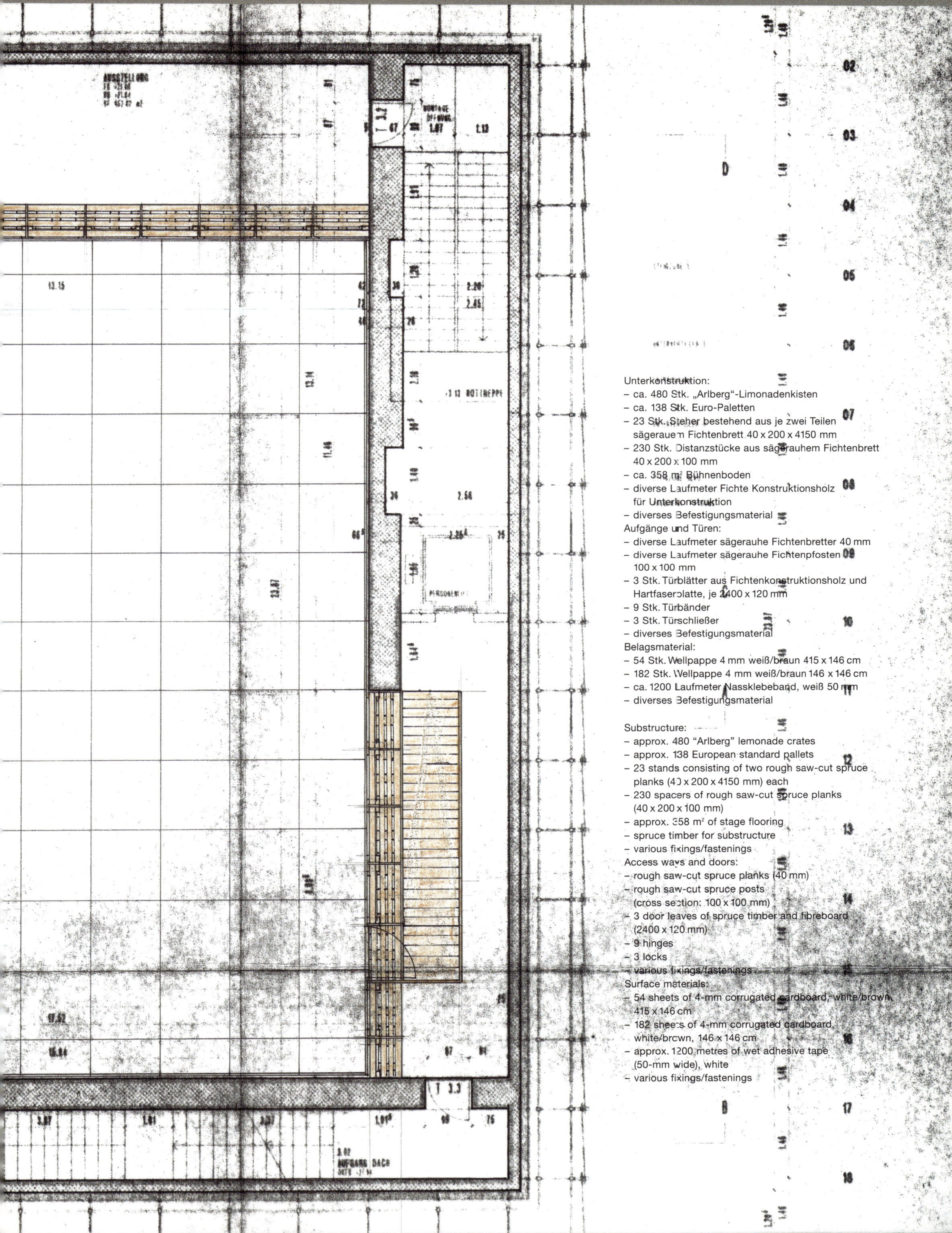

Unterkonstruktion:
- ca. 480 Stk. „Arlberg"-Limonadenkisten
- ca. 138 Stk. Euro-Paletten
- 23 Stk. Steher bestehend aus je zwei Teilen sägerauem Fichtenbrett 40 x 200 x 4150 mm
- 230 Stk. Distanzstücke aus sägerauhem Fichtenbrett 40 x 200 x 100 mm
- ca. 358 m² Bühnenboden
- diverse Laufmeter Fichte Konstruktionsholz für Unterkonstruktion
- diverses Befestigungsmaterial

Aufgänge und Türen:
- diverse Laufmeter sägerauhe Fichtenbretter 40 mm
- diverse Laufmeter sägerauhe Fichtenpfosten 100 x 100 mm
- 3 Stk. Türblätter aus Fichtenkonstruktionsholz und Hartfaserplatte, je 2400 x 120 mm
- 9 Stk. Türbänder
- 3 Stk. Türschließer
- diverses Befestigungsmaterial

Belagsmaterial:
- 54 Stk. Wellpappe 4 mm weiß/braun 415 x 146 cm
- 182 Stk. Wellpappe 4 mm weiß/braun 146 x 146 cm
- ca. 1200 Laufmeter Nassklebeband, weiß 50 mm
- diverses Befestigungsmaterial

Substructure:
- approx. 480 "Arlberg" lemonade crates
- approx. 138 European standard pallets
- 23 stands consisting of two rough saw-cut spruce planks (40 x 200 x 4150 mm) each
- 230 spacers of rough saw-cut spruce planks (40 x 200 x 100 mm)
- approx. 358 m² of stage flooring
- spruce timber for substructure
- various fixings/fastenings

Access ways and doors:
- rough saw-cut spruce planks (40 mm)
- rough saw-cut spruce posts (cross section: 100 x 100 mm)
- 3 door leaves of spruce timber and fibreboard (2400 x 120 mm)
- 9 hinges
- 3 locks
- various fixings/fastenings

Surface materials:
- 54 sheets of 4-mm corrugated cardboard, white/brown, 415 x 146 cm
- 182 sheets of 4-mm corrugated cardboard, white/brown, 146 x 146 cm
- approx. 1200 metres of wet adhesive tape (50-mm wide), white
- various fixings/fastenings

Montag
Monday
Lundi
Poniedziałek
Понедельник
13.
September
September
Septembre
Wrzesień
Сентябрь

257 – 109

Dienstag
Tuesday
Mardi
Wtorek
Вторник
14.
September
September
Septembre
Wrzesień
Сентябрь

258 – 108

Mittwoch
Wednesday
Mercredi
Środa
Срэда
15.
September
September
Septembre
Wrzesień
Сентябрь

259 – 107

Donnerstag
Thursday
Jeudi
Czwartek
Четверг
16.
September
September
Septembre
Wrzesień
Сентябрь

260 – 106

7
8
9
10
11
12
13
14
15
16
17
18
19
20
21

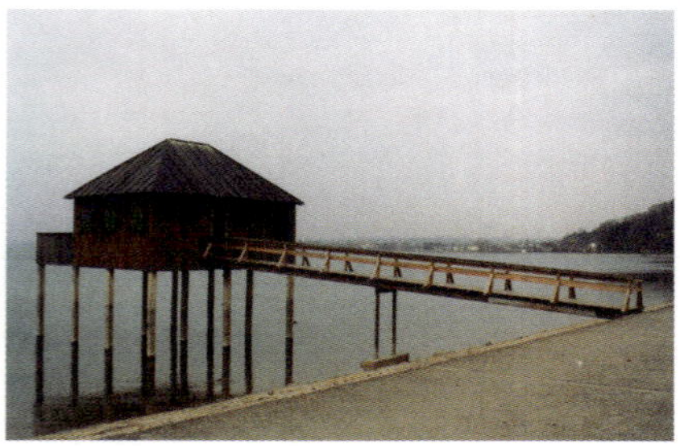

Ansicht Euro-Palettenwand zwischen Lastenlift und Fluchttreppenhaus
View of the pallet wall between goods lift and emergency staircase

Freitag Friday Vendredi Piątek Пятница	**17.**	September September Septembre Wrzesień Сентябрь	Samstag Saturday Samedi Sobota Суббота	**18.**	September September Septembre Wrzesień Сентябрь	Sonntag Sunday Dimanche Niedziela Воскресение	**19.**	September September Septembre Wrzesień Сентябрь	38. Woche Week Semaine Tydzień Неделя

261 – 105

7
8
9
10
11
12
13
14
15
16
17
18
19
20
21

262 – 104

7
8
9
10
11
12
13
14
15
16
17
18
19
20
21

263 – 103

August

Wo	31	32	33	34	35	36
Mo		2	9	16	23	30
Di		3	10	17	24	31
Mi		4	11	18	25	
Do		5	12	19	26	
Fr		6	13	20	27	
Sa		7	14	21	28	
So	**1**	**8**	**15**	**22**	**29**	

22 AT

September

36	37	38	39	40
	6	13	20	27
	7	14	21	28
1	8	15	22	29
2	9	16	23	30
3	10	17	24	
4	11	18	25	
5	**12**	**19**	**26**	

22 AT

Oktober

40	41	42	43	44
	4	11	18	25
	5	12	19	26
	6	13	20	27
	7	14	21	28
1	8	15	22	29
2	9	16	23	30
3	**10**	**17**	**24**	**31**

21 AT

Montag
Monday
Lundi
Poniedziałek
Понедельник
27.
September
September
Septembre
Wrzesień
Сентябрь

271 – 95

7

8

9

Dienstag
Tuesday
Mardi
Wtorek
Вторник
28.
September
September
Septembre
Wrzesień
Сентябрь

272 – 94

7

8

9

Mittwoch
Wednesday
Mercredi
Środa
Среда
29.
September
September
Septembre
Wrzesień
Сентябрь

273 – 93

7

8

9

Donnerstag
Thursday
Jeudi
Czwartek
Четверг
30.
September
September
Septembre
Wrzesień
Сентябрь

274 – 92

7

8

9

Bodensee, vom Dach des Kunsthauses aus
A view of Lake Constance from the roof of the Kunsthaus

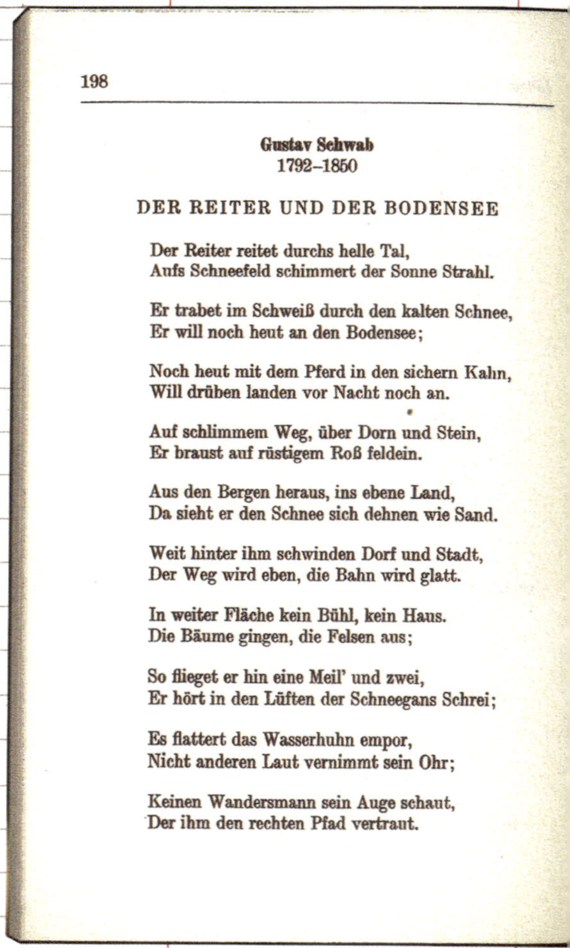

198

Gustav Schwab
1792–1850

DER REITER UND DER BODENSEE

Der Reiter reitet durchs helle Tal,
Aufs Schneefeld schimmert der Sonne Strahl.

Er trabet im Schweiß durch den kalten Schnee,
Er will noch heut an den Bodensee;

Noch heut mit dem Pferd in den sichern Kahn,
Will drüben landen vor Nacht noch an.

Auf schlimmem Weg, über Dorn und Stein,
Er braust auf rüstigem Roß feldein.

Aus den Bergen heraus, ins ebene Land,
Da sieht er den Schnee sich dehnen wie Sand.

Weit hinter ihm schwinden Dorf und Stadt,
Der Weg wird eben, die Bahn wird glatt.

In weiter Fläche kein Bühl, kein Haus.
Die Bäume gingen, die Felsen aus;

So flieget er hin eine Meil' und zwei,
Er hört in den Lüften der Schneegans Schrei;

Es flattert das Wasserhuhn empor,
Nicht anderen Laut vernimmt sein Ohr;

Keinen Wandersmann sein Auge schaut,
Der ihm den rechten Pfad vertraut.

15 15 15

16 16 16

17 17 17

18 18 18

19 19 19

20 20 20

21 21 21 21

Freitag
Friday
Vendredi
Piątek
Пятница

1. Oktober
October
Octobre
Październik
Октябрь

275 – 91

7

8

9

Samstag
Saturday
Samedi
Sobota
Суббота

2. Oktober
October
Octobre
Październik
Октябрь

276 – 90

7

8

9

Sonntag
Sunday
Dimanche
Niedziela
Воскресение

3. Oktober
October
Octobre
Październik
Октябрь

Tag der Deutschen
Einheit - **D** 277 – 89

☎

40.
Woche
Week
Semaine
Tydzień
Неделя

Der Reiter und der Bodensee 199

Fort gehts, wie auf Samt, auf dem weichen Schnee,
Wann rauscht das Wasser, wann glänzt der See?

Da bricht der Abend, der frühe, herein:
Von Lichtern blinket ein ferner Schein.

Es hebt aus dem Nebel sich Baum an Baum,
Und Hügel schließen den weiten Raum.

Er spürt auf dem Boden Stein und Dorn,
Dem Rosse gibt er den scharfen Sporn.

Und Hunde bellen empor am Pferd,
Und es winkt im Dorf ihm der warme Herd.

»Willkommen am Fenster, Mägdelein,
An den See, an den See, wie weit mags sein?«

Die Maid, sie staunet den Reiter an:
»Der See liegt hinter dir und der Kahn,

Und deckt' ihn die Rinde von Eis nicht zu,
Ich spräch', aus dem Nachen stiegest du.«

Der Fremde schaudert, er atmet schwer:
»Dort hinten die Eb'ne, die ritt ich her!«

Da recket die Magd die Arm' in die Höh':
»Herr Gott! so rittest du über den See:

An den Schlund, an die Tiefe bodenlos,
Hat gepocht des rasenden Hufes Stoß!

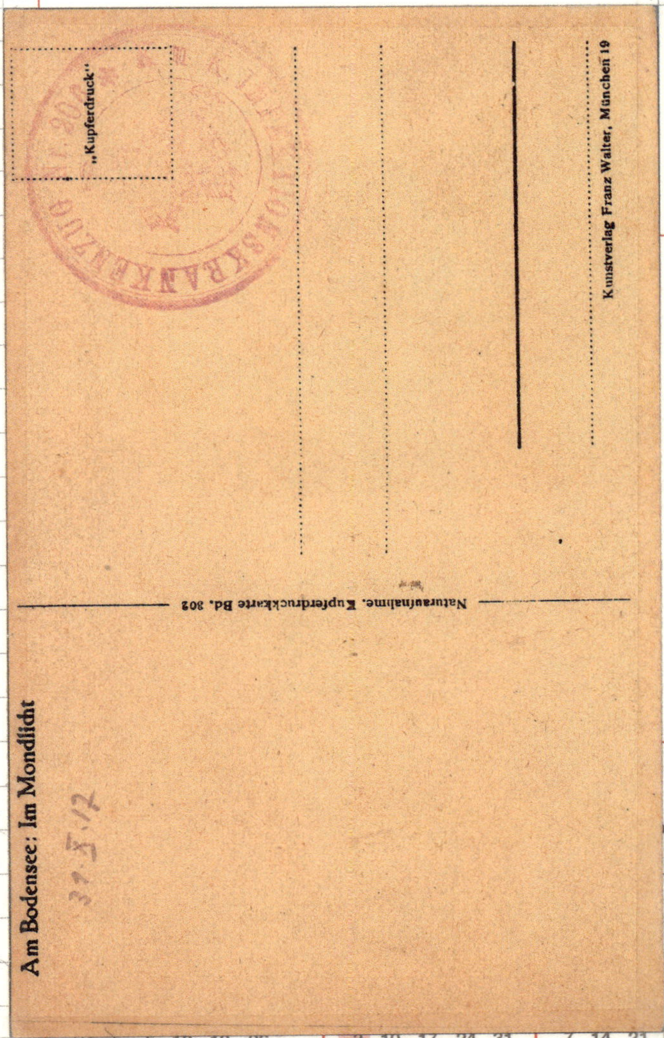

ber
48 49
22 29
23 30
24
25
26
27
So 5 12 19 26 3 10 17 24 31 7 14 21 28

21

21

22 AT 21 AT 21/22 AT

Montag
Monday
Lundi
Poniedziałek
Понедельник
4.
Oktober
October
Octobre
Październik
Октябрь

278 – 88

7

8

9

10

11

12

13

14

15

16

17

18

19

20

21

Dienstag
Tuesday
Mardi
Wtorek
Вторник
5.
Oktober
October
Octobre
Październik
Октябрь

279 – 87

7

8

9

Mittwoch
Wednesday
Mercredi
Środa
Среда
6.
Oktober
October
Octobre
Październik
Октябрь

280 – 86

7

8

9

Donnerstag
Thursday
Jeudi
Czwartek
Четверг
7.
Oktober
October
Octobre
Październik
Октябрь

281 – 85

7

8

9

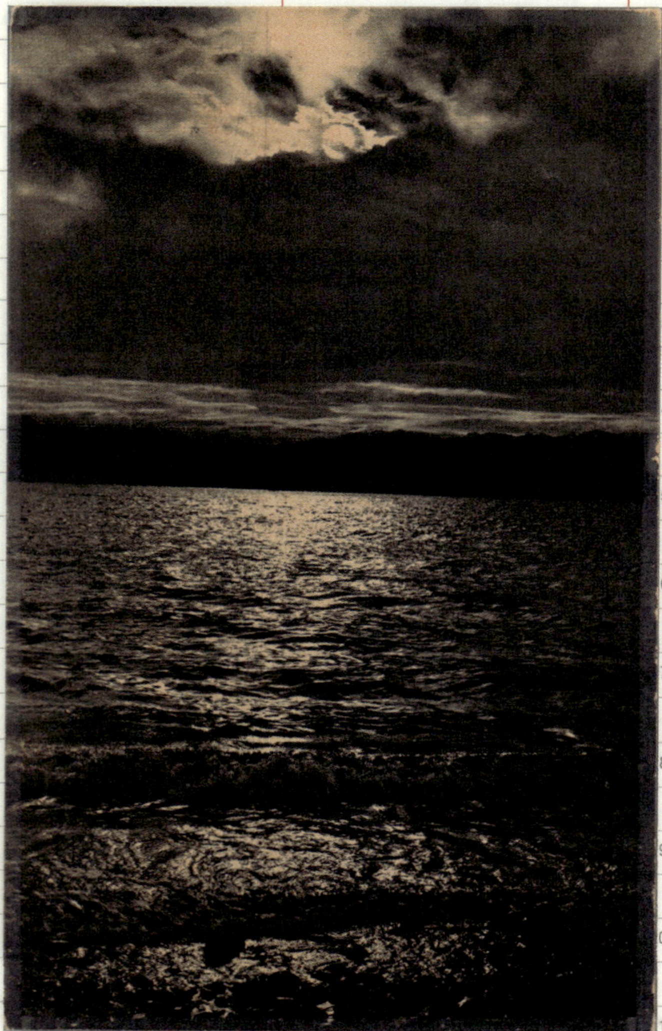

200 *Gustav Schwab*

Und unter dir zürnten die Wasser nicht?
Nicht krachte hinunter die Rinde dicht?

Und du warst nicht die Speise der stummen Brut?
Der hungrigen Hecht' in der kalten Flut?«

Sie rufet das Dorf herbei zu der Mär',
Es stellen die Knaben sich um ihn her;

Die Mütter, die Greise, sie sammeln sich:
»Glückseliger Mann, ja, segne du dich!

Herein zum Ofen, zum dampfenden Tisch,
Brich mit uns das Brot und iß vom Fisch!«

Der Reiter erstarret auf seinem Pferd,
Er hat nur das erste Wort gehört.

Es stocket sein Herz, es sträubt sich sein Haar,
Dicht hinter ihm grinst noch die grause Gefahr.

Es siehet sein Blick nur den gräßlichen Schlund,
Sein Geist versinkt in den schwarzen Grund.

Im Ohr ihm donnerts, wie krachend Eis,
Wie die Well' umrieselt ihn kalter Schweiß.

Da seufzt er, da sinkt er vom Roß herab,
Da ward ihm am Ufer ein trocken Grab.

Gustav Schwab, *Der Reiter und der Bodensee*
Aus: *Deutsche Balladen* (4143), Hg. Hans Joachim Hoof,
Piper Verlag, München 2004, S. 198–200

Gustav Schwab. *Der Reiter und der Bodensee*
[The Horseman and Lake Constance]
From: Hans Joachim Hoof (ed.). *Deutsche Balladen*.
Munich: Piper, 2004, pp. 198–200

Freitag
Friday
Vendredi
Piątek
Пятница

8.

Oktober
October
Octobre
Październik
Октябрь

282 – 84

Samstag
Saturday
Samedi
Sobota
Суббота

9.

Oktober
October
Octobre
Październik
Октябрь

283 – 83

Sonntag
Sunday
Dimanche
Niedziela
Воскресение

10.

Oktober
October
Octobre
Październik
Октябрь

284 – 82

41.
Woche
Week
Semaine
Tydzień
Неделя

The horseman rides across the bright valley,
ray of sun gleams on a snowfield.
Sweating, he trots his horse through the cold snow,
he wants to reach Lake Constance today;
Today with the horse to the safety
of the barge to land yonder ere night falls.
On a bad road, over stick and stone,
he drives his sprightly steed across the fields.
Out of the mountains and into the plain,
he sees the snow stretch like sand.
Far behind him village and city fade,
the road becomes level, the path slippery.
In the wide plain there is no hill,
no house, the trees and rocks have gone;
so he flies on a mile and two,
the cry of the snow-goose fills the air;
the coot is roused,
but no other sound reaches his ear;
no wanderer his eye beholds,
to point him in the right direction.
Forth he goes as on velvet on the soft snow,
when will waters rush, when will the lake glisten?
Then night falls early: from afar lights shimmer.
From the fog rises tree after tree
and hills close the wide space down.
He feels on the ground stone and stick,
he spurs on his steed sharply.
And dogs bark up at the horse
and in the valley the warm hearth beckons.
“Welcome, maid at the window,
to the lake, to the lake, how far may it be?”
The maid marvels at the horseman:
“The lake is behind you and the barge.
And was it not covered by a crust of ice,
I say, from the punt you had stepped.”
The stranger shudders, he breathes heavy:
“Back there across the plain I rode to here!”
Then the maid throws up her arms:
“O Lord! so you rode across the lake!
At the chasm, the depth bottomless,
knocked the racing hoof’s kick!
And under you the waters did not rage?
Nor crashed the closed crust?
And you were not feed to the silent breed?
To the hungry pikes in the cold floods?”
She calls the village to hear the tale,
boys stand around him,
the mothers and old men gather:
“Lucky man, yes, bless you yourself!
Come in, to the oven, the steaming table,
break bread with us and have some fish!”
The rider freezes on his horse,
he only heard the first words.
His heart fails, his hair stand on end,
close behind him the terrible danger is grinning.
His eyes see only the horrible depth,
his spirit sinks into blackness.
In his ears there is thunder as crashing ice,
as by a wave he is washed over by cold sweat.
Then he sighs, then he sinks from the steed,
then the shore becomes his dry grave.

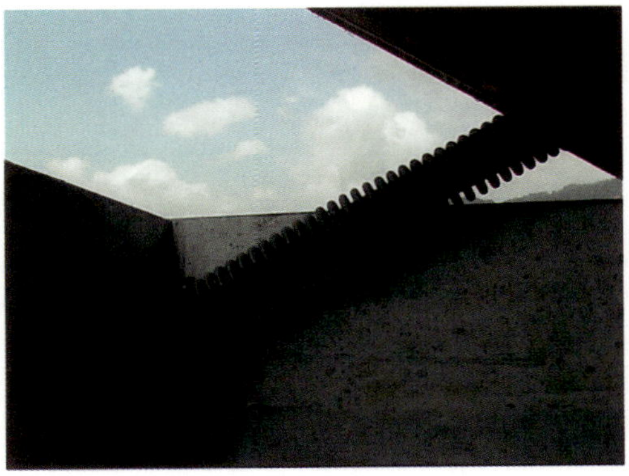

Dachluke, Kunsthaus Bregenz
Roof light, Kunsthaus Bregenz

	September					Oktober					November				
Wo	36	37	38	39	40	40	41	42	43	44	45	46	47	48	49
Mo		6	13	20	27		4	11	18	25	1	8	15	22	29
Di		7	14	21	28		5	12	19	26	2	9	16	23	30
Mi	1	8	15	22	29		6	13	20	27	3	10	17	24	
Do	2	9	16	23	30		7	14	21	28	4	11	18	25	
Fr	3	10	17	24		1	8	15	22	29	5	12	19	26	
Sa	4	11	18	25		2	9	16	23	30	6	13	20	27	
So	**5**	**12**	**19**	**26**		**3**	**10**	**17**	**24**	**31**	**7**	**14**	**21**	**28**	

22 AT 21 AT 21/22 AT

Gustav Schwab. *The Horseman and Lake Constance*
Übersetzung / Translation: Volker Ellerbeck

Winfried Nußbaummüller

RECTA SEQUI

Vom Tunnelbau, der in der Bregenzer Ausstellung eine wesentliche Rolle spielt, kennt man das klassische Rendezvousproblem. Zwei aus gegensätzlichen Richtungen unabhängig vorangetriebene Stollen sollen sich an einem bestimmten Punkt treffen. Sinnbildlich steht diese Metapher für die Rezeption von Kunst, weil die perspektivischen Trichter des künstlerischen Gestaltungswillens mit der Wahrnehmungsfähigkeit und der Erwartungshaltung des Betrachters zueinander in Beziehung stehen. Genauso verweist das Problem auf Blind Dates, weihnachtliche Verwandtschaftstreffen oder therapeutische Dialogsituationen, wie auf jede Art zwischenmenschlicher Kommunikation, selbst auf die sublimierte Variante des Eintauchens in die Medienwelten (Chaträume, Cybersex). Der historische Tunnelbau vollzog die Praxis des Versicherungshakens, einer bogenförmigen Abweichung von der direkten Konfrontationsachse, welche die Rendezvouswahrscheinlichkeit – die Trefferquote der Begegnung zweier Bohrungen – durch eine vergrößerte Angriffsfläche erhöht. Klebrige Ungezieferfallen und Breitbandantibiotika funktionieren ähnlich.

Das künstlerische Vorgehen von Hans Schabus (geb. 1970, lebt und arbeitet in Wien) steht – als kunsttheoretische Gegenposition zum Glauben an eine autarke, selbstgenügsame Kunst – für ein offenes Werk, das der Künstler aus seiner Erfahrung, seinen Eindrücken und seiner Lebensrealität speist. Präsentiert wird es in einer reichen, geradezu barock anmutenden Skala sinnlicher und sinnstiftender Stimuli. Im Stile eines Verstärkers macht er seine Empfindung hörbar. Er erlaubt dem Betrachter sich einzuhaken und übernimmt stellvertretend für diesen die Reise ins Bewusste und Unterbewusste des eigenen Ichs. Die Bewegung, scheinbar zielorientiert oder doch in reflexiven Schleifen verlaufend, ist dabei eine formale Grundkonstante. Schabus beschäftigt nicht primär die Geschwindigkeit moderner Transport- und Kommunikationsformen, sondern das Unterwegssein an sich. Im (emotional und real bewegten) Blick durch den Rückspiegel macht er die Ambivalenz des Augenblicks als Oszillationsphänomen zwischen Ausgangs- und Endpunkt, Vergangenem und Bevorstehendem sichtbar.

Hans Schabus entwickelte die umfassende Ausstellung für das Kunsthaus Bregenz in einem für ihn symptomatischen Annäherungs- und Aneignungsprozess. Ausgangspunkt ist sein bisher entwickeltes Werk, an das inhaltlich und formal angeknüpft wird. Die persönlichen Erfahrungen der Anreise mit der Eisenbahn in den Westen Österreichs sind fester Bestandteil des individuell ausgeformten Gepäcks. Im Zuge einer akribischen Recherche der regionalen Geschichte ergab sich, dass der Tag der Ausstellungseröffnung exakt auch Datum eines manifesten Rendezvousproblems, des Arlberg-Tunneldurchbruchs, ist. Vor 121 Jahren wurde diese symbolträchtige geografische Scheidewand zwischen Vorarlberg und Restösterreich am 19. November 1883 durchbrochen. Zufälligerweise steht die gedachte Verlängerung der Arlbergtunnel-Zugstrecke auch genau im rechten Winkel auf das Kunsthaus. Alle Vorbereitungen zu seinem großen Vorhaben waren damit laut Schabus eigentlich schon getroffen.

Auf dieser Basis entwickelt sich ein reales und fiktives Beziehungsgeflecht, das vom Atelier des Künstlers ausgeht, sich bis Bregenz spannt und das Kunsthaus performativ durchdringt. Als unsichtbarer Teil der Ausstellung führt Schabus die Verlängerung des Arlbergtunnels subkutan bis ins zweite Untergeschoss des Zumthor-Baus. Der Gleisanschluss erfolgt gedanklich an einer Blindstelle des Hauses, den für Besucher nicht zugänglichen Lager- und Werkstattbereichen. Schabus spinnt den Faden weiter. Er füllt das erste Untergeschoss mit einem Teil des Aushubmaterials und kippt das enorme Volumen, den Rest des wiederum virtuellen Erdreichs über den Bahnhof Bregenz. Das Netz an Referenzen ist eng geknüpft, denn wie die Aufschüttung ihr Vorbild im Bau des Bahnhof Langen hat (1884 auf dem Aushubmaterial des Arlbergtunnels gebaut), so verweist die Idee eines nicht enden wollenden Tunnels mit Fahrtrichtung ins Erdinnere auf Friedrich Dürrenmatts Erzählung „Der Tunnel". Schabus versperrt den Haupteingang des Kunsthauses und führt die Besucher und Besucherinnen über einen Holzsteg durch den Warenlift ins Erdgeschoss. Dort treffen sie auf ein „verkehrtes, inneres" Hochwasser. Durch Sandsäcke, Schläuche und Pumpen, die das Kunsthaus gegen Wasser sichern, fühlt man sich an das Hochwasserjahr 1999 erinnert, als das Gebäude von drei Seiten vom Wasser des Bodensees umflutet war. Vom tiefsten Punkt des Gebäudes, dem Kollektorgang, wird eintretendes Grundwasser hochgepumpt, sodass die inneren Kreisläufe des Hauses nun scheinbar gegen sich selbst gerichtet sind.

Bereits für die Ausstellung in der Wiener Secession inszenierte Hans Schabus 2003 unter dem Titel „Astronaut (Komme gleich)" einen interdisziplinären Parcours, der die Wahrnehmung des Betrachters auf unterirdische Sachverhalte lenkte. Der gewohnte Zugang zum Ausstellungsraum wurde vermauert, und entgegen der Erwartung des Betrachters führte der Weg in diesen Hauptraum nur über einen Tunnel, der sich durch verzweigte Kellergänge, Sozial- und Technikräume von unten durchs historische Gebäude zog und im maßstabsgetreu nachgebauten, aber völlig leeren Atelier des Künstlers endete. Dieses fensterlose und gleißend hell ausgeleuchtete Gehäuse aus Pappe erschloss sich erst mit dem Blick von Außen als bildhauerische Konstruktion. Der White Cube offenbarte sich als Kulisse und spiegelte damit den Präsentationskontext beider Räume. Im Video „Astronaut" (2003) scheint die persönliche Anbindung noch weitergeführt, da der Künstler über einen eigenhändig ausgehobenen Schacht in die Sedimente und das verzweigte Wiener Kanalsystem scheinbar tatsächlich zur Secession vordringt. Der Kreis schließt sich, denn Schabus kann seinen Erfahrungsraum nicht verlassen, die Flucht aus dem Atelier führt wieder zu ihm zurück.

Im ersten Obergeschoss des Kunsthaus Bregenz inszeniert Hans Schabus ein dringliches Rendezvousproblem. Eine Gruppe verschiedenster Boote besetzt den Ausstellungsraum. Je nach Interpretation scheinen sie nun im Kunstkontext gestrandet zu sein oder darin einen sicheren Hafen gefunden zu haben. Die Umgebung des Kunsthauses, die der Architekt Peter Zumthor mit seiner Behauptung einer hermetischen Betonarchitektur bewusst ausschließt, dringt nun ins Innere ein, und die Grenzen des Raumes beginnen zu fließen.

Wenn die Gleisführung der Bahn in Wirklichkeit auch knapp am Kunsthaus vorbeiführt, so determinieren der Zug wie die Boote des angrenzenden Bodensees doch seine Position. Beide Metaphern stehen für die Bewältigung des Raumes. Innerhalb des Ausstellungsszenarios wirken die Boote für den Betrachter als autarke Kunstwerke, sie fungieren jedoch als unmittelbares Material einer immateriellen Skulptur. Ihre Geschichte ist weiterführend und rückgekoppelt. Sie regen die Konstruktion jener subjektiven Geschichten an, mit der sie an diesen Ort gekommen sein mögen. Da in der Erinnerung das überflutete Erdgeschoss noch präsent ist, wähnt man sich in einer skurrilen Momentaufnahme. Es scheint völlig unklar, ob das Wasser aus dem Erdgeschoss noch kommt oder bereits gewichen ist. Vertreten ist auch der Eigenbau von Hans Schabus: ein Segelboot der Klasse Optimist, das er für eine Expedition durch die Abwasserkanäle Wiens baute. Im Video „Western“ (2002, u.a. Manifesta IV, Frankfurt) paddelt der Künstler in dieser Amphibie namens „forlorn“ durch das unterirdische Wien. Seine ereignislose und scheinbar unendliche Odyssee in das Dunkel und den Dreck der Stadt berührt universale Fragen von Flucht und Verlorengehen. Die Arbeit lässt an den holländischen Konzeptkünstler Bas Jan Ader denken, der in den 70er Jahren bei einer Atlantiküberquerung mit einem kleinen Boot spurlos verschwand. Die sinnliche, poetische und pathetische Dimension seiner Projekte ist für Schabus vorbildhaft. Zugleich denkt man an die Schlüsselszene von Carol Reeds „Der dritte Mann“ (1949), die in eben jenem Kanalsystem spielt. Da Hans Schabus in transformierbaren Formen von Bewegung denkt, überrascht es nicht, dass sich „forlorn“ an Land wie ein Schubwagen fortbewegen lässt.

Auf die drei tragenden Mauerscheiben des zweiten Obergeschosses projiziert Hans Schabus die Zugreise ins Kunsthaus Bregenz. Die Projektion verbindet die Wände zu einer fließenden Bildfläche, die den Raum selbst in ein Transportmedium verwandelt. Schabus bewegt sich – wie der Student in Dürrenmatts Erzählung – als Protagonist durch die scheinbar versteckten Technik- und Lagerräume des Kunsthauses, um schließlich mit dem Lastenlift nach oben befördert zu werden. Die reale Bewegung des Betrachters durch die Ausstellung trifft hier auf die filmisch präsentierte Tunnelfahrt des Künstlers. Hinter allen Ausstellungsräumen vorbei findet diese mit einem Panoramablick vom Dach des Kunsthauses ihren vorläufigen Stillstand. Zwei zusätzlich aufgestellte Monitore zeigen den Verlauf der Reise: Ausgangspunkt ist der endlose Kreislauf im Atelier und Endpunkt sind die Kamerafahrten durch die Kollektor- und Fassadengänge des Kunsthauses. Im Video „Passagier“ (2000) zieht eine Modelleisenbahn ihre Spur durch das mehrräumige Atelier des Künstlers. Der Zuschauer verfolgt die Reise mittels einer rückwärts gerichteten Bordkamera, durch die der Produktionsort und auch immer wieder der beschäftigte Künstler zu sehen sind. Während die Handlung als gelebte Zeit voranschreitet und der Zug unbeirrbar gleichmäßig seine Runden dreht, folgt die Kamera und damit der Betrachter der Bewegung im Rückblick. Der Betrachter wird zum Passagier, vor dessen Auge das bewegte Bild räumlich und zeitlich vorbeizieht. Er sieht die gerade vergangene Gegenwart des Zuges und nimmt die Gegenwart in den geschleiften Prozessen der Erinnerung entgegen der linear verlaufenden Zeit wahr. Für Schabus führt die Schleife der Bewegung als transformierte Treffsicherheit (als Versicherungshaken) zum Rendezvous im KUB, denn die Szenarien des Ateliers und des KUB-Tunnels sind zwar durch eine lange Gerade getrennt, doch sie laufen gedanklich auf Grund ihrer entgegengesetzten Ausrichtung aufeinander zu.

Die Kunst der Moderne ist geprägt von der Ideologie des „White Cube“, eines idealen Ausstellungsraumes, der sich bestmöglich zurücknimmt, um der Kunst ihre volle Wirkung zu erlauben. Er entspringt der Vorstellung einer selbstreferentiellen Kunst abseits politischer, ökonomischer oder sozialer Komponenten. Seit den 60er und 70er Jahren analysieren, diskutieren, redefinieren und zitieren Künstlerinnen und Künstler diese abstrakte Abgrenzung des Werkes zu seinem Umfeld. Aus jeweils unterschiedlichen Perspektiven positionierten sich etwa Michael Asher, Marcel Broodthaers, Dan Graham, Daniel Buren, Robert Smithson, Robert Morris, Joseph Beuys und Hans Haacke zu dieser Idee. Hans Schabus reflektiert in seiner Installation im dritten Obergeschoss des Kunsthauses dieses Gedankengerüst, indem er es unterminiert. Aus der Verlängerung der tragenden Mauerscheiben (und damit aus der Realität der Architektur) ergibt sich ein rechteckiges Feld, in dem Schabus auf dem Sockel einer doppelten Lage von Limonadenkisten einen Raum aus stehenden Paletten aufstellt. Da das Innere zur Gänze mit weißem Karton ausgekleidet ist, entsteht ein perfekter „White Cube“. Gleichzeitig denkt aber Schabus an den so genannten „White Out“-Effekt, wie ihn Polarforscher oder Ozean-Überquerer aus Extremsituationen beschreiben. Gemeint ist der Verlust an körperlicher und psychischer Orientierung im leeren Raum einer konturlosen, blendend weißen Landschaft. Wie bei der Arbeit „Transport“ – einem aus vorhandenen Stellwänden zusammengefügten Projektionsraum in Bonn – erklärt sich auch hier die Konstruktion dieses idealen Raumes von Außen. Ortsspezifisch kann der Unterbau als historische Referenz an den Pfahlbau am Bodensee oder an Peter Zumthors erstes, gestelztes Kunsthaus-Modell gesehen werden. Die gedankliche Tiefe des doppelten Bodens als Bindeglied zwischen Schein und Wirklichkeit mag nach der Lektüre von Gustav Schwabs Ballade „Der Reiter und der Bodensee“ erahnt werden.

Gerade an dem Punkt des Gebäudes, von dem aus der Besucher nur mehr umdrehen kann, führt uns Schabus in diesen Wahrnehmungsraum, in dem das gewohnte Koordinatenkreuz verlassen und die Speicherplatte der Erinnerung neu formatiert wird. Die Beschäftigung mit den sichtbaren und unsichtbaren Ausprägungen des Raumes scheint für Schabus charakteristisch. Das Spannungsfeld ist von einer unendlichen Liste dynamischer Vektoren bestimmt. Es umfasst die angedachten Vorstellungen über den White Cube als idealen Raum, die materielle Realität der Objekte und ihre Kehrseite als leere, potenzielle Räume (versinnbildlicht durch den Materialaushub als negative Volumina der Schächte und Tunnel), den subjektiven Körperraum, den Anmutungs-, Empfindungs-, Denk- und Erinnerungsraum, den Bewegungsraum, den geschichtlichen, den geografischen oder den utopischen Raum. Als Referenz für letzteren werden vom Künstler etwa die Architekturvisionen des Venezianers Giovanni Battista Piranesi (1720–1778) angeführt. Entlang der subjektiven Perspektiven von Erfahrung, Wahrnehmung,

Vorstellung und körperlichen Präsenz arbeitet Schabus mit dem Raum als skulpturalem Material.

Das Arbeiten mit wahrnehmungs- und technikbedingten Kreisläufen erinnert an die geschleiften Irrwege der Werke von M. C. Escher (1898–1972). Ein sich linear ausbreitender Raumentwurf bricht dabei als logisches Modell auf Grund des möglichen Kreislaufs in sich zusammen. Die Dynamik einer fortwährend in sich mündenden Bewegung, die stellvertretend für die Prozesse der Erinnerns und Wiedererkennens etwa in „Passagier“ anklingt, ist für das bildhauerische Denken von Hans Schabus symptomatisch. Es scheint wichtig, der Spur der Erzählung zu folgen, weil auch eine scheinbar ruhende Nadel auf dem drehenden Plattenteller schlussendlich immer an ihrem Ziel im Inneren der Scheibe ankommt. Auf dem ersten Zugtunnel des Kaiserreiches vor den Toren Wiens wird die Losung ausgeben: Recta Sequi – Folge der Geraden, die schließlich ins Kunsthaus führt. Das vorliegende Kalenderbuch zeigt als essenzieller Teil der Ausstellung das Netzwerk der gedanklichen Annäherung. Entlang der strukturierten Gliederung des Jahres rückt der Tag des Rendezvous chronologisch fortschreitend und doch im wiederkehrenden Kreislauf von Wochen und Monaten immer näher. Diese unaufhaltbare gerichtete Bewegung, die auf ihr Ziel zusteuert, beginnt mit dem Grundriss im Atelier und führt durch den Arlberg bis zum großen Vorhaben des Tunneldurchbruchs. Alle Überlegungen, Skizzen und Pläne, die Eindrücke der Reise, die allmähliche Konkretisierung benennt Hans Schabus. Im Kalender wiederholt sich die geschleifte Bewegung, wodurch der Kreislauf des Ateliers zum Kreis der Wahrnehmung wird. Die Bildunterschrift zum Wiener Riesenrad, das als Motiv mit seinen Kabinen wiederum an den Zug denken lässt, verdeutlicht den Taumel: *Alles dreht sich im Kreis, weshalb das Riesenrad im Prater ebenso gut wie das Wahrzeichen von Wien das der Welt sein könnte.*

Hans Schabus versteht seine Ausstellung als Transformation des Gebäudes in einen komplex verschachtelten, architektonischen und mentalen Parcours der Entdeckung des eigenen Ichs. Stellvertretend für den Betrachter stößt der Künstler dabei an Grenzen und dringt in Räume vor, in der die gewohnten Konstanten der Welterfahrung sich als variabel erweisen. Schabus flutet und durchbricht das Oberflächliche und stellt dabei die bildhauerische Abgrenzung von Innen und Außen oder Hülle und Gehalt in Frage. Die Reise führt ins Verborgene, Unzugängliche und damit ins Unbewusste. Die hölzerne Wendeltreppe aus dem Elternhaus („Über das Prinzip Hoffnung beim Schachten“), das Loch im eigenen Atelier, sein Weg durch den Kollektorgang und die Fahrten mit dem Lastenlift wirken wie gleichnishafte Überführungsapparaturen in tieferliegende Ebenen der Wahrnehmung. Es geht um einen Grenzgang zwischen der physischen und psychischen Erfahrungswelt: Die Erinnerung an den Abstieg in die unangenehme feuchte Kälte des Kellers, das Eintauchen in das Dunkle, das Graben und Kratzen an der Fassade der Dinge, das Verschwinden und Wiederauftauchen im Kanalsystem. Der Betrachter ist innerlich berührt, da durch die unmittelbare Anbindung der Kunst an das eigene Körperempfinden das Erleben kommunizierbar und reflektierbar wird. Das Motiv der Wiederkehr erhält vor diesem Hintergrund einen traumatischen Beigeschmack. Wie in den Schachtelsätzen Dürrenmatts, bei denen von Nebengleisen Sachverhalte wie Güterzüge eingeschoben werden, fährt Schabus mit innerer Notwendigkeit vorwärts. Es gibt kein Entrinnen, das Atelier oder der verdrängte Aushub tauchen andernorts wieder auf. Charakteristisch für das facettenreiche Werk ist die Anbindung und Aneignung eines Ausstellungsortes an das biografische Koordinatensystem. Schabus durchmisst den persönlichen Abstand zum KUB und markiert die Schlüsselstellen der Annäherung (vgl. „100 Laufmeter“), er verknüpft seine individuelle Welt (das Atelier und die Anreise) mit dem Kontext – der Gegebenheit des Ortes. Nach einer ausufernden Recherche der sich bietenden Themenkomplexe ankert er in den Bereichen mit Gleichnispotenzial gegenüber seinem Leben. Offensichtlich ist diese Präsenz, wenn der Zuseher ihm als filmischem Protagonisten folgt. Aber auch ohne dessen körperliche Anwesenheit befindet sich der Betrachter in seinem Spinnennetz aus Bezügen.

Die Gleichzeitigkeit eines immateriell gedachten und materiell sichtbaren Kunstwerks lässt an frühere Einzelausstellungen des Kunsthaus Bregenz denken. Sowohl bei der schillernden Expedition, auf die Pierre Huyghe den Besucher schickte, als auch bei Olafur Eliassons Reflexion einer natürlichen Kunstwelt wurde ein inkonsistentes, weil rezeptionsästhetisches Werk präsentiert. Kennzeichnend für diese bildhauerische Praxis ist, dass das einzelne Objekt dabei nicht beansprucht, äußeren Einflüssen gegenüber immun zu sein. Es ist vielmehr formbares Material. In der Kumulation von skulpturalen Elementen und Reizstimuli wird ein Kunstwerk geschaffen, das gekoppelt ist an den künstlerischen Prozess als solchen sowie an die Bewegungsabläufe des Betrachters. Im Visier ist das Leben mit allen Facetten und allen Grenzbereichen des Erfassens von Welt. Ihre Anknüpfungspunkte findet diese Vorstellung einer raum- und medienübergreifenden Kunst, die von der unmittelbaren Beziehung von Denken, Agieren und körperlichem Erleben geprägt ist, in der Kunst der 60er und 70er Jahre. Beispielhaft genannt seien hier etwa Bezüge zum Werk von Bruce Nauman, Gordon Matta-Clark oder auch Joseph Beuys.

Hans Schabus forscht, untersucht, reflektiert und kontextualisiert ortsbezogen mit dem Unterfutter seiner Realität. In einer faszinierenden Art aktiver Aneignung legt der Künstler unsichtbare Stränge des Bewusstseins frei und verhakt sich in den Grauzonen plastischen Gestaltens. Wenn er auch sein Leben reflektiert und letztendlich für sich selbst gräbt, so bringt er jeweils eine emotionale Erfahrungsebene ins Spiel, die allgemeingültigen Charakter hat. Der von Hans Schabus zwischen Fahrer- und Lastenraum durchtrennte Kastenwagen „Anton“ (Video 1998/99) steht sinnbildlich für den Appell an den Betrachter, sich zu orientieren. Der Wahrnehmende ist weder passive Last noch blinder Passagier. Als Versicherungshaken ist er Teil des Werks, und nimmt er Richtung, so kann es zum Rendezvous kommen.

Rudolf Sagmeister

WEGBESCHREIBUNG

In einem über ein Jahr dauernden „Aneignungs- und Annäherungsprozess“ mit zahlreichen Aufenthalten in Bregenz bereitet der Künstler sein Konzept für die das gesamte Haus umfassende Ausstellung vor. Seine Erfahrungen, die Anreise mit dem Zug, insbesondere die Tunnelfahrt und die „Kunstbauten“ der Arlbergtrassenführung, werden Teil der Ausstellung.

Ein reales und fiktives Beziehungsgeflecht spannt sich vom Atelier und Arbeitsort des Künstlers in Wien bis nach Bregenz und dringt verändernd in das Kunsthaus ein. Durch sein genaues Wissen um den Ort, die Geschichte des Baus und unzugängliche Bereiche der Architektur und Technikbereiche des Kunsthauses ermöglicht Hans Schabus den Besuchern ungewohnte neue Einblicke und Erfahrungen. All seine Überlegungen, Skizzen und Pläne, die allmähliche Konkretisierung der Ausstellung, zeichnet der Künstler in einem Jahreskalenderbuch auf, das nun als Künstlerbuch zur Ausstellung vorliegt.

1. + 2. UG

Das Kunsthaus Bregenz bekommt einen Gleisanschluss durch den KUB-Tunnel, einer Verlängerung des Arlbergtunnels. Im 2. Untergeschoss führt Hans Schabus die Gleisstrecke ins Haus. Lagerräume werden zum Bahnsteig und Werkstätten zum Warteraum umgedacht. Das 1. Untergeschoss wird mit Aushubmaterial angefüllt, um schließlich den großen Rest des 52 Kilometer langen Tunnels über den Bahnhof Bregenz zu kippen. Vorbild ist der Bahnhof Langen, der 1884 auf dem Aushubmaterial des Arlbergtunnels errichtet wurde.

EG

Der Haupteingang des Kunsthaus Bregenz bleibt versperrt. Die Besucher/innen betreten das Haus über einen Holzsteg, der auf die Höhe der Anlieferungsrampe des Warenlifts und durch diesen ins Haus führt. Ins Erdgeschoss steigen wir wieder hinunter. Die gesamte Bodenfläche ist mit Teichfolie ausgelegt und an den Wänden zusätzlich mit Sandsäcken gesichert. Wasserpfützen, Feuerwehrschläuche und Pumpen erinnern an den Zustand des Hauses im Hochwasserjahr 1999, als das Kunsthaus von drei Seiten vom Wasser des Bodensees umflutet war. Die Schläuche führen aus dem das Haus allseitig umgebenden zwölf Meter tiefen Kollektorgang, dem tiefsten Punkt des Gebäudes. Das eintretende Grundwasser wird von hier in das Erdgeschoss gepumpt und erzeugt ein „inneres, verkehrtes“ Hochwasser. Die Kreisläufe innerhalb des Hauses werden somit gegen dieses selbst gerichtet.

1. OG

Dieses Stockwerk wird Hafen zahlreicher Boote, die wie gestrandet auf der Seite liegen und den Raum füllen. Wie zahlreiche Fischarten kontrastieren die Boote verschiedenster Typen die Hermetik des Ausstellungsraums. Mit Blick auf den angrenzenden Bodensee wird hier das Rendezvousproblem dringlich. Auch der von Hans Schabus speziell für die Expedition durch die Abwasserkanäle Wiens gebaute „Optimist“ wird dabei sein. Ist hier einfach das Wasser ausgelaufen, oder wartet man auf das Hochwasser, gegen das wir uns im Erdgeschoss noch zu schützen versuchen?

2. OG

Das verdunkelte Stockwerk wird zu einem großen Projektionsraum. Als Projektionsflächen dienen die drei tragenden Mauerscheiben, hinter denen sich der Warenlift, das Fluchttreppenhaus, der Personenlift und die große Publikumstreppe verbergen. In der Projektion wird die Reise nach Bregenz veranschaulicht. Mit dem Zug dem Arlbergtunnel (Tor zum Westen) entgegen und schließlich in den Tunnel hinein. Das gesamte Geschoss wird dabei zum Transportmedium. Basierend auf der Erzählung „Der Tunnel“ von Friedrich Dürrenmatt, in der der Protagonist, ebenfalls im Zug sitzend, in einen Tunnel einfährt, der diesmal viel länger ist als sonst …, nicht mehr aufhört … Der endlose Sturz ins Erdinnere, mit dieser Assoziation verbindet Hans Schabus den Arlbergtunnel mit dem Kunsthaus. Er konstruiert den 52 Kilometer langen KUB Tunnel. Eine Tür geht auf, und der Protagonist bewegt sich durch Technik- und Lagerräume, um schließlich mit dem Warenlift nach oben befördert zu werden. Hinter allen Ausstellungsräumen vorbei findet die Bewegung mit einem Panoramablick vom Dach des Kopfbahnhofs KUB ihren vorläufigen Stillstand. Zwei zusätzlich aufgestellte Monitore zeigen den Anfang und das Ende der Reise: die endlose Kreisbewegung im Atelier und die Kamerafahrten durch die Wartungsgänge des Kunsthauses.

3. OG

Durch das Verlängern der drei tragenden Mauerscheiben mittels Wänden aus stehenden Euro-Paletten entsteht ein perfekter „White Cube“. Außen bleibt die rohe Holzkonstruktion sichtbar und ruht auf einer doppelten Lage „Arlberg“-Limonadenkisten – eine Reverenz an die Pfahlbauten, die erste Siedlungsform am Bodensee. Und gleichsam wird der doppelte Boden zum sprichwörtlichen Ritt über denselben. Im Inneren wird der gesamte Raum mit weißem Karton ausgekleidet und ist durch die Aufsockelung nun genauso hoch wie die übrigen Stockwerke. In diesem eingestellten Raum wird der so genannte White Out-Effekt erzeugt. Das Verschwinden von Konturen und Umrissen lässt dabei eine völlige Orientierungslosigkeit entstehen. Das „White Out“ ist z.B. die häufigste Unfallursache von Hubschraubern im alpinen Raum. Auch viele Polarforscher berichten davon. Ebenso bleiben im Inneren des blendend weißen Raums die besondere architektonische Struktur, Farbigkeit und Materialität der Betonwände Peter Zumthors ausgeblendet. Durch die verwendeten Materialien und Methode wird auch das Raum-im-Raum-Prinzip und der Modellcharakter des Kunsthauses angesprochen.

Die Eröffnung der Ausstellung am 19. November ist zufällig auch 121-jähriges Jubiläum des Arlbergtunneldurchbruchs. Nach vierjährigen Grabungsarbeiten von beiden Seiten des Arlbergs wurde die Scheidewand des 10.250 Meter langen Tunnels am 19. November 1883 durchbrochen.

Alles dreht sich im Kreis, weshalb das Riesenrad im Prater ebenso gut wie das Wahrzeichen von Wien das der Welt sein könnte. Foto F1 Online

	September					Oktober								
Wo	36	37	38	39	40	40	41	42	43	44	45			
Sa	4	11	18	25		2	9	16	23	30	6	13	20	27
So	5	12	19	26		3	10	17	24	31	7	14	21	28
	22 AT					21 AT					21/22 AT			

Montag Monday Lundi Poniedziałek Понедельник	**25.**	Oktober October Octobre Październik Октябрь	Dienstag Tuesday Mardi Wtorek Вторник	**26.**	Oktober October Octobre Październik Октябрь	Mittwoch Wednesday Mercredi Środa Среда	**27.**	Oktober October Octobre Październik Октябрь	Donnerstag Thursday Jeudi Czwartek Четверг	**28.**	Oktober October Octobre Październik Октябрь

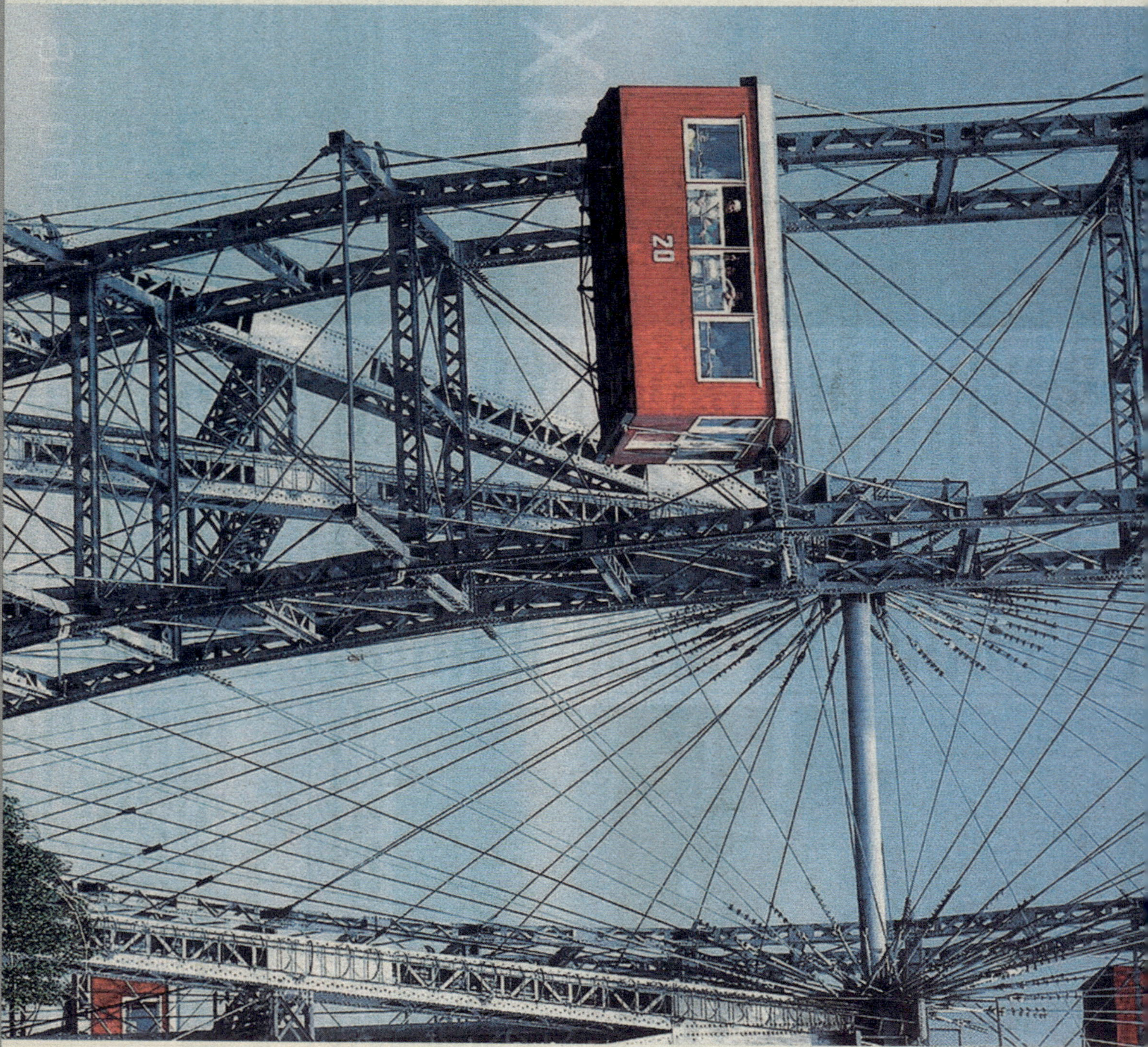

20	20	20	20
21	21	21	21

Everything is spinning; which is why the Prater wheel could not only be emblematic for Vienna but for the whole world.

Freitag Friday Vendredi Piątek Пятница	**29.**	Oktober October Octobre Październik Октябрь	Samstag Saturday Samedi Sobota Суббота	**30.**	Oktober October Octobre Październik Октябрь	Sonntag Sunday Dimanche Niedziela Воскресение	**31.**	Oktober October Octobre Październik Октябрь	44. Woche Week Semaine Tydzień Неделя

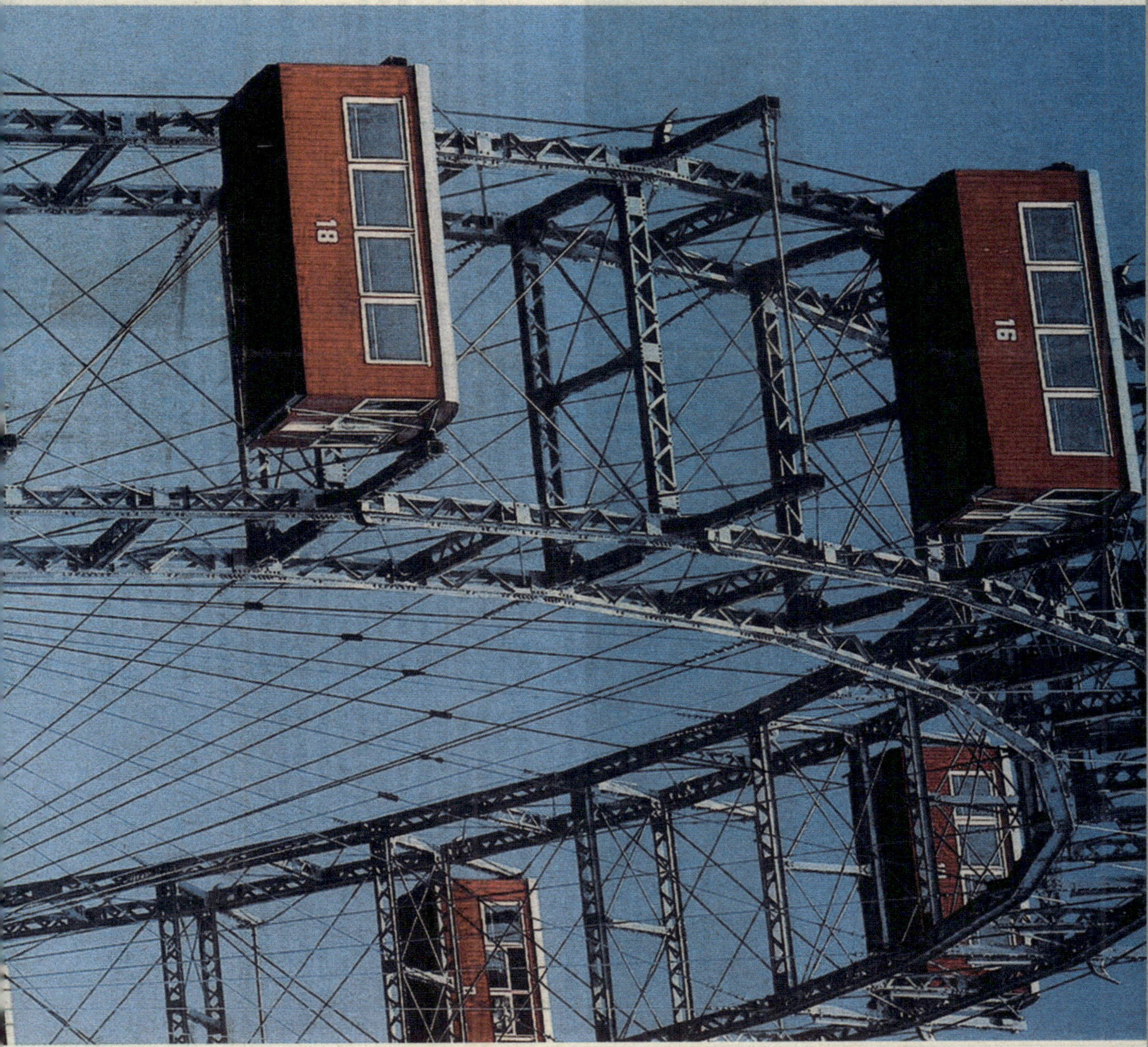

20	20
21	21

Di		7	14	21	28		5	12	19	26	2	9	16	23	30
Mi	1	8	15	22	29		6	13	20	27	3	10	17	24	
Do	2	9	16	23	30		7	14	21	28	4	11	18	25	
Fr	3	10	17	24		1	8	15	22	29	5	12	19	26	
Sa	4	11	18	25		2	9	16	23	30	6	13	20	27	
So	**5**	**12**	**19**	**26**		**3**	**10**	**17**	**24**	**31**	**7**	**14**	**21**	**28**	

22 AT — 21 AT — 21/22 AT

Winfried Nußbaummüller

RECTA SEQUI

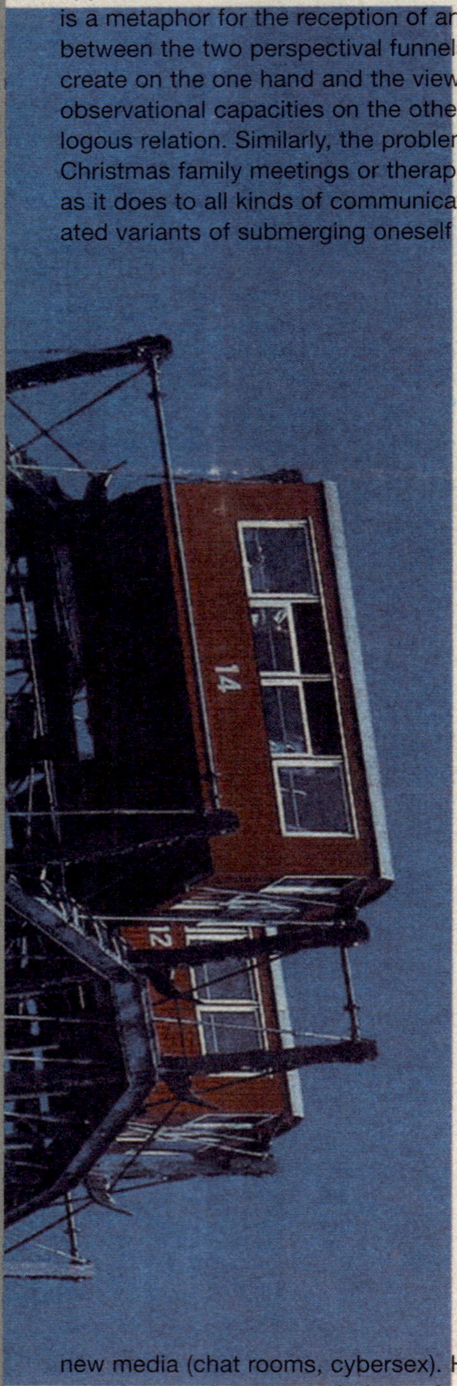

Tunnel building, a crucial element of the Bregenz exhibition, knows the rendezvous problem. Two shafts are dug from opposite directions and are to meet at a specific place. This is a metaphor for the reception of art because the relation between the two perspectival funnels of the artistic will to create on the one hand and the viewer's expectation and observational capacities on the other hand stand in an analogous relation. Similarly, the problem refers to blind dates, Christmas family meetings or therapeutic dialogue situations as it does to all kinds of communication, even to the sublimated variants of submerging oneself in the worlds of the new media (chat rooms, cybersex). Historically, tunnel construction employs the technique of a safety hook, an arching diversion from the direct confrontational axis, raising the probability of the rendezvous—the success rate of two drillings meeting—by enlarging the target. Sticky traps for pests and broadband antibiotics work in a similar fashion.

The artistic process of Hans Schabus (born 1970, works and lives in Vienna)—a position diametrically opposed to the belief in the autarky and self-sufficiency of art—stands for an open work of art which the artist sustains by his experience, his impressions as well as his background. It is presented in a rich, almost baroque range of stimuli of senses and sense creation. Like an amplifier it makes sensations audible. It allows the viewer to hook up to it while it travels the conscious and subconscious of the self. Motion, seemingly directed or in reflexive loops, is the formal constant. Schabus is not primarily concerned with the velocity of modern transport and communication but with travelling (being underway) in itself. In the (emotionally as well as actually moved) look into the rear mirror he makes visible the ambivalence of the moment as oscillating phenomenon between the point of departure and the destination, past and future.

Hans Schabus has developed this comprehensive exhibition for the Kunsthaus Bregenz in what is for him a symptomatic process of approach and adaptation. The point of departure is his own work up to the present reference to which is both formal and in subject matter. The personal experiences of travelling by train to the West of Austria are part of the individual baggage. In the course of a meticulous research into local history it appeared that the date of the exhibition's opening coincides exactly with the date of a manifest rendezvous problem, that of the Arlberg tunnel. 121 years ago, on the 19th of November, 1883, the highly symbolic as well as geographic separation of Vorarlberg and the rest of Austria was pierced. It is a complete coincidence that the imagined extension of the Arlberg tunnel rail line runs perpendicularly to the Kunsthaus. According to Schabus this meant that all the ingredients for his project were already in place.

On this basis a pattern of real as well as fictional correspondences develops, starting from the artist's studio, reaching Bregenz and penetrating the Kunsthaus performatively. As an invisible part of the exhibition Schabus subcutaneously leads the extension of the Arlberg tunnel all the way to the second basement level of the Zumthor building. The siding is made theoretically at a blind spot of the building: the storage and workshop areas not accessible to visitors. Schabus spins the thread further. He fills the first basement level with part of the material dug from the tunnel while tipping the enormous rest of the, once more, virtual material over Bregenz Central Station. The web of cross-references is tightly knit. For in the same way as the bank of earth has its precedence in the construction of Langen station (which was built in 1884 on material dug from the Arlberg tunnel), so the idea of a never ending tunnel in the direction of the centre of the earth refers to Friedrich Dürrenmatt's story "The Tunnel". Schabus blocks the main entrance to the Kunsthaus and leads the visitors over a wooden footbridge to the goods lift and into the ground floor. There they hit upon an "inverted, internal" high water. The sandbags, hoses and pumps remind them of the floods of 1999 when the building was closed off on three sides by the waters of Lake Constance. Groundwater is pumped from the deepest point of the building, the collector-passage, so that the internal circulation of the building is seemingly turned against itself.

For his exhibition at the Vienna Secession in 2003 Hans Schabus developed an interdisciplinary parcours under the title "Astronaut (be right back)" which directed the viewer's attention to states of affairs underground. The accustomed access to the exhibition area was walled up. Against the expectations of the viewer the path led into the main area only through a tunnel which wound its way through branched cellars, social and technical rooms from below the historical building and ended in a model, life-sized but empty, of the artist's studio. This windowless and gleamingly lit paper case only disclosed itself to the view from the outside as the sculptural construction it was. The White Cube revealed itself as façade, thus mirroring the presentational context of the two rooms. In the video "Astronaut" (2003) the personal connection seems to be carried further, as the artist delves through a shaft he has dug himself into the sediments and the branched sewerage system of Vienna seemingly arriving at the Secession. The wheel has turned full circle, for Schabus cannot leave the space of his experiences; the flight from the studio leads back to it.

On the first floor of the Kunsthaus Bregenz Hans Schabus has staged an urgent rendezvous problem. A group of wildly differing boats occupies the exhibition space. Depending on which interpretation is preferred, they seem to have been beached on or found their safe haven within the art context. The surroundings of the Kunsthaus, consciously excluded by the architect Peter Zumthor with his assertion of a hermetic concrete architecture, now find their way into the interior. The bounds of space begin to flow. If the rail tracks in actual fact miss the Kunsthaus narrowly, its position is still determined by the train as it is by the boats of the neighbouring Lake Constance. Both metaphors stand for the coping with space. Within the exhibition's scenario the boats impress the viewer as self-sufficient works of art. However, they have the function of being the immediate materials of an immaterial sculpture. Their history is one of continuation and feedback. They suggest the construction of those subjective stories which might have brought them here. Since the flooded ground floor is still present to the memory, one feels part of a surreal recording of the moment. It seems completely unclear if the water from the ground floor is still to come or has receded already. Also part of the exhibition is Schabus' home-made sailing boat of the optimist class which he built for an expedition of the sewerage system of Vienna. In the video "Western" (2002, a.o. Manifesta IV, Frankfurt) the artist paddles in this amphibian named "forlorn" through subterranean Vienna. His eventless and apparently unending odyssey into the dark and the dirt of the city touches on universal questions of flight and getting lost. This work recalls the Dutch conceptual artist Bas Jan Ader who vanished without trace in the 1970s while crossing the Atlantic in a small boat. His projects have a dimension of sense, poetics and pathos which makes him a forerunner of Schabus. Equally, one is reminded of the showdown in Carol Reed's "The Third Man" (1949) which takes place in the very same sewerage system. Because Hans Schabus thinks in transformable forms, it is no surprise that on land "forlorn" can be moved like a wheelbarrow.

On the three weight-bearing slices of wall of the second floor Hans Schabus projects the train journey to Bregenz. The projection joins together the walls into a flowing screen which transforms the space itself into a means of transport. Schabus moves—like the student in Dürrenmatt's story—as the protagonist through the seemingly hidden technical and storage rooms of the Kunsthaus in order to be elevated eventually by the goods lift. Here, the real movement of the viewer through the exhibition encounters the cinematographic version of the artist's tunnel ride. Beyond all the exhibition areas the latter comes to a provisional standstill. Two additional monitors show the course of the journey: The point of departure is the endless cycle of the studio while the destination is formed by the movement of the camera through the collector and façade passages of the Kunsthaus. In the video "Passenger" (2000) a model train makes its way through several rooms that form part of the artist's studio. The viewer follows the journey by means of a camera from the rear of the train which shows the site of production as well as the artist at his work. While the action progresses as real time and the train moves steadily along its circular route, the camera and with it the viewer follows the motion by looking back. The viewer turns passenger. The moving picture passes spatially as well as temporally before his eyes. He sees the recently completed present of the train and perceives the present in the looping processes of recollection against the linear course of time. For Schabus the loop of motion as transformed accuracy (as safety hook) leads to the rendezvous at KUB. For the scenarios of the studio and of the KUB tunnel may be divided by a long straight line but in thought they run towards each other because of their opposing directedness.

Modern art is marked by the ideology of the "White Cube", an ideal exhibition space that withdraws as best as possible in order to allow the artworks to unfold their full effect. It stems from the idea of art as self-referential and removed from political, social or economic elements. Since the 1960s and 70s artists (male and female) analyse, discuss, redefine and quote this abstract separation of the work from its surroundings. Each from a different perspectiv, Michael Asher, Marcel Broodthaers, Dan Graham, Daniel Buren, Robert Smithson, Robert Morris, Joseph Beuys and Hans Haacke positioned themselves in relation to this idea. Hans Schabus reflects in his installation on the third floor of the Kunsthaus on this frame of thought by undermining it. The imagined extension of the weight-bearing slices of wall (and thus of the reality of the architecture) forms a rectangular field in which Schabus places on a pedestal made from lemonade crates a room of standing pallets. Because the interior is laid out with white carton this generates a perfect "White Cube" as described from extreme situations by members of Polar expeditions or ocean crossings. What is referred to here is the loss of bodily as well as psychological orientation in the empty space of featureless, blindingly white scenery. As in the work "Transport"—a projection room in Bonn assembled from partitions—the construction of this ideal space is explained from without. Location-specifically the pedestal can be seen as a historic reference to the buildings on stilts on Lake Constance or to Peter Zumthor's first stilted model of the Kunsthaus. The intellectual depth of the ambiguous ground as nexus between appearance and reality can be fathomed while reading Gustav Schwab's ballad "The Horseman and Lake Constance".

At precisely this point of the building at which the visitor can but turn around Schabus leads us into a perceptual space where the accustomed coordinates are left behind and the memory drive is re-formatted. Concerning himself with the visual and the invisible shapes of space seems characteristic of Schabus. The field of tension is determined by an infinite list of dynamic vectors. It contains the suggested notions of the White Cube as ideal space, the material reality of objects and their reverse as empty, potential spaces (represented by the material dug up as the negative volumes the shafts and tunnels), the subjective space of the body, the space of intimation, sensation, thought and memory, the space of motion, the historical, the geographic or the utopian space. By way of reference to the latter the artist mentions for example the architectural visions of the Venetian Giovanni Battista Piranesi (1720–1778). Schabus works with space as sculptural material along the line of the subjective perspective in experience, perception, imagination and bodily presence.

Working with perceptual or technical cyclical elements recalls the looping mazes from the works of M C Escher (1898–1972). There a conception of space with linear extension collapses as a logical model on account of the possible circularity. The dynamic of a motion that continuously flows into itself, representing the processes of recollection and recognition in such works as “Passenger”, is symptomatic for the sculptural thought of Hans Schabus. It seems important to follow up the lead of the story because the seemingly still needle on the turning record eventually reaches its destination of the inner ring on the vinyl. On the first train tunnel of the empire, before the gates of Vienna we find the motto: Recta Sequi—follow the straight line that finally arrives at the Kunsthaus. This calendar book presents as an essential part of the exhibition the network of the intellectual approach. Along the structure of the year the day of the rendezvous moves ever closer by chronological progression and yet also by cyclical return of weeks and months. This inevitable, directed motion which runs to its destination begins in the studio and leads through the Arlberg up to the great projection of the tunnel breakthrough. Schabus lists all the ideas, sketches and plans, the impressions of the journey, the gradual putting into concrete forms. In the calendar the motion repeats itself, turning the circulation of the studio into the cycle of perception. The caption to the Viennese Ferris wheel with its carriages takes up the motif of the train elucidating the dizziness: *Everything is spinning; which is why the Prater wheel could not only be emblematic for Vienna but for the whole world.*

Hans Schabus understands his exhibition as a transformation of the building into a complex, interlocking architectonic as well as psychological parcours for the discovery of the self. As deputy to the viewer the artist explores limits and enters spaces where the accustomed constants of our experience turn out to be variable. Schabus floods and penetrates the superficial and calls into question the sculptural limitation of inner and outer or shell and content. The journey leads into the hidden, the inaccessible and thus into the unconscious. The wooden spiral staircase from the family home (“On the principle of hope in shafting”), the hole in his studio, his walk through the collector passage and the rides with the goods lift give the impression of symbolic contraptions for the passage to deeper levels of perception. It is about crossing the borders between the physical and the psychological world of experience: The memory of the descent to the uncomfortable clammy cold of the cellars, the submersion in the dark, the digging and scratching on the façade of things, the vanishing and re-emergence in the sewerage system. The viewer is touched since the unmediated connection of the art to the sensation of one’s own body makes it possible to communicate and reflect on the experience. Before this background the motif of return acquires a traumatic flavour. As with the interlocking sentences of Dürrenmatt, which move in information like cargo trains from side-tracks, so Schabus travels onwards with an inner necessity. There is no escaping it, the studio or the material dug up will emerge somewhere else. The connecting and adapting of an exhibition space to the autobiographic system of coordinates is characteristic for the multi-facetted œuvre. Schabus measures the personal distance to the KUB and marks out the key points of the approach (cf. “100 metres of walking”). He integrates his individual world (the studio and the journey) and the context—the givenness of the place. After a research phase that breaks its banks he drops anchor in the domains which provide potential for simile with regard to his own life. This presence becomes obvious when the viewer is caught in a spider’s web of cross-references.

The simultaneity of an immaterial, imagined and material, visible work of art recalls earlier solo exhibitions at the Kunsthaus Bregenz. Both the ambiguous expedition on which Pierre Huyghe sent the visitor and Olafur Eliasson’s reflection on a natural art-world presented an inconsistent work because they focused on the aesthetics of art perception. It is a mark of this sculptural method that the individual object does not assert immunity to external influences. Rather, it is material capable of being shaped. An artwork is created in the accumulation of sculptural elements and sense stimuli that is hitched up to the artistic process as such and to the movements of the viewer. What is brought into view is life with all it facets and all limits of comprehending the world. This idea of a space- and media-transcending art, which is recognisable by its immediate relation of thought, agency and bodily experience, finds its points of contact in the art of the 1960s and 70s. By way of examples it may suffice to mention the references to such œuvres as those of Bruce Nauman, Gordon Matta-Clark or even Joseph Beuys.

Hans Schabus researches, investigates, reflects and contextualises in a location-specific manner the stuffing of his reality. With his fascinating method of active adaptation the artist uncovers invisible strands of consciousness and drops the hook in the grey areas of sculptural design. If, in doing so, he reflects on his own life and, when all is said and done, digs for his own sake, he brings into play an emotional level of experience which is of universal character. The van “Anton” (video 1998/99) Hans Schabus cut between driver’s compartment and goods compartment exemplifies the appeal to the viewer to get his or her bearings. The perceiver is neither passive baggage nor blind passenger. As safety hook he is part of the project. If he takes direction, a rendezvous is possible.

Rudolf Sagmeister

TOUR DESCRIPTION

Freitag Friday Vendredi Piątek Пятница November November Novembre Listopad Ноябрь **12.**

Samstag Saturday Samedi Sobota Суббота November November Novembre Listopad Ноябрь **13.**

Sonntag Sunday Dimanche Niedziela Воскресенье November November Novembre Listopad Ноябрь **14.**

46. Woche Week Semaine Tydzień Неделя

For over one year and during multiple stays in Bregenz, the artist prepared his concept for the exhibition which involves the entire museum. His experiences, his many train trips to Bregenz, especially the passage through the Arlberg tunnel, and the "artistic buildings" of the Arlberg line have all become part of the exhibition.

A real and a fictitious web of relationships spans the distance from the artist's studio and workplace in Vienna to Bregenz to invade and change the Kunsthaus. Due to his exact knowledge of the location, the history of the Kunsthaus building and of its usually inaccessible corners and technical installations, Hans Schabus provides visitors with out-of-the-ordinary insights and experiences. The artist recorded his own reflections, sketches and plans, and the gradual creation of the actual exhibition in a diary which is published as the artist's book for the exhibition.

1st and 2nd basement levels

The Kunsthaus Bregenz gets a railway connection through the KUB tunnel, an extension of the Arlberg tunnel. Schabus has laid the tracks leading into the building on the second underground level. Storerooms are now reconceived as the platform, and workshops as the waiting room. The first underground floor is filled with excavation material, while the larger portion of such material from the 52-kilometre tunnel is destined to form a mound over Bregenz Central Station—inspired by and a reverse of Langen station which was erected in 1884 on the mound of excavation material from the Arlberg tunnel.

Ground floor

The main entrance to the Kunsthaus Bregenz remains blocked. Visitors now have to walk up a wooden bridge to reach the delivery ramp at the goods lift through which they enter the museum at ground floor level from where they move to the upper floors. All the floor areas are covered, wall-to-wall, with plastic pond sheeting, secured with sandbags along the walls. Water puddles, fire-brigade hoses and pumps are reminiscent of the floods of 1999, when the Kunsthaus stood in the high water of Lake Constance, at least on three sides. The hoses are laid in the water collecting channel, 12 metres deep, which runs around the entire building at its deepest level. From here, seepage groundwater is pumped up and represents "interior, reversed" high water. Thus, the cycles within the building are turned against it.

1st upper floor

This floor is turned into a harbour with boats lying on their sides, as if stranded, and filling the space. Like many types of fish, the very different types of boats form a contrast to the hermetics of the gallery. Here—with a view over Lake Constance—the rendezvous problem becomes urgent. The "Optimist" Hans Schabus constructed specially for expeditions through the sewers of Vienna will be of the party, too. Has all the water simply leaked out here, or do we wait for the floods which we tried to protect ourselves from on the ground floor?

2nd upper floor

The blacked-out space becomes a large projection theatre with three structural walls as the projection screens. Behind them are the goods lift, the emergency staircase, the passenger lift and the large public stairway. The projections show the train journey to Bregenz, approaching the Arlberg tunnel, the gateway to the West, and, finally, entering it. The entire 2nd floor is converted into the means of transport, based on Friedrich Dürrenmatt's story "The Tunnel": the protagonist sits in a train running through a tunnel that is much, much longer than usual…a tunnel that never ends. The never-ending fall into the centre of the earth—this is the association Hans Schabus uses to connect the Arlberg tunnel with the Kunsthaus. He "video-constructs" the 52-km "KUB Tunnel". A door opens and the visitor-protagonist moves through technical and store rooms to be transported upwards by the goods lift. Passing behind the exhibition galleries, the tour finds its preliminary end on the roof of the KUB terminal station affording a panorama view. Two monitors also show the beginning and the end of the journey with perpetual circling swoops in the studio and tracking shots through the maintenance corridors of the Kunsthaus.

3rd upper floor

By extending the three structural wall slabs with partitions of upright European standard pallets, the artist has created a perfect "White Cube". The rough saw-marked wood structure is visible on the outside and rests on a double layer of "Arlberg" lemonade crates—a reference to the ancient lacustrine dwellings on Lake Constance. The double floor turns into a ride over the proverbial double bottom (i.e. ambiguity, translator's note). Inside, the cube is clad with white cardboard. Its plinth of crates has made it as high as the other storeys. In this space-in-space, the so-called white-out effect is achieved: contours disappear, which leads to a complete loss of orientation. In alpine regions for example, white-out is the main cause of helicopter accidents. Many polar explorers have reported the effect as well. The glaring whiteness of the cube's interior also blends out the special architectural structure, colours and material quality of Peter Zumthor's concrete walls. The materials and methods Hans Schabus has used also address the space-in-space principle and the model character of the Kunsthaus itself.

By happy coincidence, the opening day of the exhibition on the 19th of November is also the 121st anniversary of the Arlberg tunnel breakthrough: after four years of tunnelling from both flanks of the Arlberg (mountain), the rock wall still separating the two halves of the 10,250-metre tunnel was finally opened on November 19, 1883.

	Oktober					November					Dezember				
Wo	40	41	42	43	44	45	46	47	48	49	49	50	51	52	53
Mo		4	11	18	25	1	8	15	22	29		6	13	20	27
Di		5	12	19	26	2	9	16	23	30		7	14	21	28
Mi		6	13	20	27	3	10	17	24		1	8	15	22	29
Do		7	14	21	28	4	11	18	25		2	9	16	23	30
Fr	1	8	15	22	29	5	12	19	26		3	10	17	24	31
Sa	2	9	16	23	30	6	13	20	27		4	11	18	25	
So	**3**	**10**	**17**	**24**	**31**	**7**	**14**	**21**	**28**		**5**	**12**	**19**	**26**	

21 AT | 21/22 AT | 23 AT

Montag / Monday / Lundi / Poniedziałek / Понедельник **15.** November / November / Novembre / Listopad / Ноябрь

320 – 46

Dienstag / Tuesday / Mardi / Wtorek / Вторник **16.** November / November / Novembre / Listopad / Ноябрь

321 – 45

Mittwoch / Wednesday / Mercredi / Środa / Среда **17.** November / November / Novembre / Listopad / Ноябрь

Buß- und Bettag - **D** (teilw.) 322 – 44

Donnerstag / Thursday / Jeudi / Czwartek / Четверг **18.** November / November / Novembre / Listopad / Ноябрь

323 – 43

7 8 9 10 11 12 13 14 15 16 17 18 19 20 21

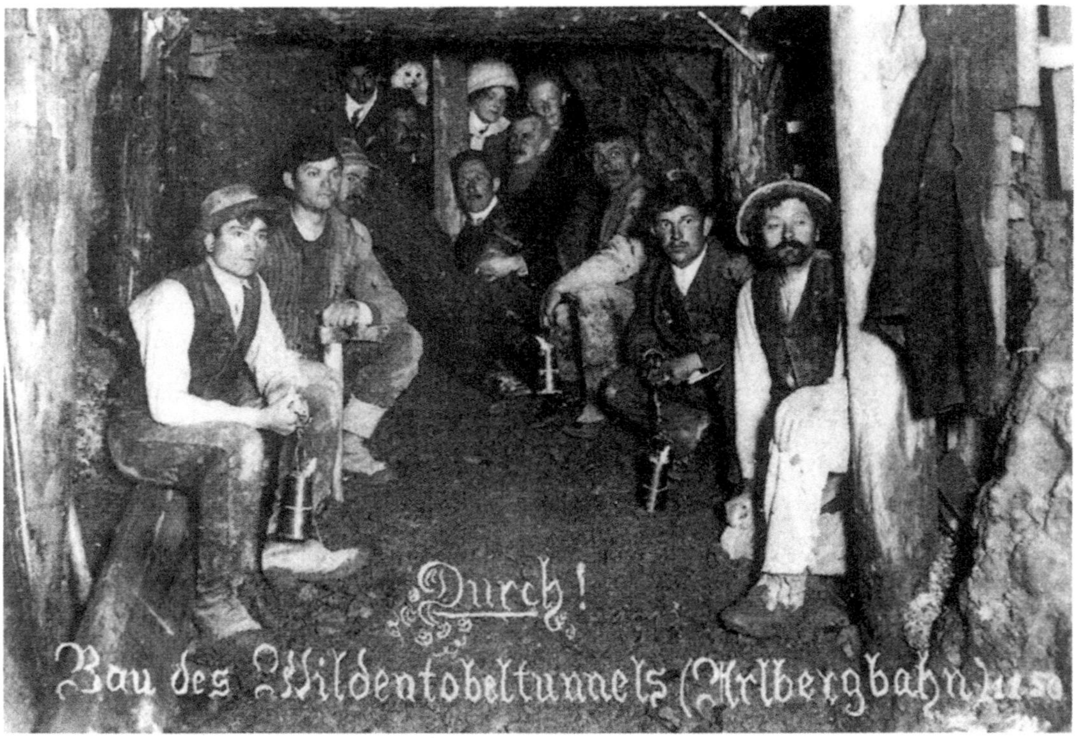

Aus: Lothar Beer, *Die Geschichte der Bahnen in Vorarlberg*, Bd. 1, Hecht Verlag, Hard 1989, S. 104
From: Lothar Beer. *Die Geschichte der Bahnen in Vorarlberg*. Hard: Hecht, 1989, vol. 1, p. 104

„…BLEM“ AM 19. NOVEMBER 2004

Freitag Friday Vendredi Piątek Пятница	19.	November November Novembre Listopad Ноябрь	Samstag Saturday Samedi Sobota Суббота	20.	November November Novembre Listopad Ноябрь	Sonntag Sunday Dimanche Niedziela Воскресение	21.	November November Novembre Listopad Ноябрь	47. Woche Week Semaine Tydzień Неделя

7

8

9

10

11

12

13

14

15

16

17

18

19

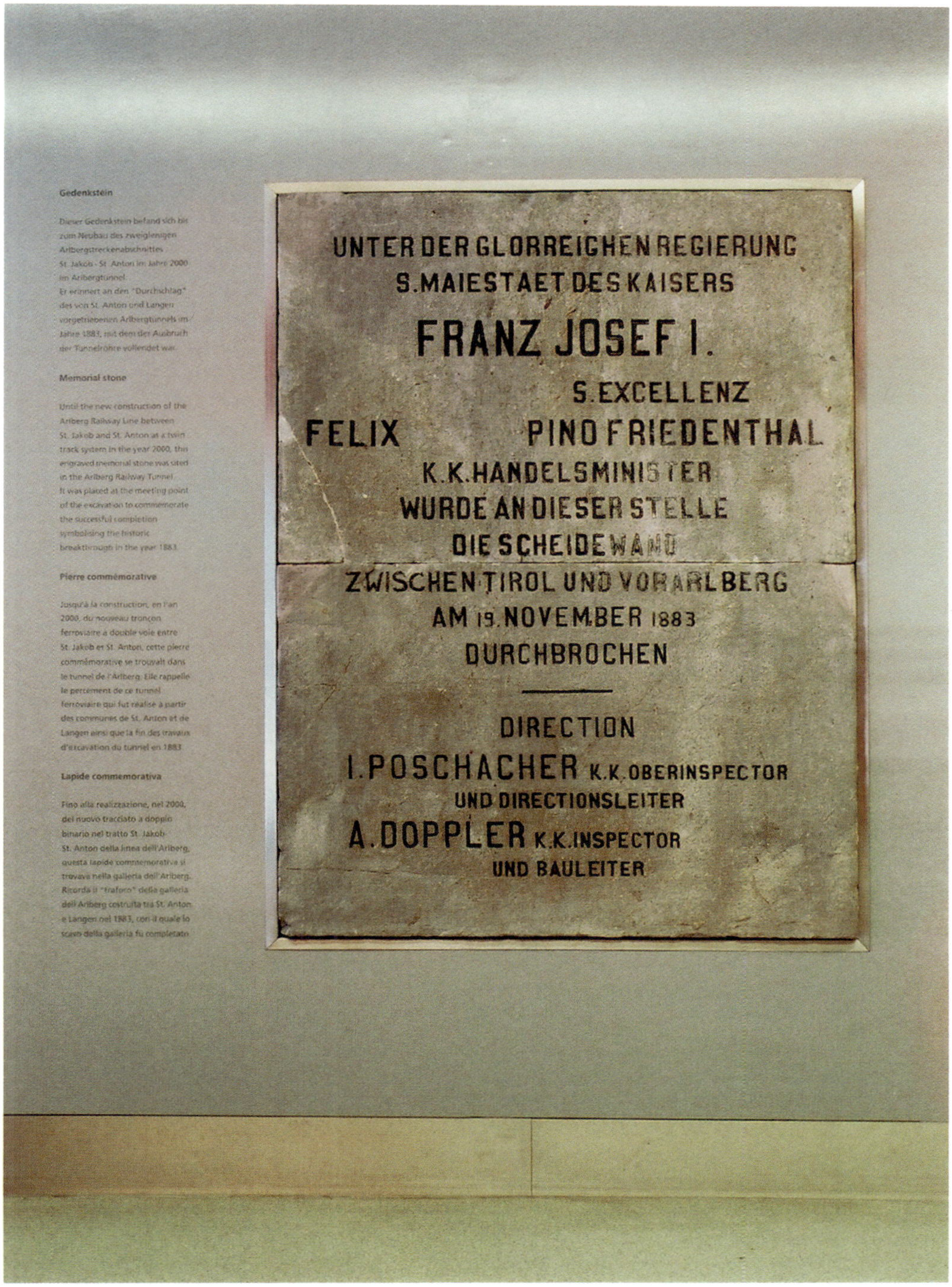

20 | 20

Gedenkstein im Bahnhof St. Anton am Arlberg
Memorial stone at St. Anton station on the Arlberg

21 | 21

Dezember

												49	50	51	52	53
Mo		4	11	18	25	1	8	15	22	29		6	13	20	27	
Di		5	12	19	26	2	9	16	23	30		7	14	21	28	
Mi		6	13	20	27	3	10	17	24		1	8	15	22	29	
Do		7	14	21	28	4	11	18	25		2	9	16	23	30	
Fr	1	8	15	22	29	5	12	19	26		3	10	17	24	31	
Sa	2	9	16	23	30	6	13	20	27		4	11	18	25		
So	**3**	**10**	**17**	**24**	**31**	**7**	**14**	**21**	**28**		**5**	**12**	**19**	**26**		

21 AT | 21/22 AT | 23 AT

Kunsthaus Bregenz

Rechnungsadresse
Vorarlberger Kulturhäuser-Betriebsgesellschaft mbH
Kunsthaus Bregenz

Karl Tizian Platz
Postfach 371
A-6901 Bregenz

Telefon
(+43-5574) 485 94-0
Fax
(+43-5574) 485 94-8
E-Mail
kub@kunsthaus-bregenz.at
Web
www.kunsthaus-bregenz.at

Lieber Hans, alles wird gut – wenige Wochen vor der Eröffnung ist alles so angerichtet, wie ich es mir im Stillen immer erhofft habe. Das Rendezvousproblem hat sich zu einer wunderbaren Speisefolge entwickelt. Es gibt diese notwendige Balance zwischen Rohem und Gekochtem, was ein Teil Deiner künstlerischen Strategie ist und was, wie ich glaube, überhaupt wichtig ist für Kunstwerke. Vielleicht ist der Vergleich mit einem guten Menu sehr zutreffend. Wir haben ein fünfgängiges Menu, in dem alle Gänge aufeinander abgestimmt sind, man ständig Appetit behält, am Ende gesättigt ist, aber nicht vollgefressen, sondern im besten Sinne angeregt. Der Körper befindet sich in einem wohligen Zustand, und der Kopf wird frei, in alle Richtungen zu denken. Also, was wird es geben ? Das *amuse gueule*: Der Zugang über die Rampe durch den Lastenlift ins Erdgeschoss, der Gaumen wird gekitzelt. Das *entrée*: Ein luftiges Arrangement aus Flüssigem und Festem. Ein kurzes Verweilen. Klares Quellwasser aus den Tiefen des Kunsthauses, um für den nächsten Gang die Sinne neu zu schärfen. Der Zwischengang: Maritimes vom Bodensee. Wer hätte gedacht, dass der See so viele Überraschungen bietet. Und dann das *plat principal*: Eine kühne Komposition von dem, was das Land Vorarlberg liefern kann. Eigenständig, aber eben fein abgestimmt mit allen anderen Gängen. Ausgewogen zwischen Erdigem und Atmosphärischem. Und ganz leibhaftig zu genießen wie ein großes räumliches Erlebnis. Eine kleine Pause. Die starken Bilder wirken nach, man geht ein wenig. Treppenstufen führen nach oben, denn nun kommt das Finale. Das *dessert*: Eine weiße Köstlichkeit mit kostbaren Essenzen des Hauses. Die Erinnerung an alles, was vorher war, klingt nach und löst sich auf in ein künftiges Versprechen. Der *digestif*: Ein von Dir in den letzten Monaten gebrannter Obstler, den wir kurz nach Beginn der Ausstellung an die Connaisseure Deiner Brennkunst ausliefern werden. Was wäre das alles ohne die erstklassigen Lieferanten aus Vorarlberg, die vielen Firmen, die seit Jahrzehnten ihre besonderen Produkte entwickelt haben, und was wäre alles ohne das Team im Kunsthaus, das mit Dir am *mise en place* beteiligt war.

Von Anbeginn hatte ich ein gutes Gefühl. Als wir uns vor gut eineinhalb Jahren in der Galerie Kerstin Engholm in Wien zum ersten Mal trafen. Der gemeinsame Gang zur Secession, wo Du damals „Astronaut (Komme gleich)" zeigtest. Unsere Gespräche über Deine Arbeit und Deine spontane Zusage auf meine Einladung, ganz in der Tradition unseres Hauses eine eigene Werkfolge im und mit dem Kunsthaus zu entwickeln. Dabei wohl wissend, dass das Kunsthaus mit seiner Architektur Material und Herausforderung darstellt und dass Deine Künstlerkollegen wie Daniel Buren und Olafur Eliasson, Douglas Gordon, Gerhard Merz und Pierre Huyghe, Anish Kapoor, Santiago Sierra, Jenny Holzer und zuletzt Thomas Demand (um nur einige zu nennen), die Messlatte bereits sehr hoch gehängt haben.

Ich freue mich auf den Aufbau, ich freue mich auf die Ausstellung, auf den Katalog und ich freue mich, Dich wieder zu sehen.

Bis dahin, herzlich Eckhard

Dear Hans, everything will be all right. A few weeks before the opening everything has been arranged as I had always secretly hoped it would be. The rendezvous problem has developed into a wonderful series of dishes. There is the necessary balance between the raw and the refined—which is part and parcel of your artistic strategy and, I believe, is generally essential for every work of art. Perhaps the comparison with a good menu is just the thing. We have here a five-course meal with every course harmonizing with all the others, which keeps up our appetite until we have eaten our fill without feeling gorged, only nicely invigorated. The bodily sensation is that of complete well-being and our brains are free to send their waves in all directions. So, what is on the menu? First, the *amuse gueule*, i.e. the access via the ramp and the goods lift into the ground floor, which tickles our palates. Then the *entrée*: a lofty arrangement of liquids and solids. A short halt. Clear springwater comes from the depths of the Kunsthaus and sharpens the senses for the next course, the *second hors-d'œuvre*: maritime matter from Lake Constance. Who would have thought that the lake offers so many surprises? And then the *plat principal*: a bold composition of what the Vorarlberg region is able to produce. To be savoured separately, yet finely blending in with all the other courses. Balanced between the earthy and the atmospheric, and to be enjoyed as a great spatial experience.—Short interval: the powerful images unfold their after-effect; we stroll about for a little while.—Stairs lead up to the finale, the *dessert*: a white delicacy made with precious essences from the Kunsthaus. The memory of all previous experiences echoes in our minds and dissolves into a promise for the future. The *digestif* is the fruit brandy you distilled over the past months which we will offer to the *connaisseurs* of your distilling art shortly after the opening of the exhibition. What would we do without our first-class suppliers of Vorarlberg province, the many firms who, for decades, have developed their special products? And where would we be without the Kunsthaus team who assisted you with the *mise en place* of the exhibition?

Right from the start, i.e. from our first encounter over eighteen months ago at Kerstin Engholm's Vienna art gallery, I had a very good feeling. I remember our walk together to the Secession where you were showing your "Astronaut (be right back)" at the time; our talk about your work and your spontaneous acceptance of my invitation to develop your own group of works in and with the Kunsthaus, following the tradition of our museum. You knew very well that the architecture of the Kunsthaus would be both the material and the challenge for your work and that your exhibitor predecessors—Daniel Buren, Olafur Eliasson, Douglas Gordon, Gerhard Merz, Pierre Huyghe, Amish Kapoor, Santiago Sierra, Jenny Holzer and, most recently, Thomas Demand (to name just a few)—set very high standards.

Looking forward to installing the exhibition, to seeing it completed and the catalogue printed—and looking forward to our meeting again, I remain until then

Yours with warmest regards, Eckhard Schneider

Freitag
Friday
Vendredi
Piątek
Пятница
26.
November
November
Novembre
Listopad
Ноябрь

331 – 35

7
8
9
10
11
12
13
14
15
16
17
18
19
20
21

Samstag
Saturday
Samedi
Sobota
Суббота
27.
November
November
Novembre
Listopad
Ноябрь

332 – 34

7
8
9
10
11
12
13
14
15
16
17
18
19
20
21

Sonntag
Sunday
Dimanche
Niedziela
Воскресенье
28.
November
November
Novembre
Listopad
Ноябрь

1. Advent
333 – 33

48.
Woche
Week
Semaine
Tydzień
Неделя

	Oktober					November					Dezember				
Wo	40	41	42	43	44	45	46	47	48	49	49	50	51	52	53
Mo		4	11	18	25	1	8	15	22	29		6	13	20	27
Di		5	12	19	26	2	9	16	23	30		7	14	21	28
Mi		6	13	20	27	3	10	17	24		1	8	15	22	29
Do		7	14	21	28	4	11	18	25		2	9	16	23	30
Fr	1	8	15	22	29	5	12	19	26		3	10	17	24	31
Sa	2	9	16	23	30	6	13	20	27		4	11	18	25	
So	3	10	17	24	31	7	14	21	28		5	12	19	26	

21 AT
21/22 AT
23 AT

BAHNHOF BREGENZ

Bregenz Central Station

Montag / Monday / Lundi / Poniedziałek / Понедельник — **29.** November / November / Novembre / Listopad / Ноябрь

Dienstag / Tuesday / Mardi / Wtorek / Вторник — **30.** November / November / Novembre / Listopad / Ноябрь

Mittwoch / Wednesday / Mercredi / Środa / Среда — **1.** Dezember / Dezember / Décembre / Grudzień / Декабрь

Donnerstag / Thursday / Jeudi / Czwartek / Четверг — **2.** Dezember / Dezember / Décembre / Grudzień / Декабрь

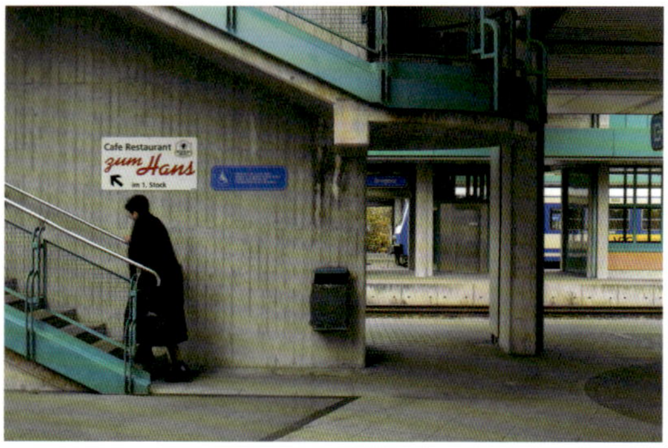

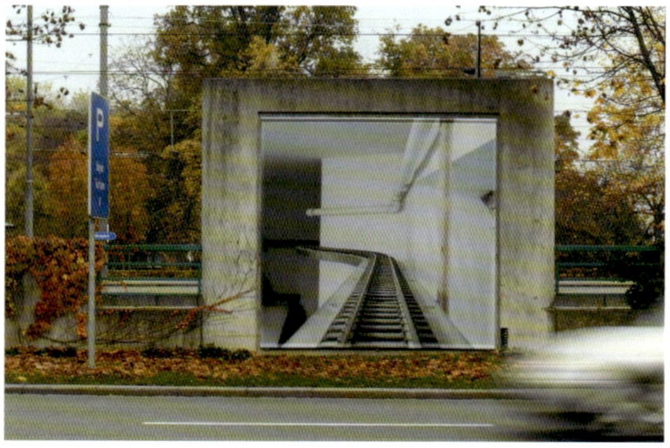

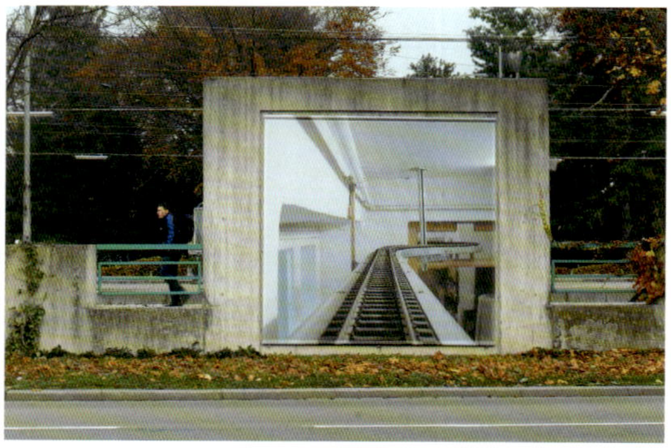

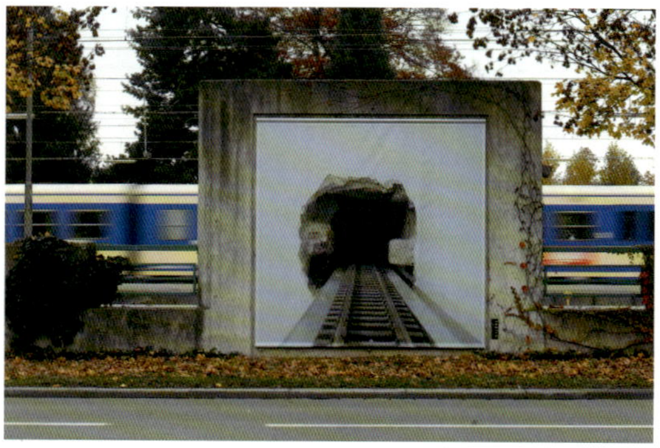

The Passenger

· 31

336 – 30

337 – 29

	29.	30.	1.	2.
7			7	7
8			8	8
9			9	9
10			10	10
11			11	11
12			12	12
13			13	13
14			14	14
15			15	15
16			16	16
17			17	17
18			18	18
19			19	19
20			20	20
21		21	21	21

EINGANGSBEREICH KUB

Access to KUB

Freitag / Friday / Vendredi / Piątek / Пятница	Samstag / Saturday / Samedi / Sobota / Суббота	Sonntag / Sunday / Dimanche / Niedziela / Воскресение	49. Woche / Week / Semaine / Tydzień / Неделя
3. Dezember / December / Décembre / Grudzień / Декабрь	4. Dezember / December / Décembre / Grudzień / Декабрь	5. Dezember / December / Décembre / Grudzień / Декабрь	

7

8

9

10

11

12

13

14

15

16

17

18

19

20

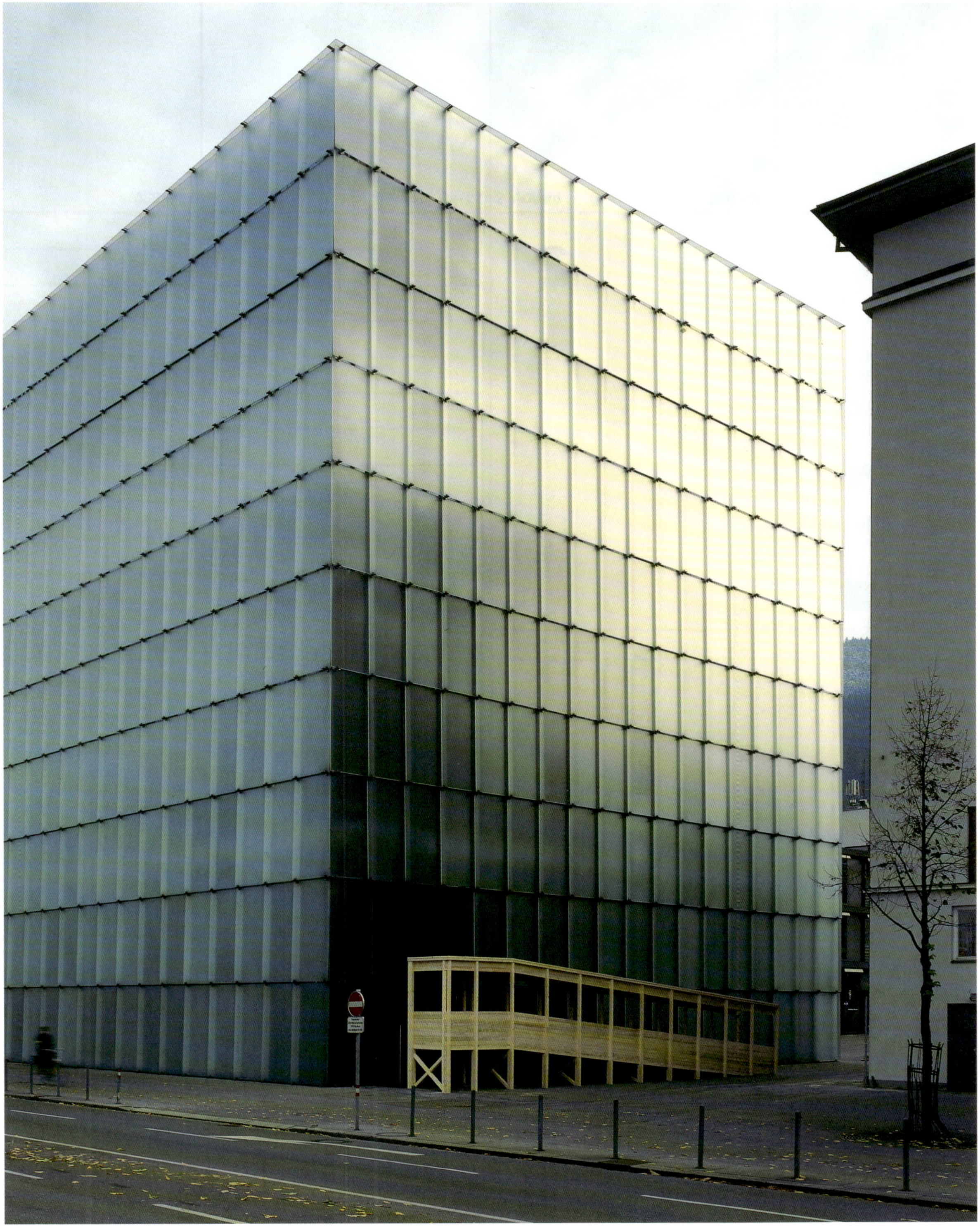

You have cum in your hair and your dick is hanging out

21

21

Sa	6	13	20	27	4	11	18	25	1	8	15	22	29
So	**7**	**14**	**21**	**28**	**5**	**12**	**19**	**26**	**2**	**9**	**16**	**23**	**30**

21/22 AT

23 AT

20/21 AT

005

4 5

24 31

25

26

27

28

Montag Monday Lundi Poniedziałek Понедельник	**6.**	Dezember Dezember Décembre Grudzień Декабрь	Dienstag Tuesday Mardi Wtorek Вторник	**7.**	Dezember Dezember Décembre Grudzień Декабрь	Mittwoch Wednesday Mercredi Środa Среда	**8.**	Dezember Dezember Décembre Grudzień Декабрь	Donnerstag Thursday Jeudi Czwartek Четверг	**9.**	Dezember Dezember Décembre Grudzień Декабрь

Nikolau
Día de l

344 – 22

7

8

9

10

11

12

13

14

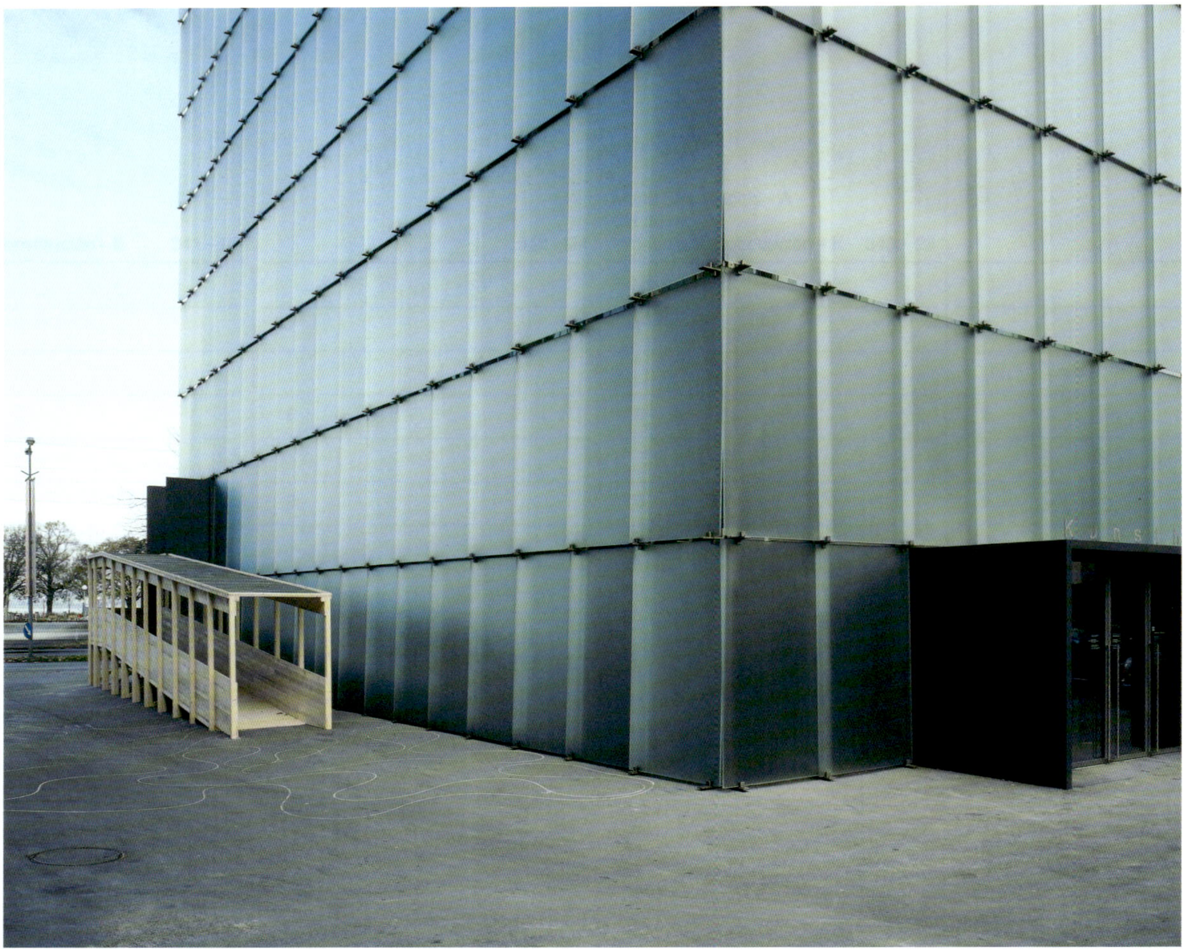

You have cum in your hair and your dick is hanging out

15	15	15	15
16	16	16	16
17	17	17	17
18	18	18	18
19	19	19	19
20	20	20	20
21	21	21	21

ERDGESCHOSS

Ground floor

Freitag Friday Vendredi Piątek Пятница	**10.**	Dezember December Décembre Grudzień Декабрь	Samstag Saturday Samedi Sobota Суббота	**11.**	Dezember December Décembre Grudzień Декабрь	Sonntag Sunday Dimanche Niedziela Воскресение	**12.**	Dezember Dezember Décembre Grudzień Декабрь	50. Woche Week Semaine Tydzień Неделя

7

8

9

10

11

12

13

14

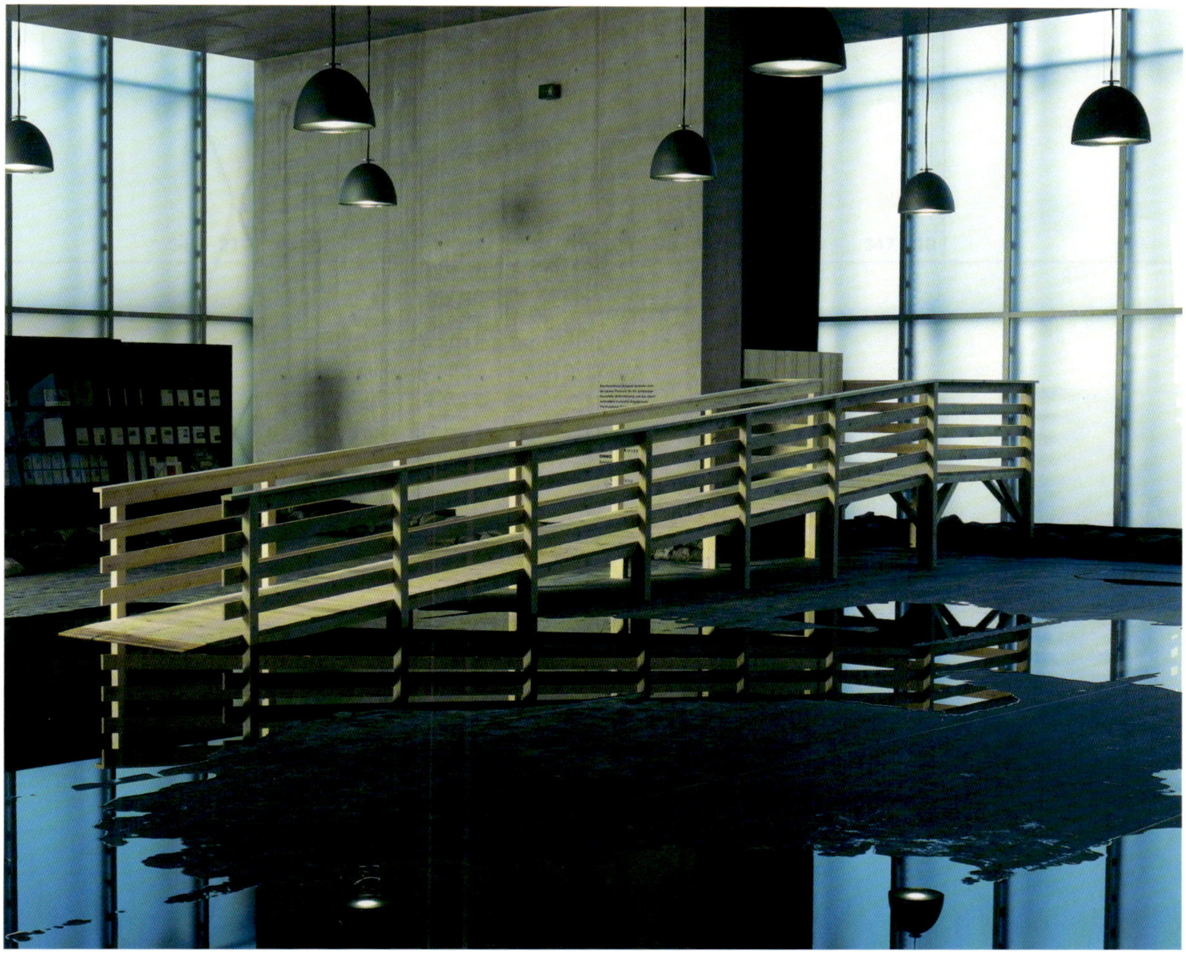

Cosmos and Demos

15	15
16	16
17	17
18	18
19	19
20	20
21	21

Wo	November 45	46	47	48	49	Dezember 49	50	51	52	53	Januar 2005 53	1	2	3	4	5
Mo	1	8	15	22	29		6	13	20	27		3	10	17	24	31
Di	2	9	16	23	30		7	14	21	28		4	11	18	25	
Mi	3	10	17	24		1	8	15	22	29		5	12	19	26	
Do	4	11	18	25		2	9	16	23	30		6	13	20	27	
Fr	5	12	19	26		3	10	17	24	31		7	14	21	28	
Sa	6	13	20	27		4	11	18	25		1	8	15	22	29	
So	**7**	**14**	**21**	**28**		**5**	**12**	**19**	**26**		**2**	**9**	**16**	**23**	**30**	

21/22 AT — 23 AT — 20/21 AT

Montag
Monday
Lundi
Poniedziałek
Понедельник
13.
Dezember
Dezember
Décembre
Grudzień
Декабрь

Dienstag
Tuesday
Mardi
Wtorek
Вторник
14.
Dezember
Dezember
Décembre
Grudzień
Декабрь

Mittwoch
Wednesday
Mercredi
Środa
Среда
15.
Dezember
Dezember
Décembre
Grudzień
Декабрь

Donnerstag
Thursday
Jeudi
Czwartek
Четверг
16.
Dezember
Dezember
Décembre
Grudzień
Декабрь

351 – 15

7
8
9
10
11
12
13
14
15
16
17
18
19
20

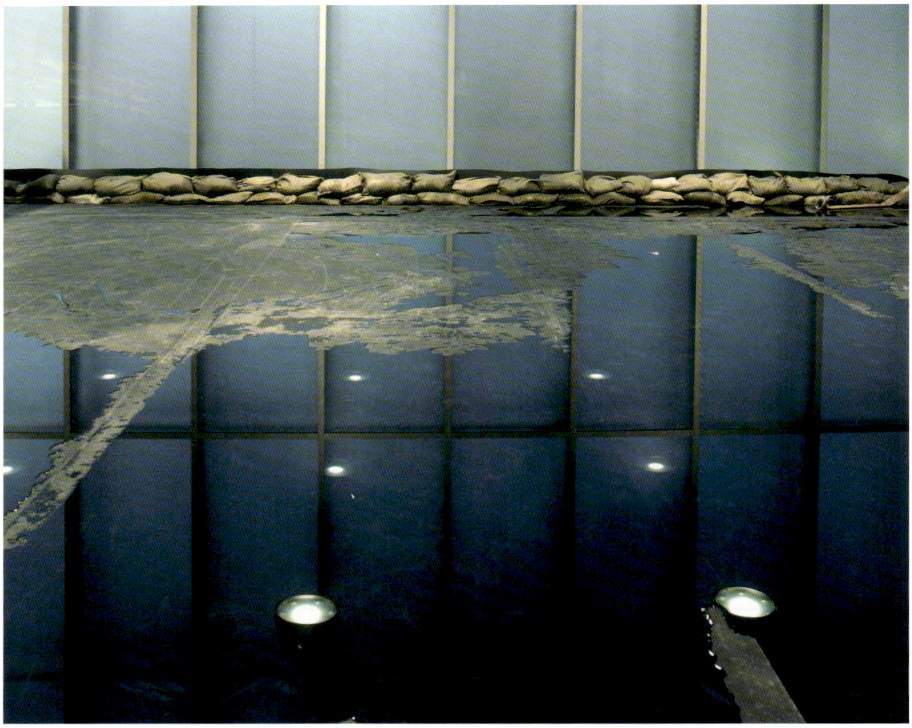

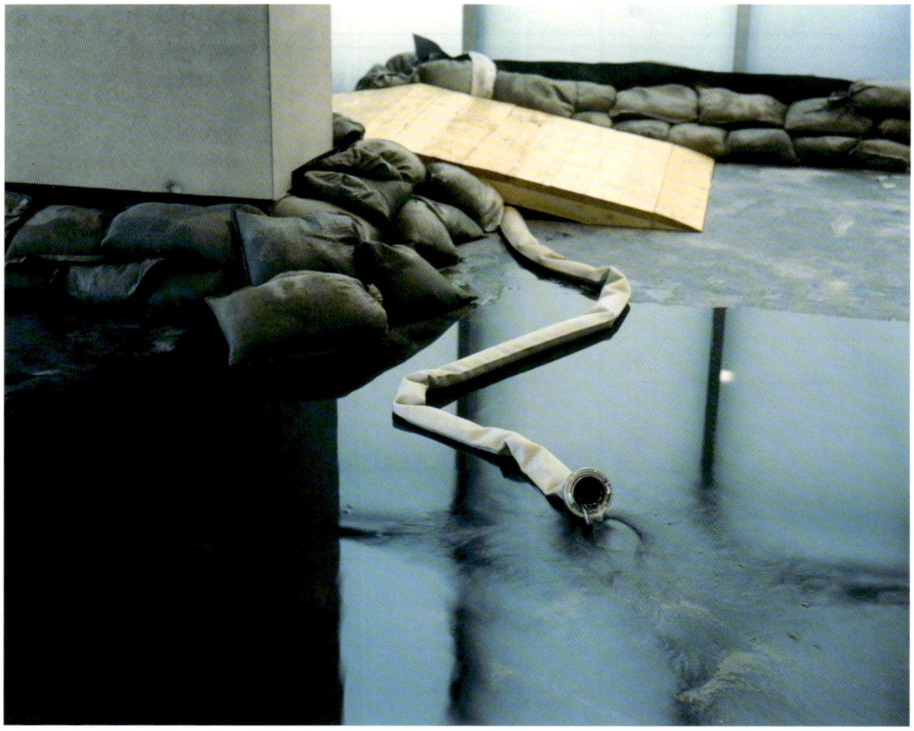

Cosmos and Demos

21

21

21

21

7
8
9
10
11
12
13
14
15
16
17
18
19
20
21

1. OBERGESCHOSS
1st upper floor

Montag Monday Lundi Poniedziałek Понедельник	**20.**	Dezember Dezember Décembre Grudzień Декабрь	Dienstag Tuesday Mardi Wtorek Вторник	**21.**	Dezember Dezember Décembre Grudzień Декабрь	Mittwoch Wednesday Mercredi Środa Среда	**22.**	Dezember Dezember Décembre Grudzień Декабрь	Donnerstag Thursday Jeudi Czwartek Четверг	**23.**	Dezember Dezember Décembre Grudzień Декабрь

358 – 8

7

8

9

10

11

12

13

14

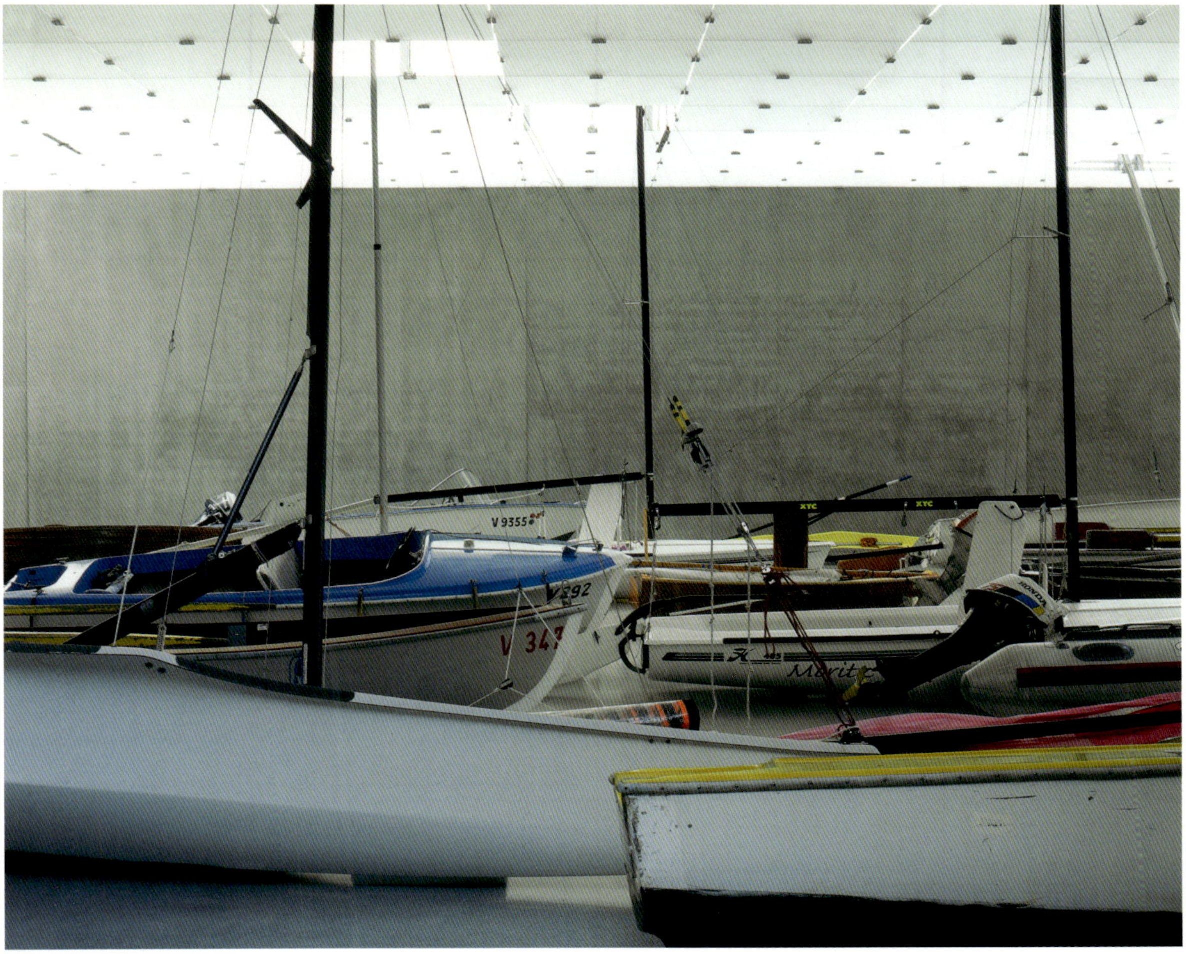

Song of Most, Song of All

15	15	15	15
16	16	16	16
17	17	17	17
18	18	18	18
19	19	19	19
20	20	20	20
21	21	21	21

Freitag
Friday
Vendredi
Piątek
Пятница

17.

Dezember
Dezember
Décembre
Grudzień
Декабрь

352 – 14

7

8

9

10

11

12

13

14

15

16

17

18

19

20

21

Samstag
Saturday
Samedi
Sobota
Суббота

18.

Dezember
Dezember
Décembre
Grudzień
Декабрь

353 – 13

7

8

9

10

11

12

13

14

15

16

17

18

19

20

21

Sonntag
Sunday
Dimanche
Niedziela
Воскресение

19.

Dezember
Dezember
Décembre
Grudzień
Декабрь

4. Advent

354 – 12

51.
Woche
Week
Semaine
Tydzień
Неделя

	November					Dezember					Januar 2005					
Wo	45	46	47	48	49	49	50	51	52	53	53	1	2	3	4	5
Mo	1	8	15	22	29		6	13	20	27		3	10	17	24	31
Di	2	9	16	23	30		7	14	21	28		4	11	18	25	
Mi	3	10	17	24		1	8	15	22	29		5	12	19	26	
Do	4	11	18	25		2	9	16	23	30		6	13	20	27	
Fr	5	12	19	26		3	10	17	24	31		7	14	21	28	
Sa	6	13	20	27		4	11	18	25		1	8	15	22	29	
So	**7**	**14**	**21**	**28**		**5**	**12**	**19**	**26**		**2**	**9**	**16**	**23**	**30**	

21/22 AT 23 AT 20/21 AT

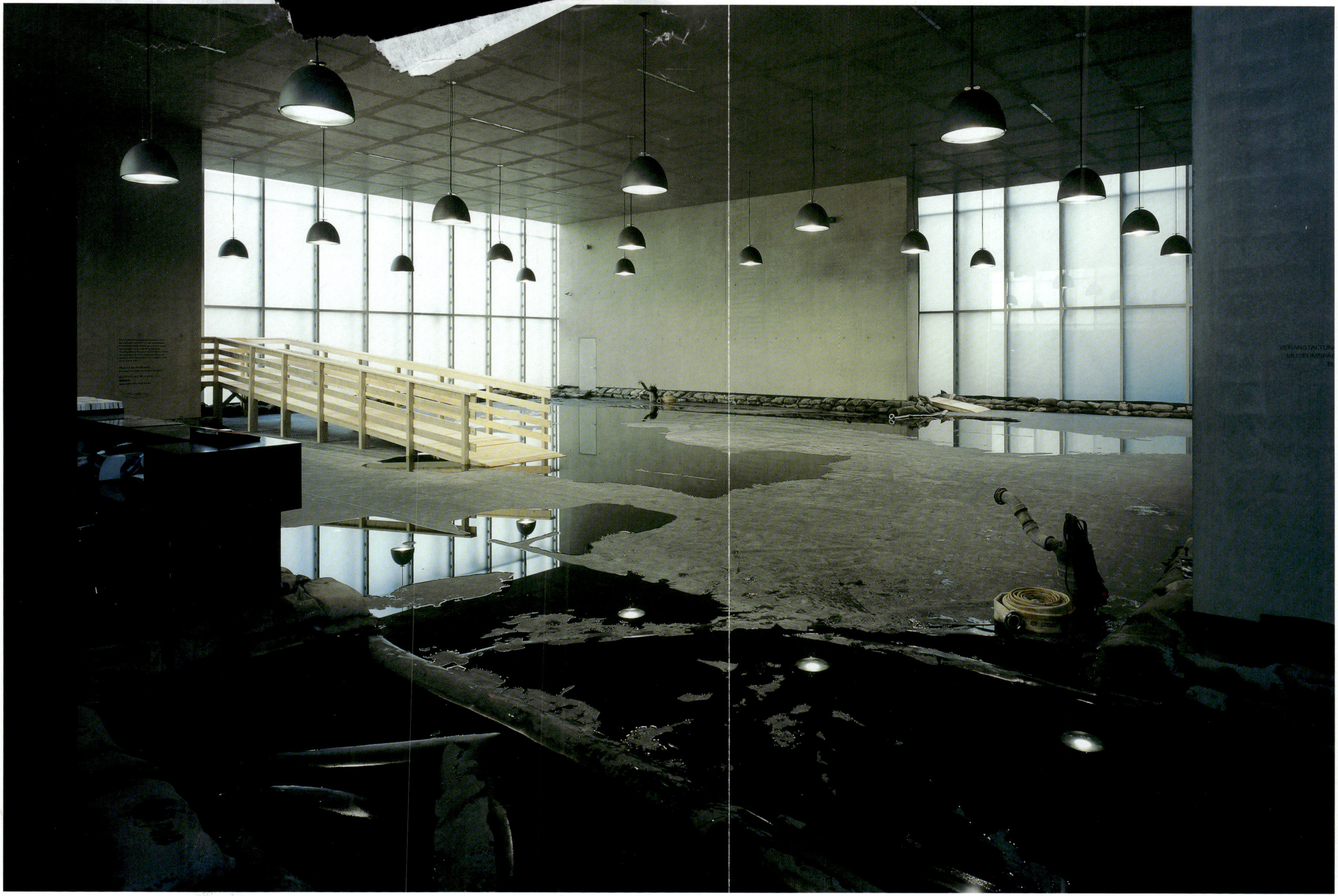

Cosmos and Demos

Freitag Friday Vendredi Piątek Пятница	**24.**	Dezember Dezember Décembre Grudzień Декабрь	Samstag Saturday Samedi Sobota Суббота	**25.**	Dezember Dezember Décembre Grudzień Декабрь	Sonntag Sunday Dimanche Niedziela Воскресение	**26.**	Dezember Dezember Décembre Grudzień Декабрь	52. Woche Week Semaine Tydzień Неделя

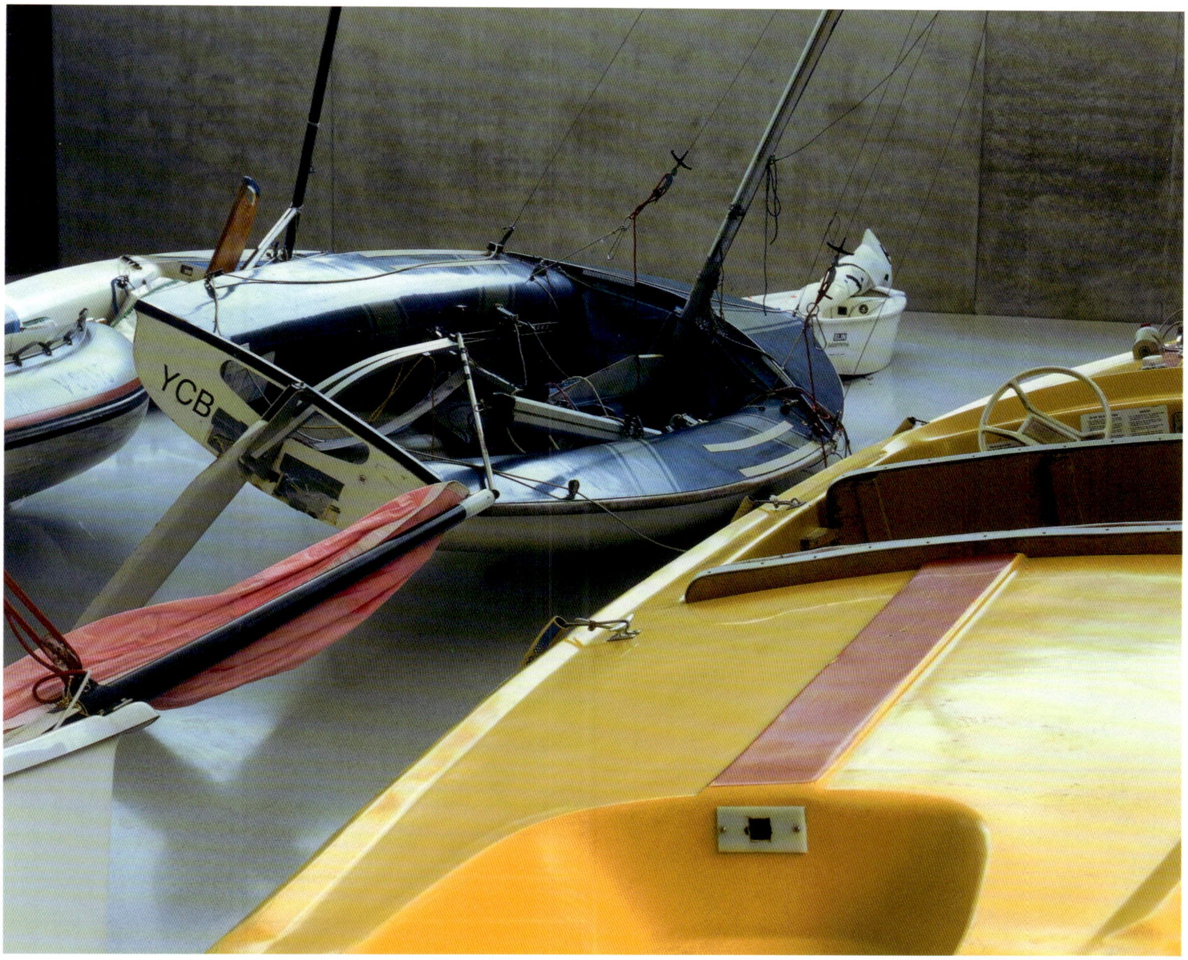

Song of Most, Song of All

7

8

9

10

11

12

13

14

15	15
16	16
17	17
18	18
19	19
20	20
21	21

	November					Dezember					Januar 2005					
Wo	45	46	47	48	49	49	50	51	52	53	53	1	2	3	4	5
Mo	1	8	15	22	29		6	13	20	27		3	10	17	24	31
Di	2	9	16	23	30		7	14	21	28		4	11	18	25	
Mi	3	10	17	24		1	8	15	22	29		5	12	19	26	
Do	4	11	18	25		2	9	16	23	30		6	13	20	27	
Fr	5	12	19	26		3	10	17	24	31		7	14	21	28	
Sa	6	13	20	27		4	11	18	25		1	8	15	22	29	
So	**7**	**14**	**21**	**28**		**5**	**12**	**19**	**26**		**2**	**9**	**16**	**23**	**30**	
	21/22 AT					23 AT					20/21 AT					

Montag Monday Lundi Poniedziałek Понедельник	27.	Dezember Dezember Décembre Grudzień Декабрь	Dienstag Tuesday Mardi Wtorek Вторник	28.	Dezember Dezember Décembre Grudzień Декабрь	Mittwoch Wednesday Mercredi Środa Среда	29.	Dezember Dezember Décembre Grudzień Декабрь	Donnerstag Thursday Jeudi Czwartek Четверг	30.	Dezember Dezember Décembre Grudzień Декабрь

365 – 1

7

8

9

10

11

12

13

14

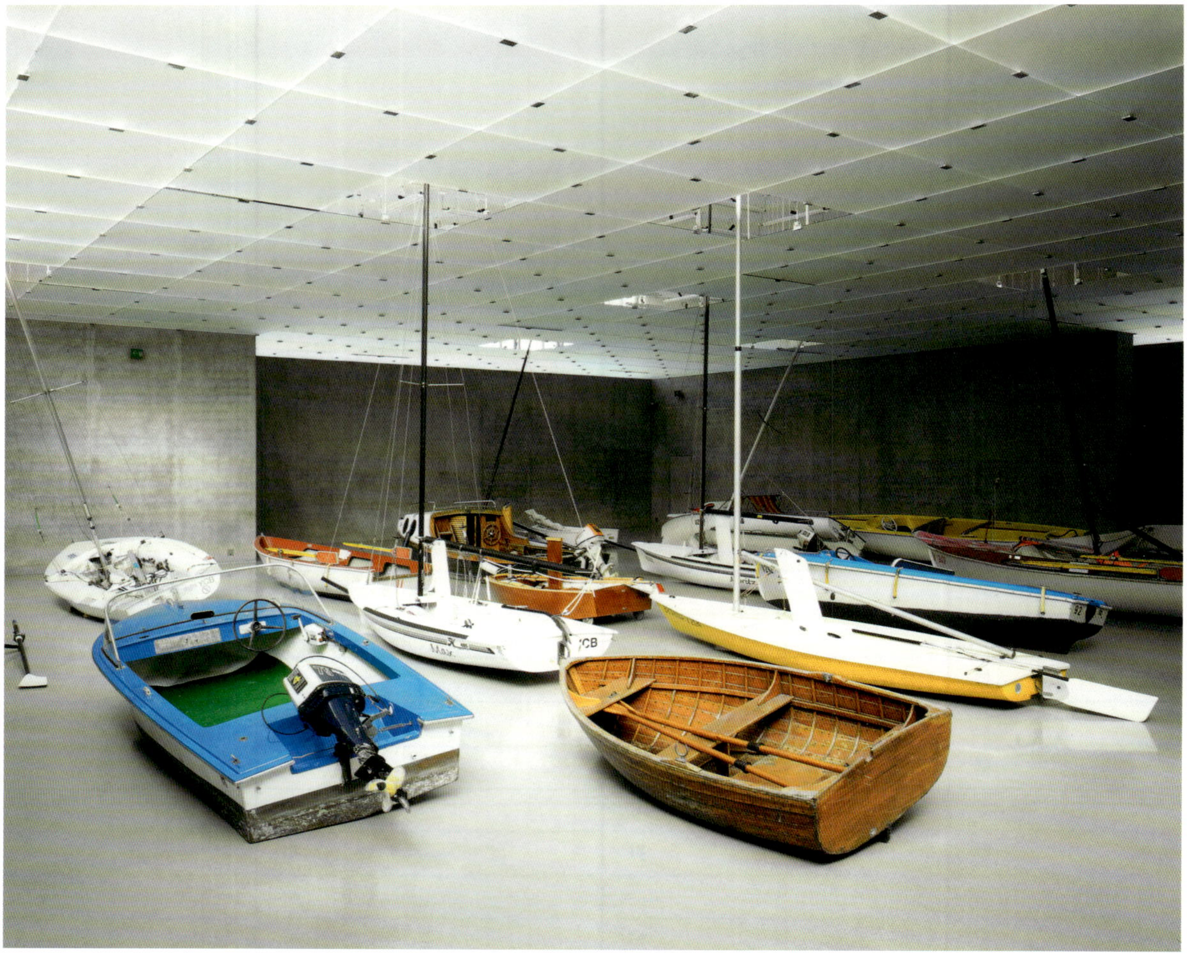

Song of Most, Song of All

15	15	15	15
16	16	16	16
17	17	17	17
18	18	18	18
19	19	19	19
20	20	20	20
21	21	21	21

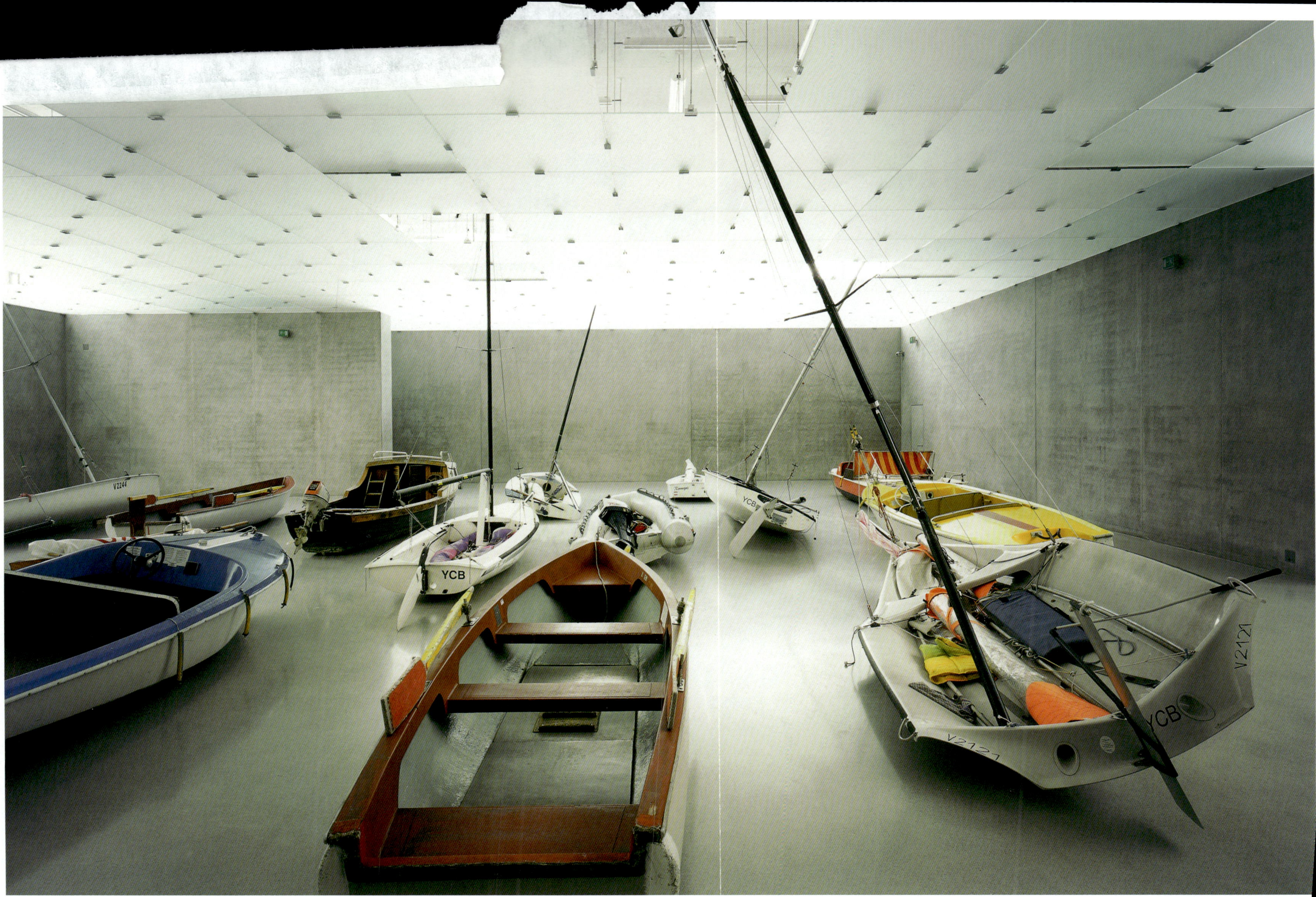

Song of Most, Song of All

Freitag Friday Vendredi Piątek Пятница	**31.**	Dezember Dezember Décembre Grudzień Декабрь	Samstag Saturday Samedi Sobota Суббота	**1.**	Januar January Janvier Styczeń Январь	Sonntag Sunday Dimanche Niedziela Воскресение	**2.**	Januar January Janvier Styczeń Январь	53. Woche Week Semaine Tydzień Неделя

31. Dezember

366 – 0

7

8

9

10

11

12

13

14

15

16

17

18

19

20

21

1. Januar

Neujahr - **D - A - CH**
New Year - **GB**
Nouvel An - **F**
Nowy Rok - **PL**
Новый год - **RUS**

1 – 364

7

8

9

10

11

12

13

14

15

16

17

18

19

20

21

2. Januar

New Year (Scot.) - **GB**
Новый год - **RUS**

2 – 363

☎

✍

Wo	Dezember 49	50	51	52	53	Januar 2005 53	1	2	3	4	5	Februar 2005 5	6	7	8	9
Mo		6	13	20	27		3	10	17	24	31		7	14	21	28
Di		7	14	21	28		4	11	18	25		1	8	15	22	
Mi	1	8	15	22	29		5	12	19	26		2	9	16	23	
Do	2	9	16	23	30		6	13	20	27		3	10	17	24	
Fr	3	10	17	24	31		7	14	21	28		4	11	18	25	
Sa	4	11	18	25		1	8	15	22	29		5	12	19	26	
So	**5**	**12**	**19**	**26**		**2**	**9**	**16**	**23**	**30**		**6**	**13**	**20**	**27**	

23 AT | 20/21 AT | 20 AT

2. OBERGESCHOSS

2nd upper floor

Januar 2005
January
Janvier

Februar 2005
February
Février

März 2005
March
Mars

. Woche

. Woche

. Woche

, E, NL

PL, NL

GB, F, I,
. Woche

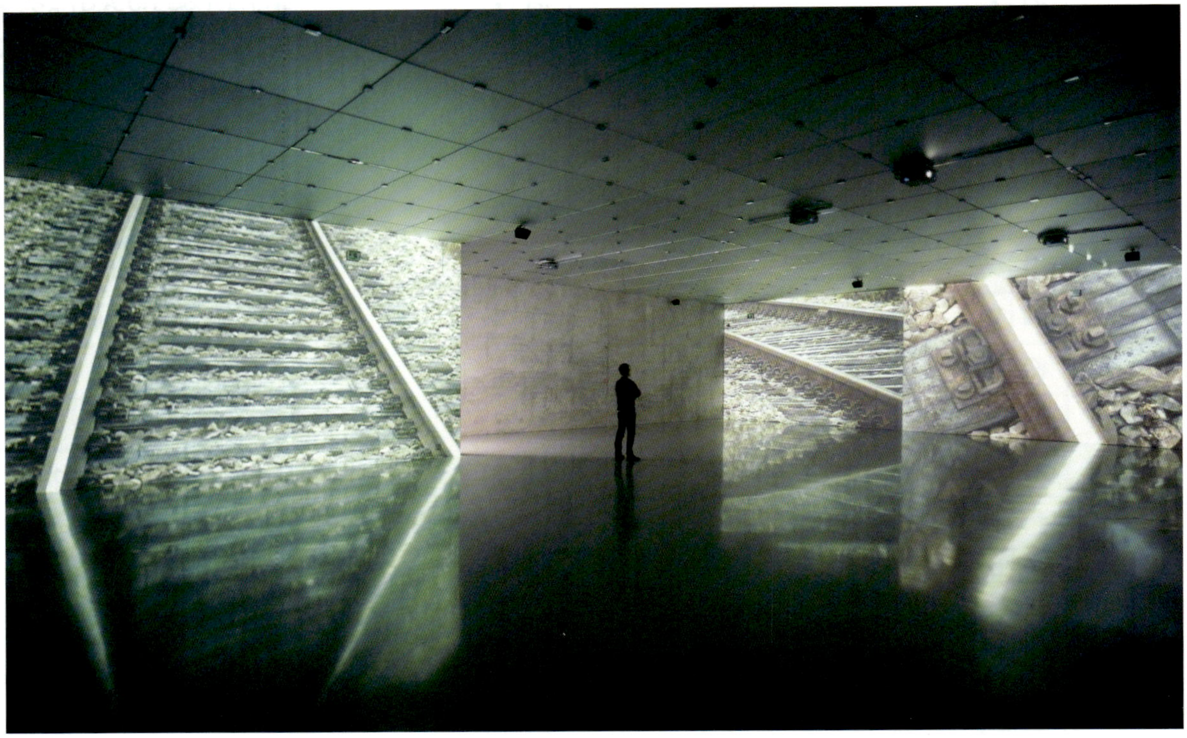

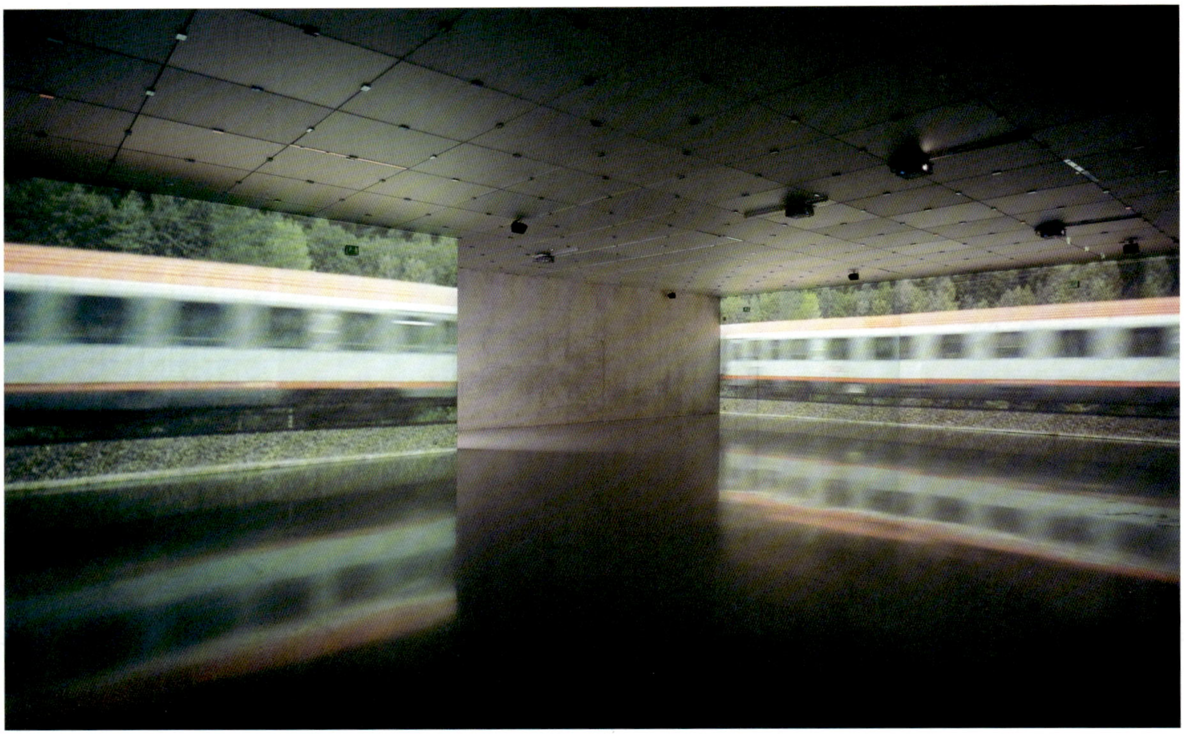

High, Low And In Between

31 Mo 5. Woche

20/21 Arbeitstage 1.–31. Tag

20 Arbeitstage 32.–59. Tag

31 Do

21 Arbeitstage 60.–90. Tag

April 2005
April
Avril

Mai 2005
May
Mai

Juni 2005
June
Juin

1 Fr
2 Sa
3 So
4 Mo
5 Di
6 Mi
7 Do
8 Fr
9 Sa
10 So
11 Mo
12 Di
13 Mi
14 Do
15 Fr
16 Sa
17 So
18 Mo
19 Di
20 Mi
21 Do
22 Fr
23 Sa
24 So
25 Mo
26 Di
27 Mi
28 Do
29 Fr
30 Sa

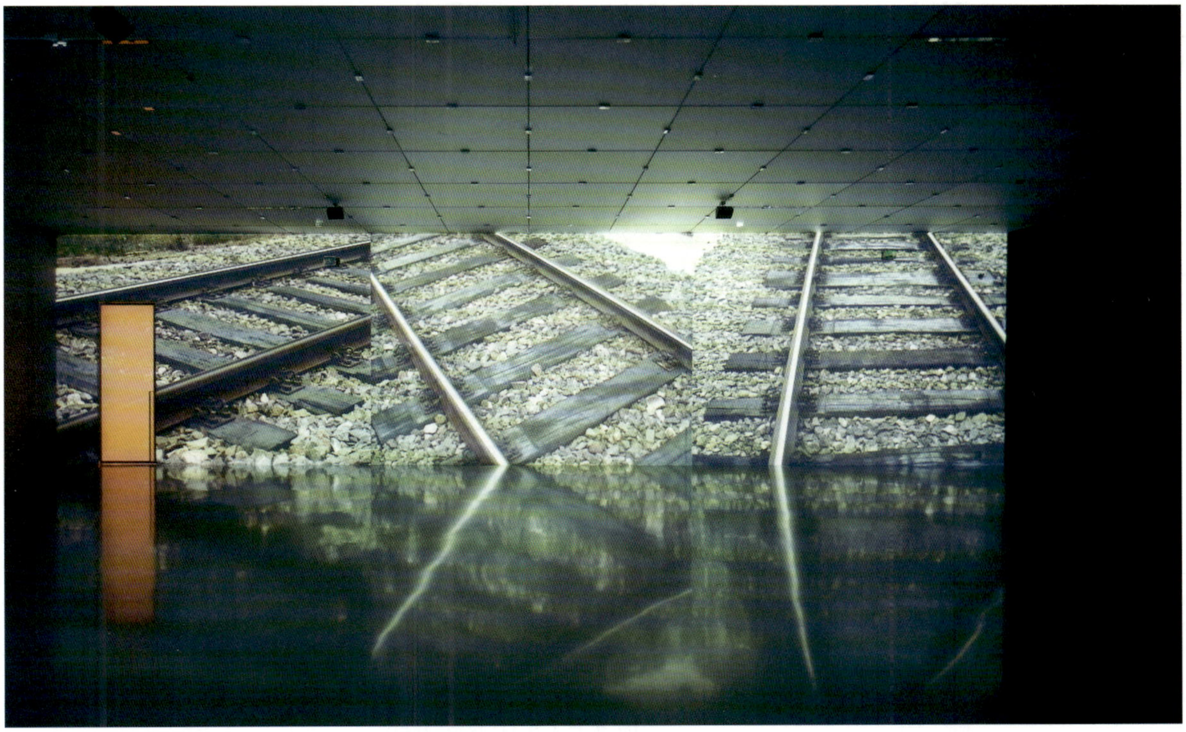

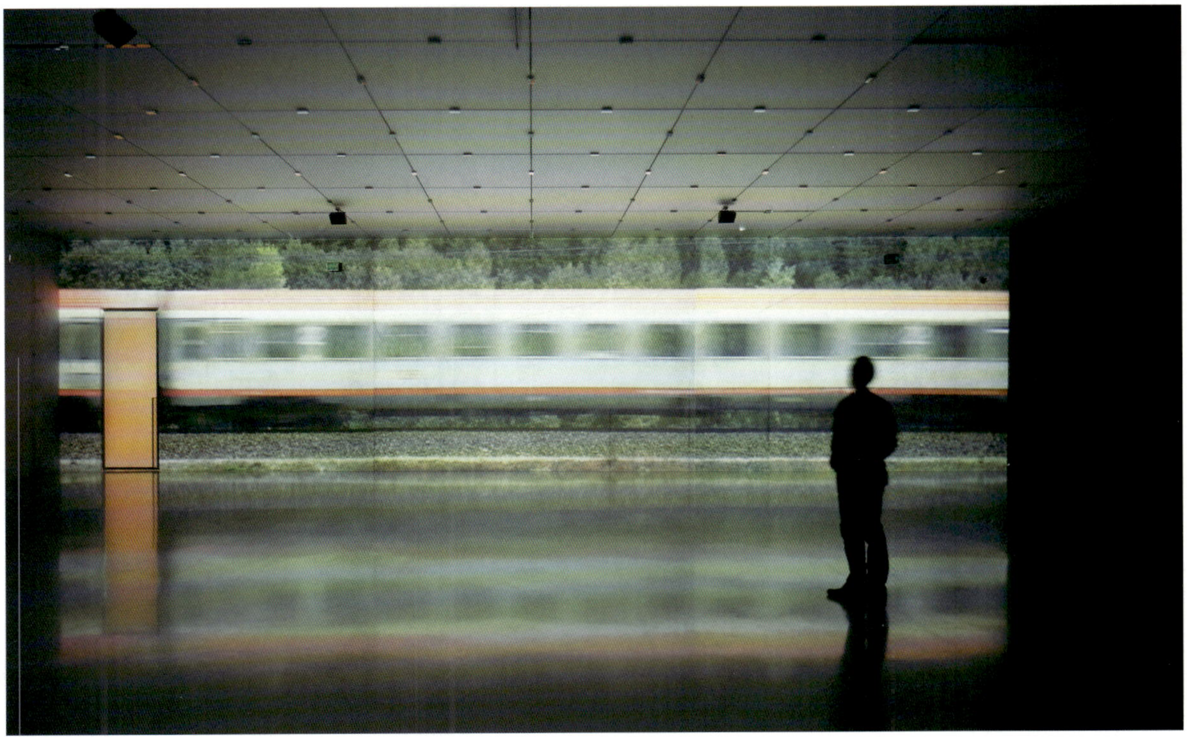

High, Low And In Between

31 Di

21 Arbeitstage 91.–120. Tag

19/20 Arbeitstage 121.–151. Tag

22 Arbeitstage 152.–181. Tag

Juli 2005
July
Juillet

1	Fr	
2	Sa	
3	**So**	
4	Mo	27. Woche
5	Di	
6	Mi	
7	Do	
8	Fr	
9	Sa	
10	**So**	
11	Mo	GB 28. Woche
12	Di	
13	Mi	
14	Do	F
15	Fr	
16	Sa	

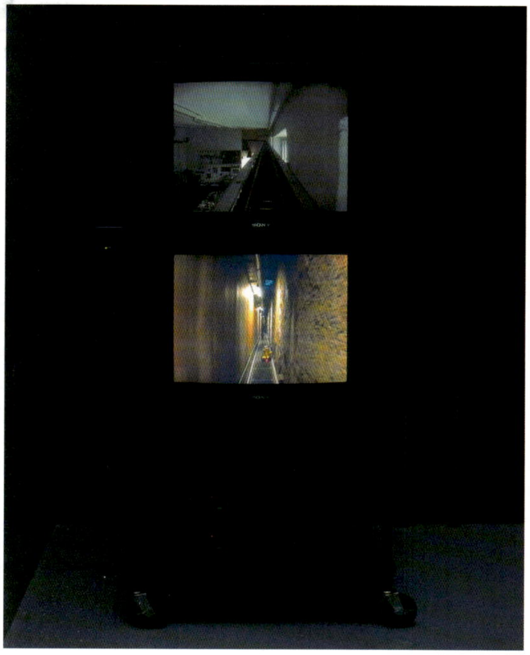

High, Low And In Between

31	**So**	

21 Arbeitstage 182.–212. Tag

August 2005
August
Août

1	Mo	CH, GB 31. Woche
2	Di	
3	Mi	
4	Do	
5	Fr	
6	Sa	
7	**So**	
8	Mo	32. Woche
9	Di	
10	Mi	
11	Do	
12	Fr	
13	Sa	
14	**So**	
15	Mo	D (tw.), A, CH (tw.), F, PL, I 33. Woche
16	Di	
	li	
	o	
	r	
	a	
	o	
	lo	34. Woche
	i	
	li	
	o	
	r	
	a	
	o	
	lo	GB 35. Woche
	i	
31	Mi	

22/23 Arbeitstage 213.–243. Tag

September 2005
September
Septembre

1	Do	
2	Fr	
3	Sa	
4	**So**	
5	Mo	36. Woche
6	Di	
7	Mi	
8	Do	
9	Fr	
10	Sa	
11	**So**	
12	Mo	37. Woche
13	Di	
14	Mi	
15	Do	
16	Fr	
17	Sa	
18	**So**	
19	Mo	38. Woche
20	Di	
21	Mi	
22	Do	
23	Fr	
24	Sa	
25	**So**	
26	Mo	39. Woche
27	Di	
28	Mi	
29	Do	
30	Fr	

22 Arbeitstage 244.–273. Tag

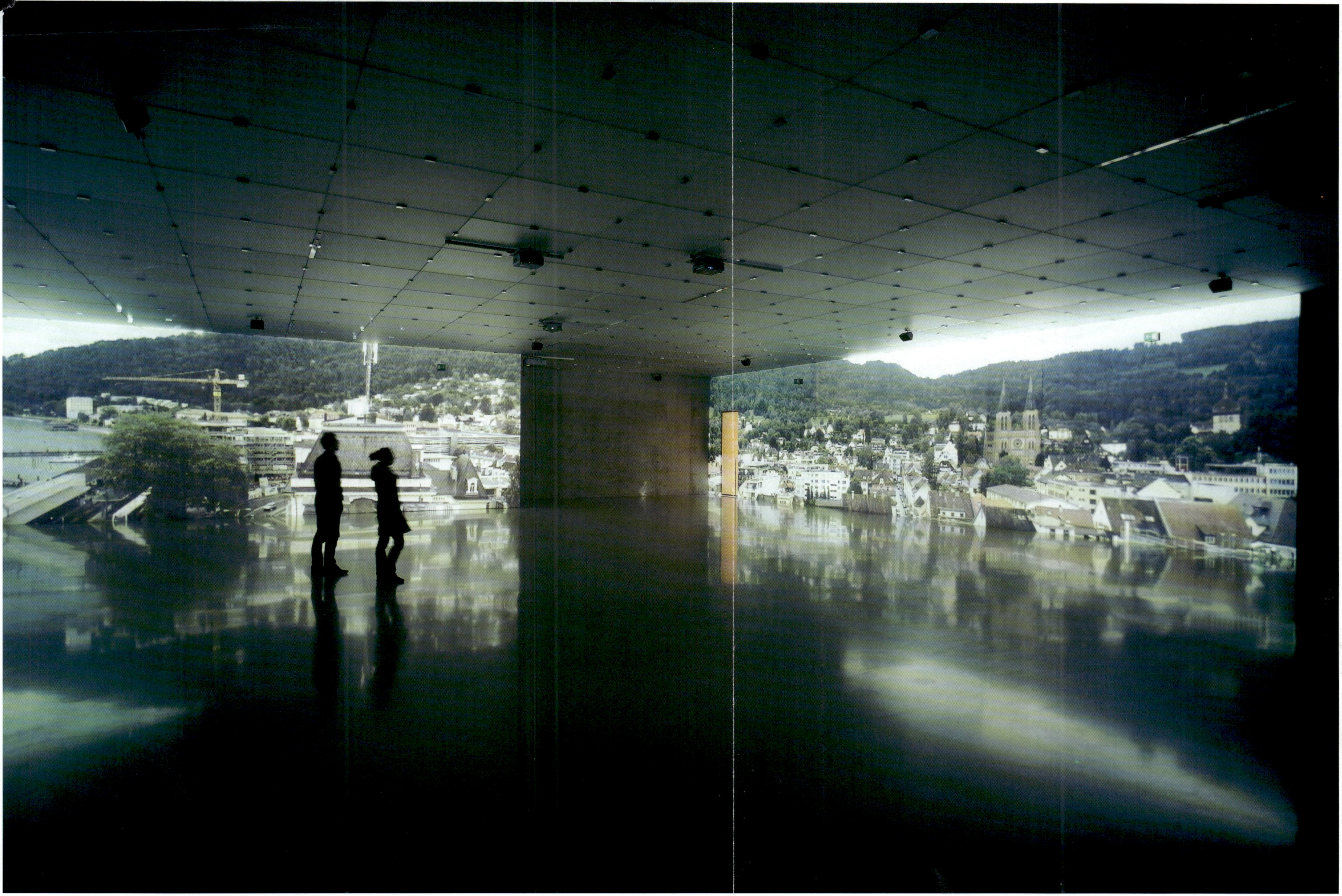

High, Low And In Between

Oktober 2005
October
Octobre

1	Sa	
2	**So**	
3	Mo	D 40. Woche
4	Di	
5	Mi	
6	Do	
7	Fr	
8	Sa	
9	**So**	
10	Mo	41. Woche
11	Di	
12	Mi	E
13	Do	
14	Fr	
15	Sa	
16	**So**	
17	Mo	42. Woche
18	Di	
19	Mi	
20	Do	
21	Fr	
22	Sa	
23	**So**	
24	Mo	43. Woche
25	Di	
26	Mi	A
27	Do	
28	Fr	
29	Sa	
30	**So**	
31	Mo	D (tw.) 44. Woche

19/20 Arbeitstage 274.–304. Tag

November 2005
November
Novembre

1	Di	D (tw.), A, CH (tw.), F, E, PL, I
2	Mi	
3	Do	
4	Fr	
5	Sa	
6	**So**	
7	Mo	RUS 45. Woche
8	Di	
9	Mi	
10	Do	
11	Fr	F, PL
12	Sa	
13	**So**	
14	Mo	46. Woche
15	Di	
16	Mi	D (tw.)
17	Do	
18	Fr	
19	Sa	
20	**So**	
21	Mo	47. Woche
22	Di	
23	Mi	
24	Do	
25	Fr	
26	Sa	
27	**So**	
28	Mo	48. Woche
29	Di	
30	Mi	

21/22 Arbeitstage 305.–334. Tag

Dezember 2005
December
Décembre

1	Do	
2	Fr	
3	Sa	
4	**So**	
5	Mo	49. Woche
6	Di	E
7	Mi	
8	Do	A, CH (tw.), E, I
9	Fr	
10	Sa	
11	**So**	
12	Mo	RUS 50. Woche
13	Di	
14	Mi	
15	Do	
16	Fr	
17	Sa	
18	**So**	
19	Mo	51. Woche
20	Di	
21	Mi	
22	Do	
23	Fr	
24	Sa	
25	**So**	D, A, CH, GB, F, E, I, PL, NL
26	Mo	D, A, CH (tw.), GB, I, PL, NL 52. Woche
27	Di	
28	Mi	
29	Do	
30	Fr	
31	Sa	

21 Arbeitstage 335.–365. Tag

3. OBERGESCHOSS

2006

3rd upper floor

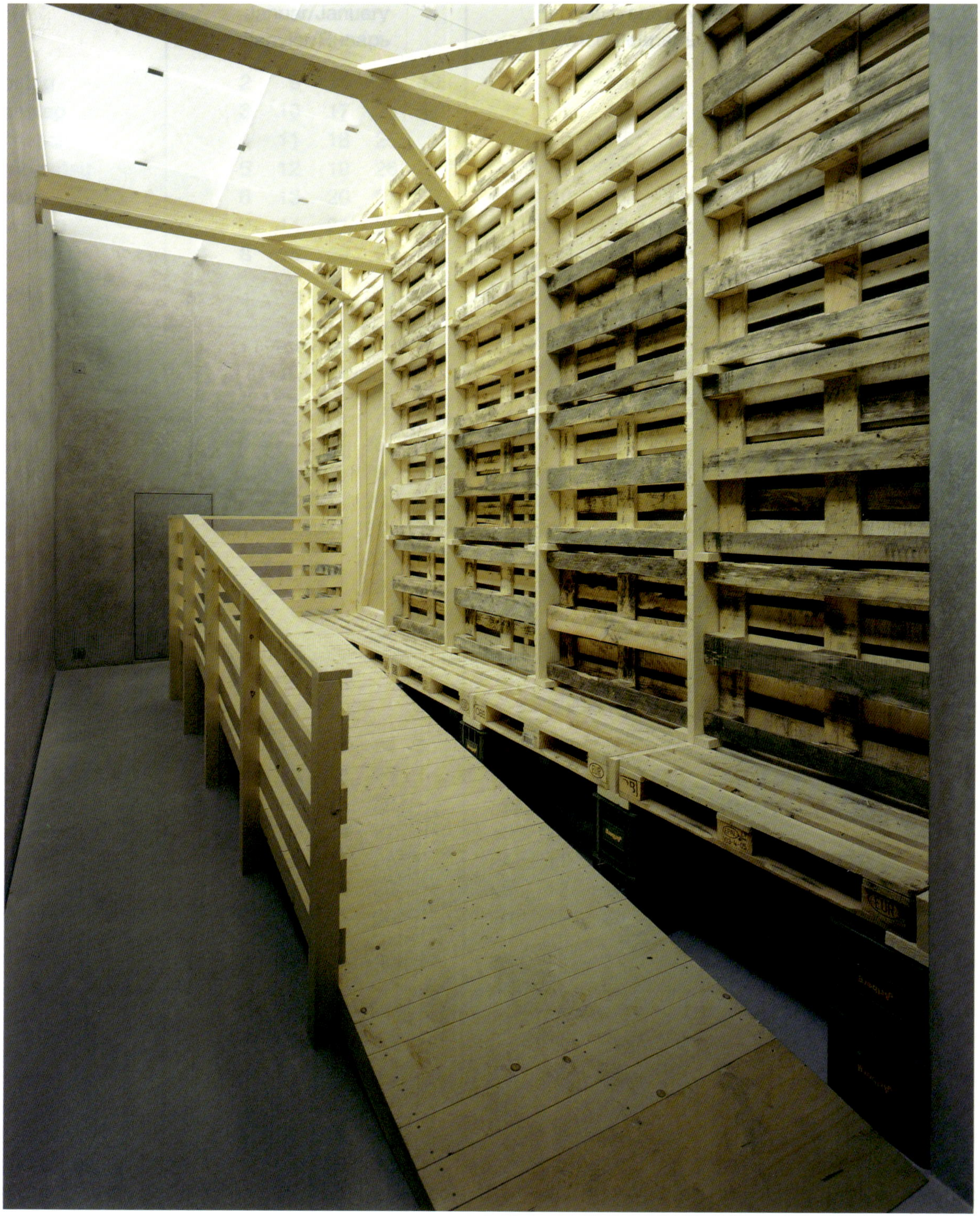

There is no-one what will take care of you

27
28
29
30
31

13

26
27
28
29
30

26

ber

25
26
27
28
29
30

39

er

25
26
27
28
29
30

Sonntag	1	8	15	22	29		5	12	19	26		3	10	17	24	31
Woche	39	40	41	42	43	44	44	45	46	47	48	48	49	50	51	52

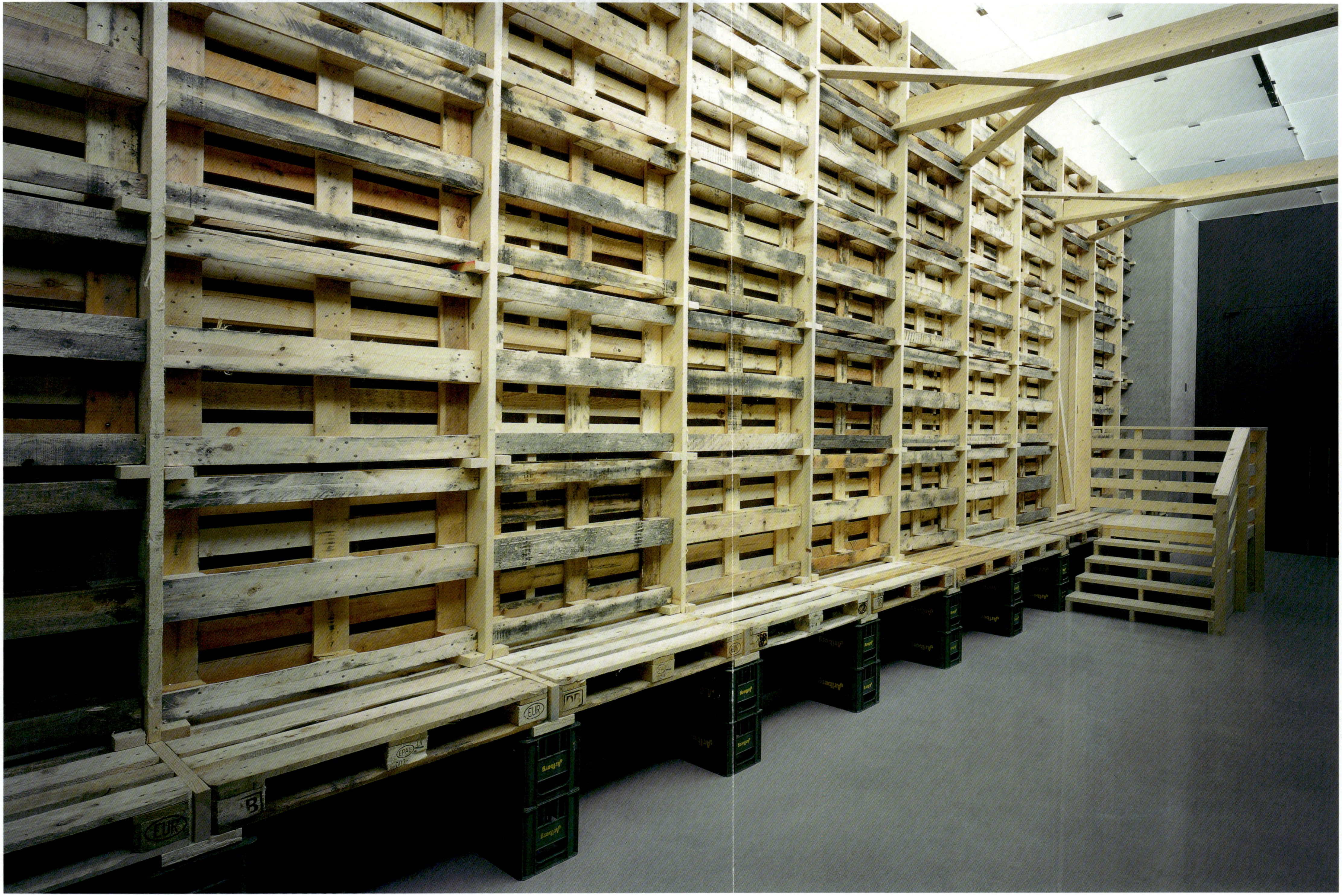

There is no-one what will take care of you

Messen und Ausstellungen 2004

(Soweit zum Zeitpunkt der Drucklegung bekannt, Angaben erfolgen ohne Gewähr)

Januar 2004

Januar 2004
HCT – Hamburger Computertage

Januar 2004 — Hamburg
INTERSCHAU – Internationale Fachmesse für Schausteller und Freizeitparktechnologie

Januar 2004 — Kairo
CAIRO TELECOMP – Internationale Fachausstellung und Konferenz für Telekommunikation, Informationstechnologie, Netzwerktechnik und Broadcasting in der arabischen Welt

Januar 2004 — Gent
Intirio – Fachmesse für Wohnungsdekoration und Haushaltstextilien

12.01.–16.01. — Zuidlaren
BOUWVAKBEURS – Baufachmesse

13.01.–18.01. — Essen
DEUBAU ESSEN – Internationale Bau-Fachmesse mit Bundesfachmesse AUSBAU + FASSADE

15.01.–17.01. — Berlin
FRUIT LOGISTICA – Internationale Messe für Früchte- und Gemüsemarketing

15.01.–25.01. — Brüssel
Internationale Auto-, Motorrad- und Fahrradmesse

16.01.–25.01. — Berlin
Internationale Grüne Woche Berlin – Ausstellung für Ernährungswirtschaft, Landwirtschaft und Gartenbau

17.01.–20.01. — Hannover
DOMOTEX HANNOVER – Weltmesse für Teppiche und Bodenbeläge

18.01.–21.01. — Zürich
ORNARIS – Fachmesse für Neuheiten und Trends

19.01.–25.01. — Köln
imm cologne – die internationale Möbelmesse

19.01.–24.01. — Herning
AGROMEK – Internationale Messe für Mechanisierung der Landwirtschaft, Rinder und Schweine

19.01.–22.01. — Las Vegas
The International Builders' Show

21.01.–24.01. — Hamburg
NORTEC – Fachmesse für Metall- und Kunststoffbearbeitung

23.01.–25.01. — Dresden
KarriereStart – Gründertage + Bildungsmarkt + Recruiting Forum

23.01.–25.01. — Luxemburg
VAKANZ – Tourismus-Messe

29.01.–01.02. — Essen
IPM – Internationale Fachmesse für Pflanzen, Technik, Floristik, Verkaufsförderung

30.01.–02.02. — Paris
Prêt-à-Porter Paris

31.01.–03.02. — München
ISPO – Internationale Fachmesse für Sportartikel und Sportmode (Winter)

31.01.–04.02. — Frankfurt/Main
Paperworld, Christmasworld, Beautyworld – Fachmesse für Office, Papeterie, School Art & Graphic / Festschmuck, Floristik, Feuerwerk,Shop & Display / Parfümerie, Drogerie, Friseure, Kosmetik

Februar 2004

Februar 2004 — Porto
MAQUITEX – Internationale Ausstellung Maschinen und Zubehör für die Textilindustrie

Februar 2004 — Leipzig
beauty & hair event – Fachmesse für Friseurbedarf und Kosmetik

Februar 2004 — Friedrichshafen
REITEN UND JAGEN – Fachausstellung für Pferd, Jagd und Natur

Februar 2004 — Hamburg
Hamburger Orderpremiere (HOP) – mit Country Fashion (Frühjahr)

Februar 2004 — Brüssel
AGRIBEX – Internationale Woche der Landwirtschaft

Februar 2004 — Nürnberg
BioFach – Weltfachmesse für Bioprodukte

Februar 2004 — Stuttgart
V + S – Fachmesse für Verbindungs- und Schweißtechnik

Februar 2004 — Kopenhagen
COPENHAGEN INTERNATIONAL BOAT SHOW – Internationale Bootsausstellung

01.02.–04.02. — Köln
ISM – Internationale Süßwaren-Messe

03.02.–07.02. — New Delhi
ELECRAMA – International Exhibition on Electrical, Power Electronics & Allied Equipment

05.02.–10.02. — Nürnberg
Spielwarenmesse International Toy Fair

06.02.–08.02. — Dresden
Dresdner Reisemarkt

07.02.–15.02. — Münster
Frühling – Blumen – Freizeit

07.02.–09.02. — Leipzig
Fashion Look mit Body Look (Frühjahr) – Internationale Fachmesse für Bekleidung, Internationale Fachmesse und Branchenforum für Wäsche

07.02.–15.02. — Hannover
ABF – Ausstellung für Automobile, Motorräder, Wassersport, Touristik, Garten, Freizeit, Sport, Caravan & Camping

07.02.–09.02. — Offenbach
Internationale Lederwaren Messe

10.02.–14.02. — Berlin
bautec – Internationale Baufachmesse Berlin

10.02.–13.02. — Basel
PACK IT – Die Schweizer Verpackungsmesse

10.02.–13.02. — Karlsruhe
LEARNTEC – Europäischer Kongress und Fachmesse für Bildungs- und Informationstechnologie

[illegible]

11.02.–15.02. — Hamburg
REISEN HAMBURG – Internationale Ausstellung Tourismus, Caravan

12.02.–15.02. — Bremen
fish international – Internationale Fachmesse für Fisch und Meeresfrüchte: Trading Market, Technology, Logistics, Point of Sale

12.02.–15.02. — Orlando
SHOT SHOW – Shooting, Hunting, Outdoor Trade Show and Conference

13.02.–15.02. — Leipzig
ImmobilienMesse Leipzig – Messe für Wohnimmobilien

14.02.–19.02. — Stuttgart
INTERGASTRA – Internationale Fachmesse für das Hotel-, Gaststättengewerbe und Konditorenhandwerk

14.02.–22.02. — München
C-B-R – Ausstellung Caravan – Boot – Internationaler Reisemarkt

16.02.–20.02. — Düsseldorf
ENVITEC – Internationale Fachmesse für Ver- und Entsorgung mit Fachkongress

16.02.–20.02. — Düsseldorf
INTERKAMA – Lösungen für die Automation der Produktion und der Geschäftsprozesse

17.02.–20.02. — Budapest
MAGYARREGULA – Internationale Fachmesse für Mess-, Regel- und Automationstechnik

20.02.–23.02. — München
inhorgenta europe – Internationale Fachmesse für Uhren, Schmuck, Edelsteine, Perlen und Technologie

25.02.–29.02. — Münster
Antiquitäten-Tage

26.02.–27.02. — München
FAIRWAY – Golfplatz-Kongress mit Fachausstellung

26.02.–29.02. — Dresden
HAUS – Baufachmesse

27.02.–29.02. — Friedrichshafen
Obst + Garten – Internationale Fachmesse für Erwerbsobstbau, Destillation, Garten und Landschaftsbau

27.02.–29.02. — Saarbrücken
FREIZEIT – Messe für Tourismus, Sport, Hobby, Fahrrad, Camping, Caravan und Pferd

27.02.–02.03. — Frankfurt/Main
Ambiente – Internationale Frankfurter Messe – Tavola & Cucina, Präsent & Carat, Domus & Gallery

28.02.–07.03. — Paris
SIA – Internationale Landwirtschaftsausstellung

29.02.–03.03. — Herning
Fachmesse für Hotel, Restaurant & Catering

29.02.–04.03. — Riad
SAUDI COMMUNICATIONS – Electronic Communications Show

März 2004

März 2004 — Stockholm
VVS – Internationale Messe für Heizungs-, Klima-, Sanitär- und Energietechnik

März 2004 — Frankfurt/Main
FUR & FASHION FRANKFURT

März 2004 — Erfurt
reiten, jagen, fischen – Die Messe für Freizeit in der Natur

März 2004 — Brünn
INTECO – Internationale Messe für Laden-, Hotel- und Gaststätteneinrichtungen

März 2004 — Brünn
SALIMA – Internationale Nahrungsmittelmesse

März 2004 — Dresden
FAN – Fachmesse Naturstein

März 2004 — Ansbach
KONTAKTA – Informations- und Verbraucherausstellung

März 2004 — Nürnberg
IWA & Outdoor Classics – Internationale Fachmesse für Jagd- und Sportwaffen, Outdoor und Zubehör

März 2004 — Karlsruhe
inventa – bauen-wohnen-garten

März 2004 — München
IMMOFAIR – Messe für Wohnimmobilien im In- und Ausland

02.03.–04.03. — Stuttgart
Alter & Pflege – Fachmesse für Altenarbeit, Pflege und Geriatrie

02.03.–05.03. — Tokyo
JAPAN SHOP – International Exhibition for Shop Systems and Store Automation

04.03.–07.03. — München
GARTEN MÜNCHEN – Münchner Verkaufsausstellung Blumen- und Gartenfreunde

04.03.–10.03. — München
I.H.M. – Internationale Handwerksmesse

05.03.–07.03. — Magdeburg
LBA – LANDES-BAU-AUSSTELLUNG Sachsen-Anhalt

07.03.–10.03. — Köln
PRACTICAL WORLD – Internationale Eisenwarenmesse – World of Tools – World of Security, Locks and Fittings – World of Home Improvement / DIY'TEC

10.03.–13.03. — Paris
EXPOBOIS – Internationale Fachmesse der Holzbearbeitungsmaschinenhersteller und der Holzindustrie

11.03.–13.03. — Madrid
EXPODENTAL – Ausstellung Ausrüstung, Dienstleistungen und Zulieferprodukte für die Zahnmedizin

11.03.–14.03. — Luxemburg
EUROPLEINAIR – Europäische Freizeit-Messe

11.03.–14.03. — Bremen
GARTEN REISEN FREIZEIT

13.03.–21.03. — Freiburg
Ausstellung Camping, Freizeit, Touristik – mit MOTORRAD und FERIENMESSE

13.03.–14.03. Saarbrücken
InterMoto – Messe für Motorräder und Roller

16.03.–20.03. Essen
SHK – Fachme[illegible] für Sanitär-, Heizungs- und Klimatechnik

16.03.–20.03. Stockholm
NORDF[illegible]G – [illegible]

17.03.–[illegible]
GrindTec – [illegible]ationale Fachmesse für Schleiftechnik

17.03.–[illegible] Hannover
CeBIT – [illegible]ation Technology – Telecommunications – Software & Services. The world's leading event

18.03.–21.03. Göteborg
TUR – Internationale Touristik- und Reisemesse

18.03.–25.03. Basel
BASEL – Weltmesse für Uhren und Schmuck

24.03.–27.03. Mailand
SAMAB – Ausstellung für Maschinen und Zubehörteile für die Bekleidungs- und Strickwarenindustrie

25.03.–27.03. Kopenhagen
SCANDEFA – Skandinavische Dentalmesse

25.03.–28.03. Leipzig
Leipziger Buchmesse

27.03.–04.04. Lörrach
REGIO – Drei Länder – eine Ausstellung

29.03.–02.04. Düsseldorf
wire – Internationale Fachmesse Draht und Kabel

29.03.–02.04. Düsseldorf
Tube – Internationale Rohr-Fachmesse

29.03.–04.04. München
BAUMA – Internationale Fachmesse für Baumaschinen, Baustoffmaschinen, Baufahrzeuge und Baugeräte

31.03.–03.04. Nürnberg
fensterbau/frontale – Internationale Fachmesse für Fenster- und Fassaden-Technologie mit HOLZ-HANDWERK

31.03.–03.04. Sinsheim
SÜDBLECH – Fachmesse für Blechbearbeitung und Fügetechnologie

April 2004

April 2004 Zürich
HILSA Heizung-Lüftung-Klima – Internationale Fachmesse für Heizungs-, Luft- und Klimatechnik

April 2004 Hamburg
Marketing Services – Internationale Fachmesse für Marketing und Kommunikation + DISPLAY Fachmesse für P.O.S.-Marketing

April 2004 Sinsheim
CAR + SOUND – Die Messe für mobile Elektronik

April 2004 Salzburg
FASSADE & DACH – Internationale Fachmesse für Fassade- und Dachkonstruktionen und -materialen, Abdichtungs- und Isoliertechnik

April 2004 Salzburg
AUSTRO-GLAS – Internationale Fachmesse für Glas, Glasbearbeitung und -architektur

April 2004 Paris
MUSICORA – Internationale Ausstellung für Klassische Musik

01.04.–03.04. Essen
BRIEFMARKEN – Internationale Briefmarken-Messe mit Telefonkarten

02.04.–04.04. Dresden
aktiv + vital – Lebensgestaltung und Lebensqualität für Senioren

17.04.–21.04. Stuttgart
südback – Fachmesse für das Bäcker- und Konditorenhandwerk

17.04.–25.04. Leipzig
Leipziger Messe AUTO MOBIL INTERNATIONAL

18.04.–22.04. Frankfurt/Main
Light + Building – Internationale Fachmesse für Architektur und Technik

19.04.–24.04. Hannover
HANNOVER MESSE – Weltmesse der Industrie

21.04.–24.04. Nürnberg
IFH/INTHERM – Fachmesse für Sanitär, Heizung, Klima

23.04.–25.04. Hamburg
Hansepferd Hamburg – Internationale Ausstellung für Pferdefreunde

24.04.–04.05. Mannheim
MANNHEIMER MAIMARKT – Ausstellung für Industrie, Handel, Handwerk und Landwirtschaft

29.04.–09.05. Paris
Internationale Messe

30.04.–02.05. Freiburg
Modellbau

Mai 2004

Mai 2004 Birmingham
International Mining Exhibition

Mai 2004 Gelsenkirchen
Gelsen-Schau – Verbraucherausstellung

Mai 2004 Leipzig
ORTHOPÄDIE + REHA-TECHNIK – Fachmesse und Weltkongress

Mai 2004 Leipzig
Verkehr + Logistik – Internationale Fachmesse

Mai 2004 Rosenheim
Ausstellung SOM Rosenheim – mit Fachschau „bauen + wohnen"

04.05.–08.05. Nürnberg
FAMETA – Internationale Fachmesse für Metallbearbeitung

06.05.–09.05. Friedrichshafen
Holzbau und Ausbau – Internationale Fachmesse für Bauen mit Holz, Dach- und Trockenbau

06.05.–19.05. Düsseldorf
drupa – print media messe – Weltmarkt Druck und Papier

09.05.–11.05. Sydney
PICA – Photo Imaging

11.05.–13.05. Hannover
Altenpflege + HealthCare – Fachmesse mit Kongress Pflege, Therapie, Betreuung + Patientenversorgung, Klinikmanagement

11.05.–14.05. Sinsheim
Control – Internationale Fachmesse für Qualitätssicherung

11.05.–14.05. München
[illegible]chmesse und [illegible]

11.05.–15.05. Stuttgart
INTERVITIS INTERFRUCTA – Internationale Technologiemesse für Wein, Obst [illegible] Fruchtsaft

13.05.–16.05. Nürnberg
Interzoo – Internationale Fachmesse für den Heimtier-Bedarf

15.05.–20.05. Frankfurt/Main
IFFA / IFFA Delicat

17.05.–23.05. Berlin
ILA – Internationale Luft- und Raumfahrtausstellung und Konferenzen – Flughafen Berlin-Schönefeld (Berlin Brandenburg International Airport BBI)

19.05.–22.05. Essen
REIFEN – Weltmarkt der Reifenbranche

19.05.–22.05. München
DACH + WAND – Internationale Messe und Congress für Dach-, Wand- und Abdichtungstechnik

19.05.–22.05. Moskau
SPORTS CLUB – International Specialized Exhibition

25.05.–29.05. Plovdiv (Bulgarien)
HEMUS – Internationale Ausstellung für Wehrtechnik

Juni 2004

Juni 2004 Erfurt
Gesundheitsmesse – Fachmesse für Pflege, Rehabilitation, Gesundheit und Sport

Juni 2004 Münster
GPEC – Internationale Fachmesse für Polizei- und Spezialausrüstung

05.06.–13.06. Villingen-Schwenningen
Südwest-Messe – Ausstellung für Industrie, Handwerk, Landwirtschaft mit Fertighaus-Ausstellung, Baufachschau und Hauswirtschafts-Ausstellung

06.06.–10.06. Frankfurt/Main
Texcare International – Weltmarkt Moderner Textilpflege

15.06.–18.06. Stuttgart
CAT ENGINEERING – Computer-Aided technologies – Fachmesse für innovative Produktentwicklung und Engineering

22.06.–25.06. Frankfurt/Main
OPTATEC – Internationale Fachmesse für Optik und Optoelektronik

23.06.–25.06. München
ELTEC – Fachmesse für Elektrotechnik

25.06.–27.06. Freiburg
Intersolar – Internationale Fachmesse und Kongress für Solartechnik

Juli 2004

Juli 2004 Offenburg
EUROCHEVAL – Europamesse des Pferdes

31.07.–03.08. München
ispo – Internationale Fachmesse für Sportartikel und Sportmode (Sommer)

August 2004

August 2004 Hamburg
Hamburger Orderpremiere (HOP) – mit Country Fashion (Herbst)

August 2004 Melbourne
International Double Reed Society Conference & Exhibition

07.08.–09.08. Leipzig
Fashion Look mit Body Look (Herbst) – Internationale Fachmesse für Bekleidung, Internationale Fachmesse und Branchenforum für Wäsche

14.08.–22.08. Kempten
ALLGÄUER FESTWOCHE – Wirtschaftsausstellung – Kultur- und Sporttage – Heimatschau

16.08.–20.08. Las Vegas
IBIE – International Baking Industry Exposition

26.08.–29.08. Atlanta
IWF – International Woodworking Machinery and Furniture Supply Fair

27.08.–31.08. Frankfurt/Main
Tendence – Internationale Frankfurter Messe Domus & Gallery/ Tavola & Cucina/ Präsent & Carat

27.08.–05.09. Hamburg
DU UND DEINE WELT – Die große Verbraucherausstellung

27.08.–05.09. Düsseldorf
CARAVAN SALON DÜSSELDORF – Internationaler Caravan Salon

28.08.–30.08. Vejle
VEJLE FAIR – Fachmesse für Schmuck, Gold-, Silberwaren und Uhren

31.08.–03.09. Basel
SWISS AUTOMATION WEEK – Fachmesse für elektronische, elektrische, pneumatische, hydraulische und mechanische Automatisierungstechnik

September 2004

September 2004 Leipzig
SHKG – Messe für Sanitär – Heizung – Klima und Gebäudeautomation

September 2004 Hamburg
USSIFA – UHREN, SCHMUCK, EDELSTEINE, SILBERWAREN

September 2004 Münster
take off – Business & Sport

September 2004 Zagreb
INTERTEKSTIL – Internationale Messe der Textil- und Zulieferindustrie

September 2004 Plauen
VOREA – Vogtland-Regionalausstellung

03.09.–06.09. Paris
Prêt-à-Porter Paris

05.09.–07.09. Köln
spoga – gafa – Internationale Fachmesse für Sportartikel, Campingbedarf und Gartenmöbel / Internationale Gartenfachmesse

06.09.–09.09. Istanbul
ANKIROS – Internationale Ausstellung für die Eisen- und Stahlindustrie sowie für Gießereien

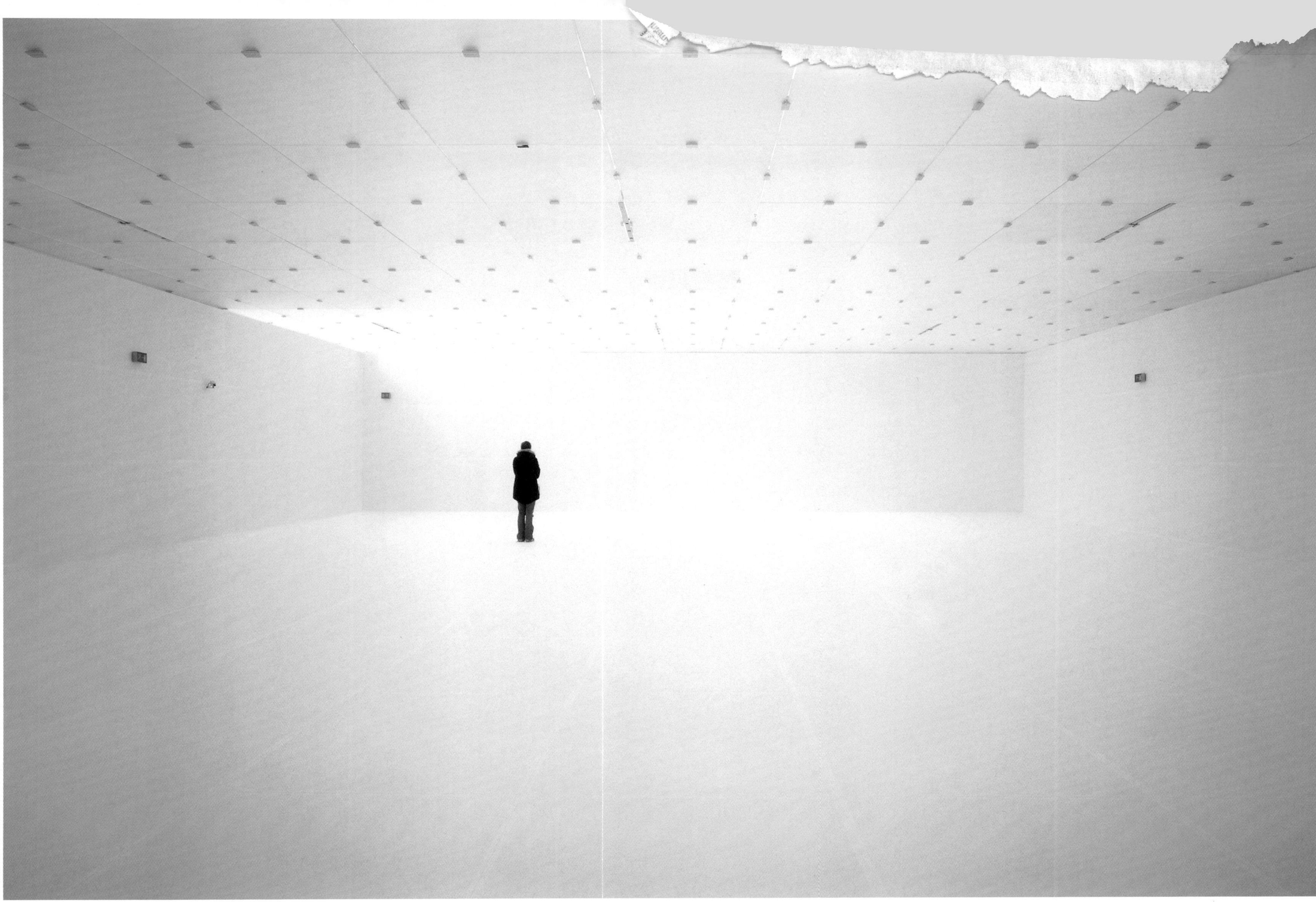

There is no-one what will take care of you

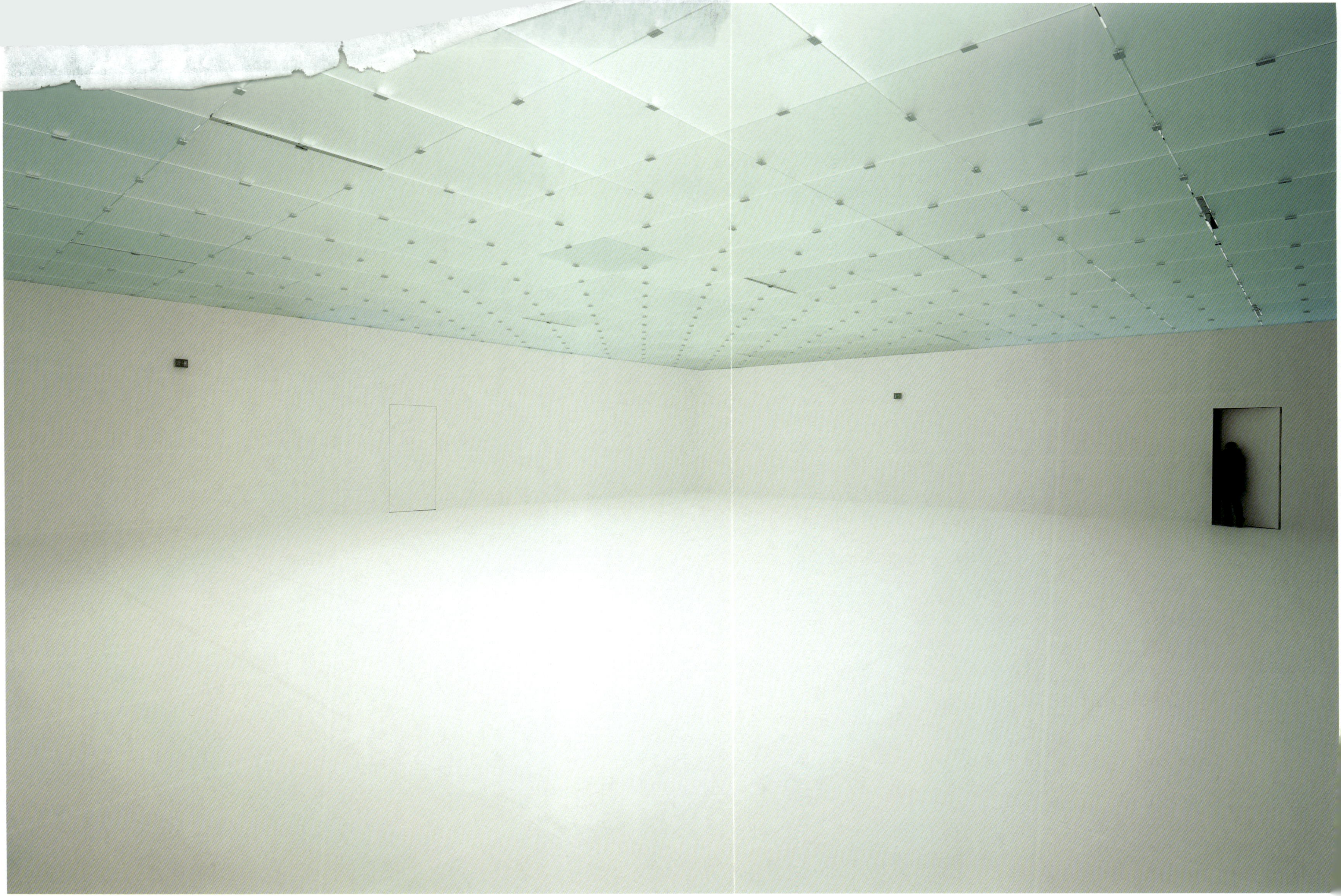

There is no-one what will take care of you

Alle Installationsansichten / All installation views: Markus Tret

06.09.–09.09. Kopenhagen
SCANLAB/PHARMATECH – Fachmesse und Konferenz für Labortechnik, Messausrüstung und Verfahrenskontrolle
06.09.–15.08. Colmar
Foire aux Vins – Wein- und Konsumgütermesse und land- und weinwirtschaftliche Ausrüstung
07.09.–11.09.
The Building Tra[illegible]
09.09.–12.09. Klagenfurt
INTERNATIONALE HOLZMESSE – Fachmesse für Forst- und Sägewirtschaft, Holzzulieferer-Industrie, Holzproduktenhandel und holzverarbeitendes Gewerbe
11.09.–19.09. Freiburg
BADEN MESSE – mit Badischer Handwerks- und Gewerbe-Ausstellung
11.09.–19.09. Bozen
FIERA INTERNAZIONALE D'AUTUNNO – Internationale Herbstmesse
11.09.–19.09. Saarbrücken
WELT DER FAMILIE – Europäische Verbrauchermesse
14.09.–18.09. Stuttgart
AMB – Internationale Ausstellung für Metallbearbeitung
14.09.–18.09. Sydney
FDI – World Dental Congress/Dental Trade Exhibition
14.09.–19.09. Frankfurt/Main
Automechanika – - alles, was Autos mobil macht
15.09.–17.09. Hamburg
NORD ELEKTRO – Fachmesse für Elektro-, Informations- und Lichttechnik
15.09.–19.09. München
INTERMOT MÜNCHEN – Internationale Motorrad- und Rollermesse
17.09.–19.09. Dortmund
Inter-tabac – Fachmesse für Tabakwaren & Raucherbedarf
18.09.–26.09. Friedrichshafen
INTERBOOT – Internationale Wassersportausstellung
21.09.–24.09. Berlin
InnoTrans – Treffpunkt Zukunft – Internationale Fachmesse für Verkehrstechnik Innovative Komponenten-Fahrzeuge-Systeme
21.09.–24.09. Sinsheim
MOTEK – Internationale Fachmesse für Montage- und Handhabungstechnik
22.09.–24.09. Essen
ALUMINIUM – Weltmesse & Kongress der Aluminiumindustrie
22.09.–26.09. Bern
SUISSE TOY – Nationale Spielwarenmesse
23.09.–26.09. Gießen
MittelhessenSchau – Verbraucherausstellung
23.09.–03.10. Zürich
ZÜSPA – Publikumsmesse für Haushalt, Wohnen, Sport und Mode
25.09.–28.09. Offenbach
Internationale Lederwaren Messe
25.09.–03.10. Paris
Caravan-Ausstellung
26.09.–04.10. Graz
Grazer Herbstmesse International
28.09.–02.10. Hamburg
SMM – Shipbuilding, Machinery & Marine Technology – International Trade Fair Hamburg
28.09.–03.10. Köln
photokina – World of Imaging
29.09.–03.10. Berlin
Art Forum Berlin – Die internationale Messe für Gegenwartskunst

Oktober 2004

Oktober 2004 Köln
ORGATEC – Internationale Fachmesse für Einrichtung und Management von Office und Objekt
Oktober 2004 Brünn
ENVIBRNO – Internationale Fachmesse der Technik für Umweltschutz und Umweltgestaltung
Oktober 2004 Hannover
EuroBLECH – Internationale Technologie-Messe für Blechbearbeitung
Oktober 2004 Essen
SECURITY – Internationale Sicherheits-Fachmesse mit Kongress
Oktober 2004 Pirmasens
plw – leather and more – Internationale Messe für Leder und Schuhzubehör (Herbst)
Oktober 2004 Tunis
Internationale Messe
Oktober 2004 Erfurt
inoga – Fachmesse für Branchen der Gastlichkeit
Oktober 2004 Helsinki
PacTec – Internationale Technische Messe für Verpackung und Materialhandhabung
Oktober 2004 Köln
ART COLOGNE – Internationaler Kunstmarkt
Oktober 2004 Wiesbaden
Arbeitsschutz aktuell – Fachmesse mit Kongress
Oktober 2004 Leipzig
HolzTec – Fachmesse für Innenausbau und Holzverarbeitung
Oktober 2004 Nürnberg
BÄKO BAYERN – Fachausstellung für das Bäcker- und Konditorenhandwerk
01.10.–04.10. Colmar
Antiquitätenmesse
03.10.–05.10. München
GOLF EUROPE – München – Internationale Fachmesse für den Golfsport
04.10.–06.10. München
EXPO REAL – INTERNATIONALE FACHMESSE FÜR GEWERBEIMMOBILIEN
06.10.–08.10. Leipzig
efa – Fachmesse für Elektro- und Gebäudetechnik, Klima und Automation
06.10.–11.10. Frankfurt/Main
Buchmesse Frankfurt
07.10.–17.10. Paris
Internationaler Automobilsalon
07.10.–17.10. St. Gallen
OLMA – Schweizer Messe für Land- und Milchwirtschaft
09.10.–24.10. Brüssel
Salon der Nahrungsmittel und Haushaltsgeräte
12.10.–15.10. Shanghai
[illegible]
12.10.–16.10. [illegible]
HOLZ – Schweizer Fachmesse für die Holzbearbeitung
13.10.–15.10. Stuttgart
INTERGEO – Kongress und Fachmesse für Geodäsie, Geoinformation und Landmanagement
13.10.–17.04. Braga
CONSTRUNOR – Fachausstellung für Baumaschinen und Bauausrüstung
16.10.–24.10. Luxemburg
Internationale Messe – Herbst
18.10.–21.10. Cottbus
SpreeMesse
18.10.–22.10. München
SYSTEMS – Internationale Fachmesse für Informationstechnik, Telekommunikation und Neue Medien
20.10.–24.10. Amsterdam
MotoRAI – Internationale Ausstellung von Motorrädern, Motorrollern, Mopeds, Einzelteilen und Zubehör
20.10.–27.10. Düsseldorf
K – Internationale Messe Kunststoff + Kautschuk
22.10.–25.10. Paris
SILMO – Internationale Fachmesse für Brillen und Augenoptik
23.10.–31.10. Hamburg
hanseboot – Internationale Bootsausstellung Hamburg mit art maritim / hanseboot-Hafen
23.10.–31.10. Berlin
aaa – avus automobile akzente
27.10.–30.10. Leipzig
denkmal – Europäische Messe für Denkmalpflege und Stadterneuerung
29.10.–01.11. Las Vegas
APRA – Automotive Parts Rebuilders Association/International Big R Show
30.10.–01.11. Leipzig
SachsenBack – Fachmesse für das Bäcker- und Konditorenhandwerk
30.10.–07.11. Villingen-Schwenningen
Süddeutscher Caravan-Salon
30.10.–07.11. Münster
Münsterland-Schau MS – Informations- und Verkaufsausstellung
30.10.–07.11. Stuttgart
Family & Home – Die große Einkaufs- und Erlebnismesse

November 2004

November 2004 Düsseldorf
IAM – Internationale Anlegermesse
November 2004 München
electronica – Internationale Fachmesse für Bauelemente und Baugruppen der Elektronik
03.11.–07.11. Berlin
Import Shop Berlin – Shopping auf fünf Kontinenten
04.11.–06.11. Dresden
COMTEC – Fachmesse für Informations- und Kommunikationstechnologien und IFM – Industriefachmesse für Produktionstechnik, Automatisierung und Qualitätssicherung
09.11.–12.11. Hannover
EuroTier – Internationale DLG-Fachausstellung für Tierhaltung und Management
09.11.–12.11. Dortmund
MTQ – Fachmesse für Materialprüfung, Messtechnik & Qualitätsmanagement
09.11.–12.11. Dortmund
TECHMO – Fachmesse für Montage- und Handhabungstechnik
11.11.–14.11. Colmar
SITV – Internationale Touristikmesse
16.11.–20.11. Basel
SWISSTECH – Fachmesse der Zulieferindustrie und für internationale Partnerschaften
17.11.–20.11. Hamburg
shk HAMBURG – Nordeuropäische Fachmesse Sanitär – Heizung – Klempner – Klima
17.11.–21.11. Leipzig
Touristik & Caravaning Leipzig
18.11.–21.11. Köln
Haus & Wohnen – Die Meistermesse des Handwerks
18.11.–21.11. Frankfurt/Main
Franchise – Ideen – Partner – Wachstum
18.11.–21.11. Stuttgart
modellbau SÜD/Modellbahn Süd/HOBBY ELEKTRONIK/ – Süddeutsche Spielemesse – Ausstellung für Auto-, Flug- und Schiffsmodellbau, für Modellbahnbau, für Elektronik und Computer
23.11.–24.11. Berlin
MODERNER STAAT – Fachmesse und Kongress
23.11.–25.11. Nürnberg
SPS/IPC/DRIVES – Elektrische Automatisierung – Systeme und Komponenten
25.11.–28.11. Hannover
Pferd & Jagd – Ausstellung für Pferdesport, Jagd, Angeln und Natur
27.11.–05.12. München
HEIM + HANDWERK – Verkaufsausstellung rund ums Wohnen, Einrichten und Bauen
28.11.–01.12. London
Royal Smithfield Show and Agricultural Machinery Exhibition

Dezember 2004

Dezember 2004 Mumbai
INDIA ITME – International Textile Machinery Exhibition
Dezember 2004 Paris
Pferde- und Pony-Ausstellung
03.12.–05.12. Hamburg
mineralien hamburg – Internationale Börse für Mineralien, Fossilien, Edelsteine und Schmuck

IMPRESSUM

Weltzeituhr

Wenn es in Berlin 12 Uhr (MEZ) ist, gilt an den nachstehenden Orten die folgende Zonenzeit (ohne Berücksichtigung der in einigen Ländern geltenden Sommerzeit).

	Uhr
[illegible]ana)	11.00
[illegible]en)	12.00
A[illegible]lland)	12.00
Angh[illegible]nland)	8.00
Athen (G[illegible])	13.00
Bagdad (Irak)	14.00
Bangkok (Thailand)	18.00
Belgrad (Serbien)	12.00
Bern (Schweiz)	12.00
Bogota (Kolumbien)	6.00
Bombay (Indien)	[illegible]
Brüssel (Belgien)	12.00
Budapest (U[illegible]	[illegible]
Buenos Aires (Argentinien)	[illegible]
Bukarest (Rumänien)	13.00
Caracas (Venezuela)	7.00
Casablanca (Marokko)	11.00
Chicago (USA)	5.00
Colombo (Sri Lanka)	16.30
Dakar (Senegal)	11.00
Djakarta (Indonesien)	18.00
Glasgow (Schottland)	11.00
Guatemala (Guat[illegible]	5.00
Helsinki (Finnland)	13.00
Hongkong (China)	19.00
Honolulu (Hawaii)	1.00
Istanbu[illegible]	[illegible]
Jerusale[illegible]	[illegible]
Johann[illegible]	[illegible]
Kabul (Afghanistan)	16.30
Kairo (Ä[illegible]	[illegible]
Karatsc[illegible]	[illegible]
Kingsb[illegible]	12.00
Kinshasa (Zaire)	[illegible]
Kopenh[illegible]	[illegible]
La Palm[illegible]	[illegible]
Lhasa (Tibet)	19.00

	Uhr
[illegible]	11.00
[illegible])	11.00
Madrid (Spanien)	12.00
Mailand (Italien)	12.00
Manila (Philippinen)	19.00
Maskat (Oman)	15.00
Melbourne (Australien)	21.00
Mexiko-City (Mexiko)	5.00
Montreal (Kanada)	6.00
Moskau (Russland)	14.00
New York (USA)	6.00
Nome (Alaska)	0.00
Omsk (Russland)	17.00
Oslo (Norwegen)	12.00
Panama (Panama)	6.00
Paris (Frankreich)	12.00
Peking (China)	19.00
Prag (Tschechische Republik)	12.00
Rangun (Birma)	17.30
Bey[illegible]	11.00
Rio d[illegible]	8.00
Rom (Italien)	12.00
San Francisco (USA)	3.00
Seoul (Korea, Republik)	20.00
Singapur (Singapur)	19.00
Sofia (Bulgarien)	13.00
St. Petersburg (Russland)	14.00
Stockholm (Schweden)	12.00
Sydney (Australien)	21.00
Teneriffa (Kanarische Inseln)	11.00
Tokio (Japan)	20.00
Toronto (Kanada)	6.00
Tschungking (China)	[illegible]
Venedig (Italien)	[illegible]
Warschau (Polen)	[illegible]
Wien (Österreich)	12.00
Wladiwostok (Russland)	21.00

Druck / Printing: Remaprint, Wien
Lithographie / Lithography: Pixelstorm, Wien
Druck und Lithographie Installationsansichten / Printing and lithography installation views: VVA, Dornbirn

Bildrechte / Credits
Kunsthaus Bregenz, Hans Schabus, Markus Tretter

Herausgeber / Editor: Eckhard Schneider
Redaktion / Editorial work Katrin Wiethege, Caroline Schilling

Grafik / Graphic design
Dorothea Brunialti
Übersetzungen / Translations
Annette Wiethüchter, Volker Ellerbeck

Imprint

Die Publikation erscheint anlässlich der Ausstellung / This volume is published on the occasion of the exhibition *Hans Schabus – Das Rendezvousproblem*, 20. November 2004 bis 09. Januar 2005 / November 20, 2004 to January 09, 2005

Die Deutsche Bibliothek – CIP-Einheitsaufnahme
Ein Titelsatz für diese Publikation ist bei Die Deutsche Bibliothek erhältlich / CIP Cataloguing-in-Publication-Data
A catalogue record for this publication is available from Die Deutsche Bibliothek

ISBN 3-88375-907-4

Albers

Internationale Fernsprech-Vorwahl[…]nern – International codes – Indicatifs i[…]ux

Nachstehende Übersicht enthält die für den Selbstwählverkehr geltenden Vorwahl[…]tzen müssen, wenn Sie mit und aus den genannten Ländern telefonieren wollen. Erst wenn Sie diese […]en, können Sie die Vorwahlziffern der gewünschten Stadt oder Region und die Telefonnummer des gewü[…] wählen. […] ohne Gewähr.

	A	B	CH	D	DK		
Österreich	–	0032	0041	0049	0045	[illegible]	[illegible]
Belgien	0043	–	0041	0049	0045	0034	[illegible]
Schweiz	0043	0032	–	0049	0045	0034	0033
BR Deutschland	0043	[illegible]	0041	–	0045	0034	0033
Dänemark	[illegible]	[illegible]	0041	0049	–	0034	0033
Spanien	0043	0032	0041	0049	0045	–	0033
Frankreich	0043	0032	0041	0049	0045	0034	–
Großbritannien	0043	0032	0041	0049	0045	0034	0033
Italien	0043	0032	0041	0049	0045	0034	0033
Luxemburg	0043	0032	0041	[illegible]	0045	0034	0033
Norwegen	0043	0032	0041	0049	0045	[illegible]	0033
Niederlande	0043	0032	0041	[illegible]	0045	[illegible]	[illegible]
Schweden	[illegible]	00932	00941	00949	00945	00934	00933
USA	01143	01132	01141	01149	01145	01134	01133

von	GB			N	NL	S	USA
Österreich	0044	[illegible]	[illegible]	0047	0031	0046	001
Belgien	0044	[illegible]	[illegible]	0047	0031	0046	001
Schweiz	0044	[illegible]	[illegible]	0047	0031	0046	001
BR Deutschland	0044	[illegible]	[illegible]	0047	0031	0046	001
Dänemark	0044	[illegible]	[illegible]	0047	0031	0046	001
Spanien	0044	0039	00352	0047	0031	0046	001
Frankreich	0044	0039	00352	0047	0031	0046	001
Großbritannien	–	0039	00352	0047	0031	0046	001
Italien	0044	–	00352	0047	0031	0046	001
Luxemburg	0044	0039	–	0047	0031	0046	001
Norwegen	0044	0039	00352	[illegible]	0031	0046	001
Niederlande	0044	0039	00352	0047	–	0046	001
Schweden	00944	00939	009352	00947	00931	–	0091
USA	01144	01139	011352	01147	01131	01146	–

Konzept und Gestaltung / Concept and design
Hans Schabus

Ausstellung / Exhibition
Hans Schabus, Eckhard Schneider, Rudolf Sagmeister
Kurator / Curator: Rudolf Sagmeister
Technik und Aufbau / Technics and Set-Up
Markus Unterkircher (Head / Leiter), Markus Tembl, Stefan Vonier

Texte von / Texts by
Winfried Nußbaummüller,
Rudolf Sagmeister,
Eckhard Schneider

Mit freundlicher Genehmigung der jeweils angegebenen Verlage, Institute und Archive / With friendly authorisation of the named publishing houses, institutes and archives

Lektorat / Copy-editing
Claudia Mazanek

Hans Schabus
dankt / thanks

Daniel Baumann, Christophe Boutin, Lionel Bovier, Dorothea Brunialti, Jan De Cock, Kerstin Engholm, Claus Föttinger, Ludwig Gerstacker, Lukas Haller, Matthias Herrmann, Hannes Krisper, Garret Linn, Reinhard Mucha, ÖBB, Melanie Scarciglia, Robert Schabus, Katharina Schendl, subbuteo Team Westbahnstraße, Oliver Welter, Zero

Printed in the EU

Erste Auflage / First Edition: 1500
November 2004

servus

Schmied

KUB
Kunsthaus Bregenz

Notizen – Notes – Note

Unser besonderer Dank gilt / Special thanks to
Hans Schabus
Engholm Engelhorn Galerie, Wien / Vienna

Dieses Projekt wurde ermöglicht durch die Unterstützung von /
This project was made possible in part by contributions from
Berlinger Holzbau, Alberschwende
Militärkommando für Vorarlberg
Amann Dicht- und Dämmsysteme, Hard
Spedition Braun, Lauterach
Mäser Digital Media, Dornbirn
ÖBB Tirol / Vorarlberg
Heinrich Ganahl Getränke, Bludenz
Yachtclub Bregenz
Bootsvermietung Seetaxi Hardy Feuerstein, Bregenz
Bregenzer Segelclub
Bootswerft Hartmann, Hard
Ruderverein Wiking, Bregenz

Und allen Leihgebern / And all the lenders
Wien Museum, Wien / Vienna

Hypo Landesbank
Haussponsor des *Kunsthaus* Bregenz

MONTFORT WERBUNG
Sponsor der KUB *Arena*

DMG
Sponsor der KUB *Arena*

ZUMTOBEL STAFF
DAS LICHT ®

Verlag der Buchhandlung Walther König, Köln
Ehrenstraße 4, D-50672 Köln
Telefon +49 221 20596-53, Fax +49 221 20596-60
ISBN 3-88375-907-4

Distribution outside Europe
D.A.P./Distributed Art Publishers, Inc., New York
155 Sixth Avenue, New York, NY 10013
Phone +1-212-627-1999, Fax +1-212-627-9484

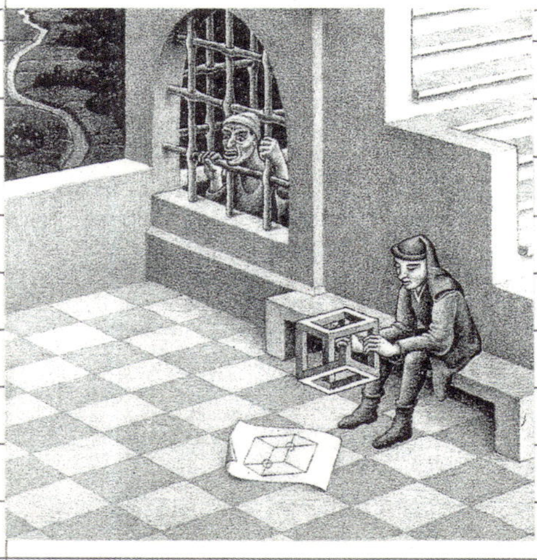

M. C. Escher, *Belvedere* (Detail), 1958
Aus: *Die Magie des M. C. Escher*, Hg. J. L. Locher und W. F. Veldhuysen, Taschen Verlag, Köln 2003, S. 142, Abb. 235

M C Escher. *Belvedere* (Detail), 1958
From: J L Locher and W F Veldhuysen (eds.). *Die Magie des M. C. Escher*. Cologne: Taschen, 2003, p. 142, fig. 235

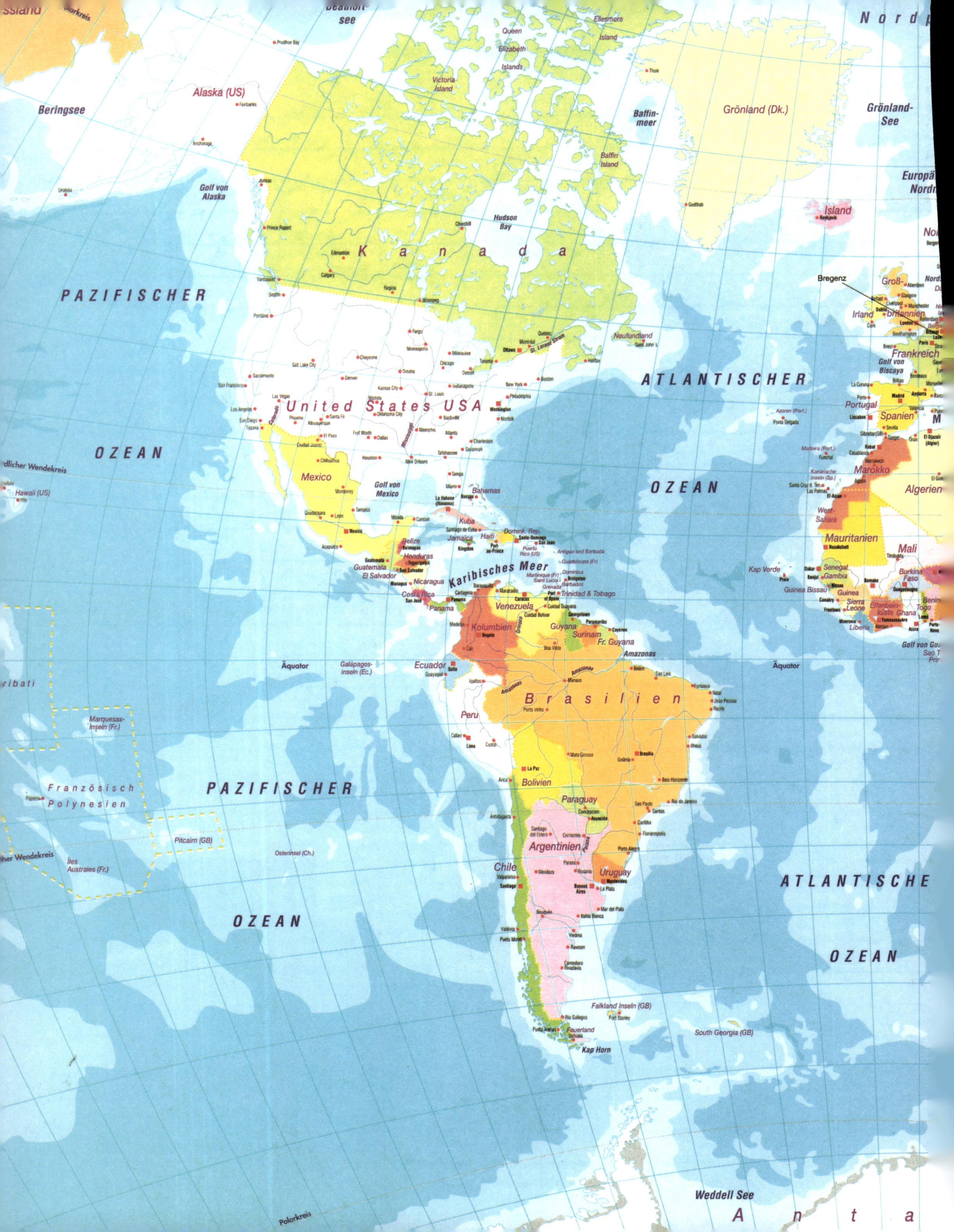

Beringsee
Alaska (US)
Golf von Alaska
Queen Elizabeth Islands
Victoria Island
Ellesmere Island
Baffinmeer
Baffin Island
Grönland (Dk.)
Grönland-See
Hudson Bay
Island
K a n a d a
Neufundland
PAZIFISCHER
OZEAN
United States USA
ATLANTISCHER
OZEAN
Mexico
Golf von Mexico
Bahamas
Kuba
Haiti
Dominik. Rep.
Jamaica
Belize
Honduras
Guatemala
El Salvador
Nicaragua
Costa Rica
Panama
Karibisches Meer
Trinidad & Tobago
Venezuela
Kolumbien
Guyana
Surinam
Fr. Guyana
Amazonas
Ecuador
Äquator
Galápagos-inseln (Ec.)
Peru
B r a s i l i e n
Bolivien
Paraguay
Chile
Argentinien
Uruguay
Falkland Inseln (GB)
South Georgia (GB)
Fauerland
Kap Horn
Marquesas-Inseln (Fr.)
Französisch Polynesien
Pitcairn (GB)
Osterinsel (Ch.)
Îles Australes (Fr.)
Hawaii (US)
PAZIFISCHER
OZEAN
ATLANTISCHE
OZEAN
Weddell See
Polarkreis
Bregenz
Irland
Groß-britannien
Frankreich
Golf von Biscaya
Portugal
Spanien
Azoren (Port.)
Madeira (Port.)
Marokko
Algerien
West-Sahara
Mauritanien
Mali
Kap Verde
Senegal
Gambia
Guinea Bissau
Guinea
Sierra Leone
Liberia
Burkina Faso
Togo
Benin
Ghana
Golf von Guinea
A n t a